中信改革发展研究基金会
中国道路丛书·学术

强国经济学

中国理论与当代政治经济学

周文 著

中信出版集团 | 北京

图书在版编目（CIP）数据

强国经济学：中国理论与当代政治经济学 / 周文著
. -- 北京：中信出版社, 2023.12
（中国道路）
ISBN 978-7-5217-6095-8

Ⅰ.①强… Ⅱ.①周… Ⅲ.①中国经济－经济发展－研究 Ⅳ.①F124

中国国家版本馆 CIP 数据核字（2023）第 202853 号

强国经济学——中国理论与当代政治经济学
著者： 周文
出版发行：中信出版集团股份有限公司
（北京市朝阳区东三环北路 27 号嘉铭中心 邮编 100020）
承印者： 嘉业印刷（天津）有限公司

开本：787mm×1092mm 1/16 印张：22.75 字数：330 千字
版次：2023 年 12 月第 1 版 印次：2023 年 12 月第 1 次印刷
书号：ISBN 978-7-5217-6095-8
定价：69.00 元

版权所有·侵权必究
如有印刷、装订问题，本公司负责调换。
服务热线：400-600-8099
投稿邮箱：author@citicpub.com

"中国道路丛书"学术委员会

学术委员会主任： 孔　丹

委　员（按姓氏笔画排序）：

丁　耘	马　戎	王小强	王绍光	王海运	王维佳
王湘穗	方流芳	尹韵公	甘　阳	卢周来	史正富
冯　象	吕新雨	乔　良	向松祚	刘　仰	刘小枫
刘纪鹏	刘瑞生	玛　雅	苏　力	李　玲	李　彬
李希光	李若谷	杨松林	杨凯生	何　新	汪　晖
张　宇	张文木	张宇燕	张维为	陈　平	陈春声
武　力	罗　援	季　红	金一南	周和平	周建明
房　宁	赵汀阳	赵晓力	祝东力	贺雪峰	聂庆平
高　梁	黄　平	黄纪苏	曹　彤	曹和平	曹锦清
崔之元	梁　晓	彭光谦	韩毓海	程曼丽	温铁军
强世功	蒲　坚	熊　蕾	潘　维	霍学文	戴锦华

编委会

主　任： 孔　丹
执行主任： 季　红

"中国道路丛书"总序言

中华人民共和国成立六十多年以来,中国一直在探索自己的发展道路,特别是在改革开放三十多年的实践中,努力寻求既发挥市场活力,又充分发挥社会主义优势的发展道路。

改革开放推动了中国的崛起。怎样将中国的发展经验进行系统梳理,构建中国特色的社会主义发展理论体系,让世界理解中国的发展模式?怎样正确总结改革与转型中的经验和教训?怎样正确判断和应对当代世界的诸多问题和未来的挑战,实现中华民族的伟大复兴?这都是对中国理论界的重大挑战。

为此,我们关注并支持有关中国发展道路的学术中一些有价值的前瞻性研究,并邀集各领域的专家学者,深入研究中国发展与改革中的重大问题。我们将组织编辑和出版反映与中国道路研究有关的成果,用中国理论阐释中国实践的系列丛书。

"中国道路丛书"的定位是:致力于推动中国特色社会主义道路、制度、模式的研究和理论创新,以此凝聚社会共识,弘扬社会主义核心价值观,促进立足中国实践、通达历史与现实、具有全球视野的中国学派的形成;鼓励和支持跨学科的研究和交流,加大对中国学者原创性理论的推动和传播。

"中国道路丛书"的宗旨是：坚持实事求是，践行中国道路，发展中国学派。

始终如一地坚持实事求是的认识论和方法论。总结中国经验、探讨中国模式，应注重从中国现实而不是从教条出发。正确认识中国的国情，正确认识中国的发展方向，都离不开实事求是的认识论和方法论。一切从实际出发，以实践作为检验真理的标准，通过实践推动认识的发展，这是中国共产党的世纪奋斗历程中反复证明了的正确认识路线。违背它就会受挫失败，遵循它就能攻坚克难。

毛泽东、邓小平是中国道路的探索者和中国学派的开创者，他们的理论创新始终立足于中国的实际，同时因应世界的变化。理论是行动的指南，他们从来不生搬硬套经典理论，而是在中国建设和改革的实践中丰富和发展社会主义理论。我们要继承和发扬这种精神，摒弃无所作为的思想，拒绝照抄照搬的教条主义，只有实践才是真知的源头。"中国道路丛书"将更加注重理论的实践性品格，体现理论与实际紧密结合的鲜明特点。

坚定不移地践行中国道路，也就是在中国共产党领导下的中国特色社会主义道路。我们在经济高速增长的同时，也遇到了来自各方面的理论挑战，例如将改革开放前后两个历史时期彼此割裂和截然对立的评价，再如极力推行西方所谓"普世价值"和新自由主义经济理论等错误思潮。道路问题是大是大非问题，我们的改革目标和道路是高度一致的，因而，要始终坚持正确的改革方向。历史和现实都告诉我们，只有社会主义才能救中国，只有社会主义才能发展中国。在百年兴衰、大国博弈的历史背景下，中国从积贫积弱的状态中奋然崛起，成为世界上举足轻重的大国，成就斐然，道路独特。既不走封闭僵化的老路，也不走改旗易帜的邪路，一定要走中国特色的社会主义正路，这是我们唯一正确的选择。

推动社会科学各领域中国学派的建立，应该成为致力于中国道路探讨的有识之士的宏大追求。正确认识历史，正确认识现实，积极促进中国学者原创性理论的研究，那些对西方理论和价值观原教旨式的顶礼膜拜的学风，应当受到鄙夷。古今中外的所有优秀文明成果，我们都应该兼收并蓄，但绝不可泥古不化、泥洋不化，而要在中国道路的实践中融会贯通。以实践创新推动理论创新，以理论创新引导实践创新，从内容到形式，从理论架构到话语体系，一以贯之地奉行这种学术新风。我们相信，通过艰苦探索、努力创新得来的丰硕成果，将会在世界话语体系的竞争中造就立足本土的中国学派。

"中国道路丛书"具有跨学科及综合性强的特点，内容覆盖面较宽，开放性、系统性、包容性较强。其分为学术、智库、纪实专访、实务、译丛等类型，每种类型又涵盖不同类别，例如在学术类中就涵盖文学、历史学、哲学、经济学、政治学、社会学、法学、战略学、传播学等领域。

这是一项需要进行长期努力的理论基础建设工作，这又是一项极其艰巨的系统工程。基础理论建设严重滞后，学术界理论创新观念不足等现状是制约因素之一。然而，当下中国的舆论场，存在思想乱象、理论乱象、舆论乱象，流行着种种不利于社会主义现代化事业和安定团结的错误思潮，迫切需要正面发声。

经过六十多年的社会主义道路奠基和三十多年的改革开放，我们积累了丰富的实践经验，迫切需要形成中国本土的理论创新和中国话语体系创新，这是树立道路自信、理论自信、制度自信、文化自信，在国际上争取话语权所必须面对的挑战。我们将与了解中国国情，认同中国改革开放发展道路，有担当精神的中国学派，共同推动这项富有战略意义的出版工程。

中信集团在中国改革开放和现代化建设中曾经发挥了独特的作用，它不仅勇于承担大型国有企业经济责任和社会责任，同时也勇于承担政治责任。它不仅是改革开放的先行者，同时也是中国道路的践行者。中信将以历史担当的使命感，来持续推动中国道路出版工程。

2014年8月，中信集团成立了中信改革发展研究基金会，构建平台，凝聚力量，致力于推动中国改革发展问题的研究，并携手中信出版社共同进行"中国道路丛书"的顶层设计。

"中国道路丛书"的学术委员会和编委会，由多学科多领域的专家组成。我们将进行长期的、系统性的工作，努力使"中国道路丛书"成为中国理论创新的孵化器，中国学派的探讨与交流平台，研究问题、建言献策的智库，传播思想、凝聚人心的讲坛。

2015年10月25日

目　录

前言　构建强国的经济学自主知识体系　IX

第一章　世界性难题：政府与市场的关系　1

一、政府与市场的关系：理论比较　3
　（一）西方经济学中政府与市场的关系　3
　（二）马克思主义政治经济学中政府与市场的关系　7
　（三）中国特色社会主义政治经济学中的政府与市场关系　11

二、我国政府与市场关系的主要争论、演进历程与实践创新　22
　（一）围绕政府与市场关系的主要争论　22
　（二）我国政府与市场关系的演进历程　26
　（三）计划经济与自由放任市场　30
　（四）政府与市场有机结合体现社会主义市场经济的优越性　34

三、实体经济与虚拟经济发展的世界趋势与问题　39
　（一）《资本论》与虚拟资本理论　39
　（二）实体经济与虚拟经济发展的世界趋势　45
　（三）虚拟经济过度发展的逻辑　51
　（四）西方经济学理论加剧"脱实向虚"　55

四、处理好政府与市场的关系助力实体经济发展　62
　（一）实体经济转型升级中的政府与市场关系　62
　（二）发挥市场在实体经济转型升级中的决定性作用　67
　（三）更好发挥政府在实体经济发展中的作用　70

五、我国优化政府与市场关系的策略　76
　（一）实体经济发展中政府与市场关系存在的问题　76
　（二）政府与市场关系的优化方向　80
　（三）助推实体经济高质量发展　87

第二章　强国的所有制理论：做稳实体经济与深化所有制改革　95
一、坚持和巩固公有制经济的主体地位　97
　（一）坚持和巩固公有制经济主体地位的内涵　97
　（二）坚持和巩固公有制经济主体地位的重要意义　105
二、我国所有制结构的演进历程及现状　112
　（一）我国所有制结构的演进历程　112
　（二）我国所有制结构的现状及问题　123
三、我国实体经济转型升级与所有制结构变化　135
　（一）实体经济转型升级与所有制结构相关性　135
　（二）所有制结构变化对实体经济转型升级的深刻影响　138
　（三）实体经济转型升级对所有制结构变化的重要作用　141
　（四）协调推进所有制结构优化与实体经济转型升级　143
四、所有制理论发展创新：破除实体经济转型升级障碍　146
　（一）我国实体经济转型升级的障碍　147
　（二）推动实体经济转型升级　153
　（三）深化国企改革推动实体经济转型升级　156
　（四）以所有制结构调整推进经济优化发展　160

第三章　强国的分配理论：做大实体经济与深化分配体制改革　163
一、收入分配理论演进及对收入差距的考察　165

（一）收入分配的理论演进　165

　　（二）我国收入差距的扩大及其原因　175

二、收入差距扩大对经济增长的影响　183

　　（一）平均主义收入分配体制对经济增长的影响　184

　　（二）多元化的收入分配体制对经济增长的影响　186

　　（三）共同富裕目标下收入分配体制对经济增长的影响　191

三、收入差距过大对实体经济从业者就业、创业与生活的影响　195

　　（一）影响实体经济就业选择　195

　　（二）影响实体经济创业意愿　200

　　（三）影响实体经济从业者的生活水平　203

四、收入差距扩大的政治与社会影响　208

　　（一）收入差距扩大的政治影响　208

　　（二）收入差距扩大的社会影响　214

　　（三）丰富和发展中国特色社会主义收入分配理论　216

第四章　强国的生产结构：做优实体经济与推进供给侧结构性改革　229

一、供给侧结构性改革与实体经济转型升级　231

　　（一）实体经济转型升级的演进规律　231

　　（二）虚拟经济与实体经济转型升级　236

　　（三）供给侧结构性改革的阶段性重点　240

　　（四）国有企业深化改革与发展壮大民营经济　246

二、供给侧结构性改革与经济学理论创新发展　250

　　（一）供给侧结构性改革与新发展阶段　251

　　（二）供给侧结构性改革与国家竞争优势　254

　　（三）供给侧结构性改革与新发展理念　257

三、供给侧结构性改革的理论超越与实践路径　261

（一）供给侧结构性改革的时代背景　261

（二）供给侧结构性改革不是西方经济学的翻版　266

（三）供给侧结构性改革不能简单等同于产业结构调整　272

（四）供给侧结构性改革并不否定需求侧管理　276

（五）供给侧结构性改革不能忽视政府作用　280

第五章　强国的开放理论：做强实体经济与更高水平开放型体制　283

一、我国对外开放的历程　285

（一）全球化与中国经济发展　285

（二）我国对外开放发展的特征　288

（三）我国对外开放的总体性评述　295

二、在开放发展中推动我国经济转型升级　298

（一）市场机制在开放发展中的作用　298

（二）政府调控在开放发展中的作用　304

三、发展更高层次的开放型经济　312

（一）开放型经济与新发展阶段　315

（二）开放型经济与新发展理念　316

（三）开放型经济与新发展格局　317

（四）开放型经济与国家竞争优势　319

（五）开放型经济与发展新动力　322

四、在高水平对外开放中做强实体经济　326

（一）顺应经济全球化的历史大势和时代潮流　327

（二）全面提升引导经济发展的现代化治理水平　332

（三）制定谋求正和博弈的实体经济贸易政策　335

前言　构建强国的经济学自主知识体系

习近平说："中国以后要变成一个强国，各方面都要强"①，"中华民族将以更加昂扬的姿态屹立于世界民族之林"②。当前，世界之变、时代之变、历史之变正以前所未有的方式展开。中国正在以中国式现代化全面推进强国建设、民族复兴伟业。过去强国的话语和理论基本上由西方垄断，强国经济学似乎只能是西方理论。

今天，我们站在"两个一百年"奋斗目标历史交汇点上，更要立足中国实践，全面提炼中国经济发展经验，努力揭示中国经济发展伟大成就背后所蕴含的系统化和规律化学说，从历史和现实、理论和实践相结合的角度深入阐释如何更好坚持中国道路、弘扬中国精神、凝聚中国力量。而这一切，归根结底就是建构中国自主的经济学知识体系。强国经济学就是以中国为观照对象、以时代为观照对象，立足中国实际，提炼中国经验，从政治经济学视角深入剖析中国如何实现从"大国"到"强国"、从"富起来"到"强起来"的伟大飞跃，它系统阐释和揭示了中国奇迹的政治经

---

① 国家体育总局编写组. 深入学习习近平关于体育的重要论述 [M]. 北京：人民出版社，2022.

② 习近平. 习近平著作选读（第二卷）[M]. 北京：人民出版社，2023.

济学理论逻辑。

当前，我们在坚持和发展中国特色社会主义理论和实践中面临大量亟待解决的新问题。百年未有之大变局加速演进，世界进入新的动荡变革期，迫切需要回答好"世界怎么了""人类向何处去"的时代之题。坚持把马克思主义政治经济学基本原理同中国具体实际相结合、同中华优秀传统文化相结合，立足中华民族伟大复兴战略全局和世界百年未有之大变局，不断推进马克思主义政治经济学中国化、时代化，更好运用当代政治经济学理论指引现代化国家建设、探索强国之路，是时代赋予我们的历史使命。

中国经济学理论的反思

在过去的40多年里，中国的改革开放取得了历史性伟大成就，赢得了世界的认可，积累了丰富的实践经验。然而，时至今日，我们也不得不承认，基于我国经济改革发展实践所形成的各种经济理论和学说还显得非常零碎，并没有形成一套系统的、完整的、具有严密逻辑的中国理论和当代政治经济学，更没有形成完整的理论框架去解释中国经验，而是一直在沿用西方的概念解释中国的问题。长期以来，我国经济学界存在着重西方经济学、轻马克思主义政治经济学的倾向，导致不少学者出现了对西方经济学的"迷信"和"崇拜"，这妨碍了他们对中国经济发展的独立思考和理论创新。特别地，中国一些经济学者早已对西方的经济学理论形成"路径依赖"。每当中国经济发展取得成功，他们往往简单化地将其归结为学习和运用西方经济学理论的成果；而每当经济出现问题，他们要么责怪西方理论没有得到很好遵从或运用，要么不自觉地从西方经济学教科书中寻找答案和理论依据。这种格局和状况，容易使我们丧失理论自信，甚至掉入西方经济学理论和西方话语体系的陷阱之中，从而误判未来的经济发展方向。

回顾中国 40 多年的诸多改革，可以发现，不少源自经济领域自下而上的实际操作者的行动被中国的经济学者发掘总结，并以某些在西方经济学领域无法理解或似乎不严谨的概念不断被中国高层决策者采纳，它们经不断试验，进而以直白、朴素的语言形成权威的改革文件。基于这些概念的改革最后向全国推广，形成浪潮并取得了成功。比如，家庭联产承包责任制、公有制理论、共同富裕和对外开放等。正是这些在西方经济学里很难找到的中国概念，实际上成为中国经济改革的点火器，启动了中国 40 多年的经济改革，推动成就了中国经济奇迹。可以说，正因为中国没有遵循西方的教条，而是始终坚定不移地走中国特色社会主义道路，所以才以雄辩的事实打破了西方中心论的"神话"。

事实上，任何理论都有其特定的适用性。现代西方经济学无论是从起源还是从发展来看，都与"西方"息息相关，是西方经验的总结。而且，西方学者所拥有的经历、背景决定了任何西方学者都不可能准确解释中国问题，更不可能解决中国问题。一味地用西方范式解释中国问题，用西方概念去裁剪中国现实，用西方理论去指导中国实践，结果一定是难以解决中国问题。因此，建设社会主义现代化强国迫切需要经济学的理论准备和主体意识，更需要属于我们自己的学术话语体系。没有主体性，经济学便不能解释中国问题，更不能解决中国问题。

中国道路创造中国奇迹，中国奇迹成就中国道路，两者相得益彰。我们用几十年的时间走完了发达国家用几百年走过的发展历程，我国经济发展历程波澜壮阔、成就举世瞩目，蕴藏着理论创造的巨大动力、活力、潜力。我们不但要向世界讲好中国故事，更要用中国理论阐释好中国道路。今天中国问题已成世界问题，中国现象已成世界现象，解答中国谜题本身就具有重要理论意义和世界历史意义。

中国的崛起对西方概念形成了挑战，中国的崛起和对西方的超越使得西方的概念和学说越来越难以针对中国问题提供准确解释。中国的发展有着西方经济学研究者所没有的丰富素材，是一座构建经济学理论的富矿。中国的学者要善于从丰富的实践中汲取和升华经济理论的中国元素。当前，中国经济学面临的任务是，不但要解构经济学的西方中心论，更重要的是对经济学的西方概念进行"术语革命"，进而用具有中国特色、中国风格的术语"创造性"重构经济学的基本理论和逻辑体系。中国的学者有义务和责任对西方概念进行解构和改造而不是坚守和盲从，以为世界经济的发展贡献中国智慧和中国价值。

强国经济学是对西方主流经济学的超越

透视中国经济成功的秘诀，中国与西方国家最大的不同就在于国家的角色与作用不同，中国政府在整个改革开放的进程和经济发展中发挥着关键性作用。中国经济改革并不是简单实行市场化，实质上是对西方经济学教科书中的政府与市场关系的重构。300多年来，西方经济学总是囿于市场与政府相互替代的观点，从而始终无法消除经济发展面临的市场失灵和政府失灵问题。而中国从改革开放伊始就清醒地意识到，处理好市场与政府的关系是经济改革的核心，经过不断调整，现在定位为充分发挥市场在资源配置中的决定性作用和更好发挥政府作用，并且要始终坚持两者的有机结合。正是这样的体制框架支撑了中国40多年的经济发展奇迹。所以，不是中国经济改革复制了西方经济理论，恰恰相反，是中国经济发展丰富了经济学理论的内容，为经济学理论贡献了中国智慧和中国价值。中国向世界呈现的是取得经济成就的大国形象，这在本质上是中国理论和中国实践对西方的超越。

国家繁荣离不开实体经济。实体经济是一国经济的立身之本、财富之源。以制造业为核心的实体经济是确保现代经济体系持续繁荣的坚实基础。虚拟经济是现代经济发展的重要推动力,也是现代经济体系不可或缺的重要组成部分,但是,实体经济是虚拟经济的基础,虚拟经济必须根植于实体经济,虚拟经济绝不能脱离实体经济。没有了以制造业为基础的实体经济的深厚物质支撑,一切虚拟经济都无法实现繁荣与发展,虚拟经济绝不能脱离实体经济。对此,习近平明确指出:"制造业是实体经济的基础,实体经济是我国发展的本钱,是构筑未来发展战略优势的重要支撑。"① 但是,受西方主流经济学影响,全球经济发展呈现"脱实向虚"趋势,世界经济的主要特征为虚拟经济的泡沫化与实体经济的空心化,这些进一步引发全球性金融危机等重大问题。因此,实体经济与虚拟经济如何协调发展成为各个国家现代化进程中的重要命题。

曾有一段时期,政治经济学无用论泛起,甚至出现了"范式危机"。正如习近平指出:"有人说,马克思主义政治经济学过时了,《资本论》过时了。这个说法是武断的。"② 事实上,不是政治经济学无用,只要不断推进政治经济学中国化、时代化,当代马克思主义政治经济学就始终会站在时代前沿,不断焕发生机和活力。我们坚持以马克思主义为指导,是要运用其科学的世界观和方法论解决中国的问题,而不是要背诵和重复其具体结论和词句。我们不能把马克思主义当成一成不变的教条。实践没有止境,理论创新也没有止境。世界每时每刻都在发生变化,中国也每时每刻都在发生变化,我们必须在理论上跟上时代,不断认识规律,不断推进理论创新、实践创新。

本书开创性地将实体经济发展作为分析对象,以全新的视角来阐释政

---

① 坚定信心埋头苦干奋勇争先 谱写新时代中原更加出彩的绚丽篇章[OL]. 人民网, 2019-09-19.

② 习近平. 在哲学社会科学工作座谈会上的讲话[M]. 北京:人民出版社, 2016.

治经济学理论体系的建构与演进,从而展现了一个以中国为样本的强国经济学理论逻辑。从学理上研究大国成为强国的经济学逻辑,不仅能够为强国时代提供新的理论,而且有助于阐释中国道路,建构中国由大国成为强国的理论。可以看出,正是政治经济学的创新发展支撑中国走向强国,而其中的系统化学说经过总结,更可以形成强国经济学。本书以"实体经济转型升级"这一与中国发展密切相关的经济实践为切入点,从"实体经济转型升级"的丰富实践素材中提炼和总结出规律性的经济学说,突出政治经济学的五大重要理论(政府与市场关系、所有制理论、收入分配理论、供给侧结构性改革、开放理论),就它们与发展实体经济的关系进行系统化阐释,从而实现理论与实践的融合,将中国实体经济转型升级的实践经验上升为强国的系统化经济学说。

习近平指出:"现在,各种经济学理论五花八门,但我们政治经济学的根本只能是马克思主义政治经济学,而不能是别的什么经济理论。"①同样,支撑中国走向现代化强国的只能是马克思主义政治经济学,而不是别的什么理论。正是基于这种认识,应将政治经济学理论与中国实践结合,将中国经验上升为中国理论。因此,本书在政治经济学研究中开启新的理论视角,以适应当下世界之变、时代之变、历史之变。

需要说明的是,本书来自我作为首席专家完成的教育部哲学社会科学研究重大课题攻关项目"实体经济转型升级与发展中国特色社会主义政治经济学研究"成果,该研究成果在评审中获得了评审专家的肯定,并以"优秀"等级结项。它由我的博士研究生们共同完成,何雨晴、司婧雯、施炫伶、代红豆、刘少阳、肖玉飞、唐教成、冯文韬、李亚男、李超,他们每一个人都承担了其中的重要研究任务,因此,该研究成果是团队共同

---

① 习近平. 不断开拓当代中国马克思主义政治经济学新境界[J]. 求是,2020(16).

努力的结果。四年多来，借助项目支持，研究团队推出了一系列有影响的研究成果，发表了 100 多篇 C 刊（南京大学核心期刊）学术论文，先后出版了五部学术专著，这既推动了中国特色社会主义政治经济学学科的发展，也促进了人才的成长。如今，其中不少博士研究生已经毕业并走上高校科研或教学岗位，成为有潜力的科研教学骨干。最后，还要感谢中信改革发展研究基金会理事长孔丹给予的重视和肯定，以及该基金会的高梁和季红给予的大力支持和指导，是他们的帮助使此书得以列入"中国道路丛书"。

周　文

2023 年 11 月 27 日

第一章

世界性难题：政府与市场的关系

放眼全球，如何让"看不见的手"和"看得见的手"协同发力，堪称经济学上的世界性难题。在社会主义条件下发展市场经济，是我们党的一个伟大创举。我国经济发展获得巨大成功的一个关键因素，就是我们既发挥了市场经济的长处，又发挥了社会主义制度的优越性。努力将市场的作用和政府的作用结合得更好一些，这是一个止于至善的过程。改革开放以来中国经济的奇迹，在实践上是对西方经济发展的超越，在理论上是对西方主流经济学中市场与政府关系认知的重构，它不仅宣告我国已成功走出一条崭新的中国道路，而且体现出我国初步形成了中国自己的经济学理论。因此，坚持不懈地在中国式现代化实践中正确处理市场与政府关系，必将推动我国经济沿着社会主义市场经济方向破浪前行，不断取得新的成就。本章从处理好市场与政府关系是经济改革的核心出发，以包括实体经济转型升级在内的中国经济体制改革为关键线索，阐述市场与政府关系在实体经济转型升级中的核心要义，以及产业政策的指导地位。

一、政府与市场的关系：理论比较

（一）西方经济学中政府与市场的关系

西方经济学理论从重商主义产生到古典经济学建立和发展，到凯恩斯革命发生，再到新自由主义兴起，走过了几百年的发展历程，而贯穿始终的核心问题就是政府与市场的关系问题。西方主流经济学的理论观点也深刻地影响着我国对政府与市场关系的认识。因此，在探讨中国特色社会主义政治经济学中的政府与市场关系理论之前，有必要对西方经济学理论中政府与市场的关系进行梳理。

1. 重商主义：利益导向的政府与市场关系

重商主义产生于15世纪末，全盛于16世纪，17世纪下半叶开始式微，它是西欧封建制度瓦解与资本主义生产方式逐渐形成时期代表商业资产阶级利益的经济思想和政策体系。伴随着民族国家的出现，世界呈现出国家间相互竞争的格局，而重商主义则因能为国家争夺利益服务成为颇具影响力的思潮。在重商主义影响下，"经济学"取得相对独立的地位。在此阶段，政府与市场关系完全是利益导向的，采取自由贸易还是政府管制，取决于哪个能满足当权者的利益诉求。

民族国家建设的目标与其为扩大政治影响要求通过贸易顺差获得金银

输入结合在一起，造就了一种观点，即政府应对经济事务实施广泛管制。重商主义把政治和经济政策统一在国家的旗帜下。① 重商主义者开启了通过政府作用推动经济发展的新理念和新思潮。

2. 从古典经济学到新古典经济学：政府职能的缺位

关于政府与市场关系理论，最早可以追溯到古典经济学。1776年《国富论》的出版，象征着古典经济学理论开始形成体系。亚当·斯密、大卫·李嘉图完成了古典经济学的构建。亚当·斯密主张自由放任的政策，他认为自由化的市场是一只"看不见的手"，经济活动不能靠政府的调节，而要靠市场这只"看不见的手"自动调节，人们追逐个人利益的同时也能使社会利益最大化，而政府对自利个体的干预反而会阻碍国民财富的增长，所以政府只需要承担"守夜人"的职责。

李嘉图继承了亚当·斯密的经济自由主义思想，进一步发展了古典经济学。他认为在交易完全自由的制度下，按照自然趋势，各国都把资本劳动投在最有利的用途上，个人利益的贪图，极有利于全体幸福。② 与亚当·斯密在核心思想上一脉相承，他崇尚自由市场，反对政府干预市场的经济行为。李嘉图将斯密提出的"看不见的手"理论化和系统化了。

马歇尔作为新古典学派的标志性代表人物，于1890年发表的《经济学原理》将各学派理论兼收并蓄，建立了以均衡价格论为核心的经济学体系。在对待政府和市场的关系上，新古典经济学继承了古典经济学的观点，更加强调市场机制对经济发展的主导作用，反对政府对经济的干预。因此，西方主流经济学无论研究方法如何更新换代，在市场均衡理论的研

---

① 张旭. 政府和市场的关系：一个经济学说史的考察［J］. 理论学刊，2014（11）.
② 大卫·李嘉图. 政治经济学及赋税原理［M］. 郭大力，王亚南，译. 南京：译林出版社，2011.

究中，政府经济职能始终是缺位的，即其默认政府在经济方面仅仅是旁观者。

从理论发展的历史逻辑来看，古典经济学与新古典经济学，都强调了自由市场对资源配置的重要作用，淡化甚至排斥政府的经济职能。主流经济学把政府所有的经济职能剥离给市场，而政府承担的只能是社会职能。因此，可以说，此阶段整个西方经济学理论中没有政府，只有市场。

3. 凯恩斯革命：政府作用的再提出

1929—1933年世界经济大萧条，给世界带来波动，使人们更多地看到了市场本身所带来的问题。它深刻暴露了市场机制的缺陷和市场自发调节机制的局限性，市场自发均衡理论的破产使主流经济学转向了凯恩斯国家干预主义。

1936年，凯恩斯的著作《就业、利息和货币通论》出版，由此创立了宏观经济学，也预示着经济学发生"凯恩斯革命"。资本主义世界爆发的经济危机表现出产品大量过剩，失业人数暴增，打破了萨伊关于供给自行创造需求的理论"神话"。在大萧条的背景下，凯恩斯指出，尽管供给可以创造需求，但是供给创造的需求会存在有效性不足问题，并且在短期内市场自发调节机制本身存在局限性。因此，此时需要政府采取积极的扩张性财政政策和货币政策，实现有效需求的扩大，从而推动经济发展。

在凯恩斯理论框架中，宏观经济政策崭露头角，政府经济职能从缺位到补位，"看得见的手"开始在经济发展中发挥作用。在具体实践中，美国罗斯福新政拉开了政府干预的序幕，而且取得了预期的成功。在此后一段时间，政府干预主义风靡西方世界。因此，市场存在失灵现象，需要政府进行修正，这不仅在观念上深入人心，而且在实践中也显示出了有效性和必要性。在凯恩斯主义理论和政策的指导下，西方资本主义国家进入了"黄金时代"。

4. 政府失灵，回归市场：各学派对古典学派的复归

历史从来是螺旋式上升、曲折中前进的，世界经济发展进程也不例外。20世纪70年代，在石油危机的冲击下，西方诸多国家出现"滞胀"危机，经济发展停滞和通货膨胀并存，宣告了凯恩斯的国家干预主义破产。由此西方经济学中有关政府与市场关系的争论再度兴起，西方主流经济学界相继出现了货币学派、供给学派等多种自由主义经济学派。这些学派实际上都是在回归古典经济学，由此自由放任思想重新占据主导地位。以弗里德曼为代表的货币学派将"滞胀"归因于政府长期推行凯恩斯主义政策，因此反对国家干预经济，主张政府应当完全不干预经济，中央银行应当保持独立性，这样经济会实现自动平衡。

在众多的经济学派中，以哈耶克为代表的新自由主义学派逐渐掌握西方主流经济学的话语权，主张完全自由的市场经济。哈耶克批判计划经济，认为计划者永远不会获取足够的信息和知识以正确地配置资源。在1944年出版的著作《通往奴役之路》中，哈耶克提出：应当重视产权在经济中的主导地位，竞争应当占据主导地位。他认为，在竞争能够发挥作用的地方，应尽量让竞争发挥主导作用。即使在公共服务领域，他也反对垄断，认为至少应该允许市场主体平等地进入该领域，展开公平竞争。

历史河流的主干道，虽有涓涓逆流，却不能阻挡汹涌的大潮：从主张自由放任到强调政府干预，再到崇尚自由市场的复归，主流经济学思想呈现出钟摆状态。纵观西方主流经济学几百年的发展历程，政府与市场的排斥与对立贯穿其核心，而且市场化和自由放任是整个西方经济学理论的主线。尽管随着历史的变迁，西方主流经济学出现了很多观点不一的学派，但是在这些学派的理论框架下，政府和市场的关系始终是此消彼长、二元对立的替代关系。

（二）马克思主义政治经济学中政府与市场的关系

马克思、恩格斯根据辩证唯物主义和历史唯物主义的世界观和方法论，批判继承了历史上的经济学特别是英国古典政治经济学的思想成果，通过对人类经济活动的深入研究，创立了马克思主义政治经济学，揭示了人类社会特别是资本主义社会经济运动的规律。马克思主义政治经济学以宏大的视野、超前的眼光审视经济运行的内在逻辑。鉴于马克思、恩格斯经典著作中对政府与市场的关系没有相对完整和系统翔实的论述，所以我们主要基于他们对国家职能和市场调节的论述分析马克思主义政治经济学关于政府与市场关系的观点。

1. 国家经济职能

在马克思主义理论中，社会生产力决定着社会形态的发展，从而影响政府职能的发挥——政府的作用会随着社会的发展而不断进行调整。随着经济的发展、社会生产力的不断提高，资本主义社会就会出现生产资料私有化与生产社会化之间的矛盾，随着这种矛盾日益激化，最终经济危机会爆发。因此，社会主义社会要推行计划经济，根据社会资源和整个社会需要制订计划，国家对经济活动进行必要干预就显得十分必要。

第一，国家职能的二重性。马克思认为，国家职能具有二重性，国家一方面具有经济管理职能，管理整个国家的共同事务；另一方面又具有阶级统治职能，是阶级统治的工具。政府的监督劳动和全面干涉包括两方面：既包括由一切社会的性质产生的各种公共事务的执行，又包括由政府同人民大众相对立而产生的各种特有的职能。[①] 而西方经济学将国家的职

---

① 马克思. 资本论（第三卷）[M]. 中共中央马克思恩格斯列宁斯大林著作编译局，译. 北京：人民出版社，2018.

能单一化，国家只负责社会管理，将经济职能全部剥离给市场，因此其不能辩证全面地看待国家经济职能。

第二，资本原始积累时期的国家经济职能。资本主义国家利用国家权力，通过集中的、有组织的社会暴力，促进和缩短了封建生产方式向资本主义生产方式转化的过程和时间，具体包括构建殖民制度、国债制度、现代税收制度和保护关税制度。在资本原始积累时期，国家暴力是资本主义经济发展的强力助推器。正是从这个意义上，马克思说，"暴力是每一个孕育着新社会的旧社会的助产婆"，"暴力本身就是一种经济力"。[①]

第三，国家对经济生活的调节。首先，对劳动力市场的调节。国家规定工作日的长度。在资本主义发展初期，从14世纪到17世纪末，其更多是索取绝对剩余价值，主要是借助国家政权力量来延长工作日的长度，保护资本吮吸足够数量剩余劳动的权利，故绝对剩余价值必须依靠国家规定来实现。在资本主义生产方式确立以后，从19世纪下半叶开始，为了节制资本家无限制榨取劳动力，国家则通过工厂法对工作日的长度进行了限制。此外，国家还规定了工资率。为了确保利润，把工资强制性地限制在有利于资本家赚钱的范围内，从14世纪到19世纪，资本主义国家普遍规定了工资的最高界限，但从不规定工资的最低限度。其次，对金融市场的调节。国家发行纸币并强制流通。国家根据流通中需要的货币量来确定纸币的发行量，国家银行既是发行纸币的银行，也是管理纸币的银行。国家信用为金融体系提供了重要的支撑，国家通过发行纸币提高了金融市场的流通性，还以国债的形式提供信用工具。再次，国家修筑公共工程。公

[①] 马克思. 资本论（第一卷）[M]. 中共中央马克思恩格斯列宁斯大林著作编译局，译. 北京：人民出版社，2018.

路、铁路、通信等公共工程的修筑是一个国家持续发展的必要条件，是经济活动得以顺利进行的重要保障。最后，允许合法的垄断。早期的股份制公司，如著名的东印度公司就是国家特许垄断公司，其实质上是以公司名义利用国家力量推进对外殖民贸易活动。

2. 市场的职能

首先，马克思以商品作为资本主义社会的基本细胞，把"商品"作为分析的起点。商品交换过程最初不是在原始公社内部出现的，而是在它的尽头，在它的边界，在它和其他公社接触的少数地点出现的。马克思提出，市场经济之中商品交换的起源在外部，即"市场经济外生论"，市场经济起源于社会系统各个要素之间而非社会内部。这一观点为市场经济与社会主义制度的结合提供了坚实的理论基石。

其次，马克思提出"消灭私有制"的口号。在"自由人联合体"社会形态中，阶级、实体国家不复存在，"国家"的概念已然消亡，国家职能也随之消散。马克思在《资本论》中，更简明地把共产主义称为"自由人联合体"，称它是比资本主义社会更高级的、以每个人的全面而自由的发展为基本原则的社会形式。

关于"自由人联合体"的论述，马克思指出："最后，让我们换一个方面，设想有一个自由人联合体，他们用公共的生产资料进行劳动，并且自觉地把他们许多个人劳动力当做一个社会劳动力来使用。在那里，鲁滨逊的劳动的一切规定又重演了，不过不是在个人身上，而是在社会范围内重演。鲁滨逊的一切产品只是他个人的产品，因而直接是他的使用物品。这个联合体的总产品是一个社会产品。这个产品的一部分重新用做生产资料。这一部分依旧是社会的。而另一部分则作为生活资料由联合体成员消费。因此，这一部分要在他们之间进行分配。这种分配的方式会随着社会生产有机体本身的特殊方式和随着生产者的相应的历史发展程度而改变。"①

现在来看，这一部分的论述具有十分重要的现实启发意义："把他们许多个人劳动力当做一个社会劳动力来使用"，马克思虽然没有对其具体的实现形式给出详细解释，但市场活动的自发性和政府调控的约束性隐含其中；生产和分配是泾渭分明的，不可混淆。最终实现"自由人联合体"社会形态的生产和分配时，"国家"虽已不复存在——全人类的命运共同体思想也是来源于此——但国家的管理职能却仍需要通过政府机构实现，国家的阶级统治职能也随着阶级的消灭而消失。

马克思在对资本主义制度进行批判的同时，提出了对未来社会的构想，他所构想的社会主义社会形态，以生产资料公有制为基础，具有消灭商品经济、实行计划经济的特征。社会必须预先计算好，能把多少劳动、生产资料和生活资料用在这样一些产业部门而不致受任何损害。②

总而言之，马克思对资本主义市场经济存在一定质疑，表现为批判资本主义私有制条件下商品生产、市场经济产生的种种弊端，例如商品拜物教、资本拜物教，并将其视为需要革除的弊病；同时他因所处社会历史条件的限制而对市场经济产生了相对负面的看法，也正因如此，后来才有了为新的社会历史条件下社会主义实行市场经济提供理论支撑的可能。消除资本主义私有制并不等同于消除市场经济，因为市场经济并不是产生于资本主义私有制，而是产生于分工和交换经济，从逻辑上讲，是市场经济促进了资本主义经济发展，而不是资本主义制度促进了市场经济发展。由于

---

① 马克思. 资本论（第一卷）[M]. 中共中央马克思恩格斯列宁斯大林著作编译局，译. 北京：人民出版社，2018.
② 马克思. 资本论（第二卷）[M]. 中共中央马克思恩格斯列宁斯大林著作编译局，译. 北京：人民出版社，2018.

受社会历史条件的限制，在马克思设想和研究未来社会时，并没有社会主义的实践，他无法也不可能对市场经济有系统的理论阐释。事实上，马克思主义并不是僵死的教条，我们不能简单化地背诵和重复具体结论和词句。因此，在实践过程中，只有充分运用马克思主义立场、观点和方法分析现实问题，不断回答中国之问、时代之问，才能使马克思主义理论的精髓得到发挥。

（三）中国特色社会主义政治经济学中的政府与市场关系

中国共产党历来重视对马克思主义政治经济学的学习、研究和运用。毛泽东同志先后4次集中研读《资本论》，多次主持专题研讨苏联《政治经济学教科书》，强调"研究政治经济学问题，有很大的理论意义和现实意义"。[①] 我国对政府与市场关系的认识经历了曲折的探索，从新中国成立初期实施计划经济，到改革开放后在经济活动中逐步引入市场机制，到党的十四大明确建立社会主义市场经济体制的目标，再到党的十八届三中全会提出使市场在资源配置中起决定性作用和更好发挥政府作用。如何处理政府与市场关系始终是经济体制改革的核心。我国在改革实践中不断破解政府与市场关系这道世界性经济学难题，取得了社会主义市场经济体制改革的成功，既突破了传统计划经济的局限性，又超越了西方主流经济学对政府与市场二元对立的认知，使"有为政府"与"有效市场"相互融合、相互促进，不断开辟中国特色社会主义政治经济学的新境界。为此，需要从以下三个方面深刻理解中国特色社会主义政治经济学中政府与市场的关系。

1. 两大关键理解：有机融合与完整性

第一，社会主义市场经济，不是单纯的市场经济，也不是单纯的社会

---

① 习近平. 不断开拓当代中国马克思主义政治经济学新境界[J]. 求是，2020（16）.

主义加市场经济，而是二者的有机融合。社会主义市场经济是一个完整的概念，是不容割裂的有机统一体。用一个形象的比喻来说，西方经济学中政府和市场的关系呈现"马铃薯"状态，一袋马铃薯是由一个一个马铃薯组成的，每个部分是分离的、离散的；① 而社会主义市场经济体制中的政府和市场关系呈现"混凝土"状态，是一种有机融合状态，每个部分无法分离。

　　社会主义市场经济是对传统社会主义计划经济机制的超越。在理解社会主义市场经济时，要把它看作一个完整的概念、一个有机的统一体。党的十四大报告提出社会主义市场经济的改革目标时，就明确在市场经济一词前面加上"社会主义"一词，体现出社会主义制度下的市场经济与资本主义制度下的市场经济是有本质区别的；另外，还提出一个前提条件，就是在国家宏观调控下，让市场在资源配置中发挥重要作用。资源配置有宏观、微观两个层面，涉及许多领域。在资源配置的微观层面，即多种资源在各个市场主体之间的配置，市场可以通过供求变动和竞争机制促进效率，发挥基础性的重要作用，也可以说是"决定性"的作用。但是在资源配置的宏观层面，如供需总量的综合平衡、各部门各地区的比例结构、自然资源和环境的保护、社会资源的公平分配等以及涉及社会安全、民生福利（住房、教育、医疗）等领域的资源配置，就不能都依靠市场来调节，更不用说让其起"决定性"作用，而是要更好发挥政府作用。市场机制在这些宏观层面的领域存在很多缺陷和不足，需要国家干预、政府管理、计划调节，以矫正、约束和补充市场的行为，用"看得见的手"来弥补"看不见的手"的缺陷。②

---

① 这里的"马铃薯"借用的是马克思在《路易·波拿巴的雾月十八日》中提出的概念。
② 刘国光. 准确理解社会主义市场经济中市场与政府、市场与计划的关系 [N]. 中国社会科学报, 2014 – 07 – 16.

党中央提出社会主义也可以搞市场经济，但是从来没有否定计划，一再说计划和市场都是手段、都可以用。党的十四大报告明确指出，国家计划是宏观调控的重要手段之一。社会主义市场经济就是有计划的市场经济，这肯定了在社会主义市场经济体制中，计划和市场作为两种资源配置的手段都要用。党的十七大报告还提出，发挥国家发展规划、计划、产业政策在宏观调控中的导向作用。党的十八届三中全会通过的《中共中央关于全面深化改革若干重大问题的决定》（以下简称《决定》）提出，使市场在资源配置中起决定性作用和更好发挥政府作用。《关于〈中共中央关于全面深化改革若干重大问题的决定〉的说明》指出，"市场在资源配置中起决定性作用，并不是起全部作用"。可见，市场的"决定性作用"是有限制的。在市场发挥"决定性作用"的同时，政府要在资源配置中起导向性作用。对于在宏观层面上以及微观经济活动中会产生重大影响的资源配置问题，政府要加强计划调控和管理，不能让市场这只"看不见的手"盲目操纵，自发"决定"。当然，对于为市场提供服务、实施监督、做"守夜人"，政府责无旁贷。

第二，"看得见的手"和"看不见的手"都要在资源配置中发挥重要作用。党的十八届三中全会通过的《决定》指出，市场决定资源配置是市场经济的一般规律。马克思认为，在共同的社会生产即以公有制为基础的社会生产中，国民经济要实行有计划按比例发展。马克思说过："时间的节约，以及劳动时间在不同的生产部门之间有计划的分配，在共同生产的基础上仍然是首要的经济规律。这甚至在更加高得多的程度上成为规律。"[1] 有计划按比例发展就是人们自觉安排的持续、稳定、协调发展，

---

[1] 马克思，恩格斯. 马克思恩格斯全集（第三十卷）[M]. 中共中央马克思恩格斯列宁斯大林著作编译局，译. 北京：人民出版社，1995.

它不能等同于传统的行政指令性的计划经济,更不是某些人贬称的"命令经济"。"有计划"主要指的是指导性、战略性、预测性的计划,用以从宏观上导向国家资源的配置和国民经济的发展。①

在社会主义初级阶段,我国实行的是社会主义市场经济,而不是什么资本主义的市场经济,或者其他性质的市场经济。习近平曾指出:应当吸收西方经济学有关市场经济理论的研究成果,但"不能照抄照搬西方的市场经济理论"。② 作为一个完整的理论体系,西方经济学经历了重商主义、重农主义、古典经济学、凯恩斯主义、新古典经济学、新凯恩斯主义等不同经济学派,每个学派对政府和市场关系均有不同的见解,但是总体上在对待市场与政府关系的问题上,反对政府干预、强调市场作用是主旋律。随着资本主义制度产生、发展、完善和逐步走向衰落,西方经济学关于政府和市场关系的理论也相应发展,在应对市场调节、市场失灵和宏观经济不稳定,以及实行微观经济政策和宏观经济政策等方面,积累了若干具有实际指导意义的理论成果。但是,一些学者言必称西方,崇拜西方的"自由市场制度""民主政治制度"。这些学者要么弱化政府的作用,倡导西方的"守夜人"理论;要么忽视政府的作用,倡导新自由主义市场化的改革道路,对此我们要提高警惕。

任何理论都是时代的产物,我们不能照抄照搬西方经济学理论。一方面,基于国情的不同,我国实行的是社会主义制度,坚持公有制为主体、多种所有制共同发展的基本经济制度,国有企业是壮大国家综合实力、保障人民共同利益的重要力量,必须理直气壮做强做优做大,不断增强活

---

① 刘国光.政府和市场关系的核心是资源配置问题[J].毛泽东邓小平理论研究,2015(11).

② 孔祥荣.增强构建中国特色社会主义政治经济学的学术自觉[N].学习时报,2022-06-24.

力、影响力、抗风险能力，实现国有资产保值增值；另一方面，基于西方经济学的阶级性，我们应当认识到其本质上是为资产阶级利益辩护和服务的经济学，具有明显的阶级性，是意识形态斗争的一个重要部分。

2. 基本方法遵循

首先，运用社会基本矛盾分析法，是研究和看待政府和市场关系理论的前提。习近平指出："要学习和掌握社会基本矛盾分析法，深入理解全面深化改革的重要性和紧迫性。"[①] 全面深化改革的根本目的是解决中国的现实问题，而问题是事物矛盾的表现形式，因此，我们必须承认矛盾的普遍性和客观性，认清矛盾的本质。社会基本矛盾本质上就是生产力和生产关系、经济基础和上层建筑之间的矛盾。全面深化改革就是要不断调整生产关系，使其适应生产力的发展；不断完善上层建筑，使其适应经济基础的变化。社会基本矛盾总是不断发展变化的，我们必须动态地分析矛盾，通过不断改革化解发展中遇到的问题，进而才能推动经济社会的发展，这也是坚持和发展中国特色社会主义的应有之义。社会基本矛盾分析法是分析政府和市场关系的基本方法。习近平曾深入分析政府和市场关系领域存在的基本矛盾，认为政府方面"职能转变还不到位，政府对微观经济运行干预过多过细，宏观经济调节还不完善，市场监管问题较多，社会管理亟待加强，公共服务比较薄弱"。[②] 他也曾深入分析市场方面问题：市场秩序不规范，以不正当手段谋取经济利益的现象广泛存在；生产要素市场发展滞后，要素闲置和大量有效需求得不到满足并存；市场规则不统一，部门保护主义和地方保护主义大量存在；市场竞争不充分，阻碍优胜

---

① 习近平. 坚持历史唯物主义不断开辟当代中国马克思主义发展新境界 [J]. 求是, 2020 (2).

② 习近平. 论坚持全面深化改革 [M]. 北京：中央文献出版社, 2018.

劣汰和结构调整；等等。① 这些问题不解决好，完善的社会主义市场经济体制便难以形成。

其次，坚持两点论、辩证法，是研究政府和市场关系理论的基础。习近平强调："要讲辩证法、两点论，'看不见的手'和'看得见的手'都要用好，努力形成市场作用和政府作用有机统一、相互补充、相互协调、相互促进的格局，推动经济社会持续健康发展。"② 市场和政府的职能是不同的，深化改革就是要在实践中不断调整政府和市场各自的作用范围。一方面，要使市场在资源配置中起决定性作用，实现资源的有效配置，就需要市场机制有效运行，在保障要素和商品自由流动的情况下，使价格机制充分发挥作用，微观经济主体依据价格机制来决定市场行为；另一方面，要逐步转变政府职能，同时进行科学的宏观调控，全面、正确地履行政府的职能，包括保持宏观经济稳定、保障公平竞争、维护市场秩序、提供公共服务、弥补市场失灵等。要在尊重市场规律的基础上，通过政府的作用促进价格机制有效运行，从而激发市场的活力。辩证看待政府和市场的关系，就意味着发展社会主义市场经济，既要发挥市场作用，也要发挥政府作用，两者相辅相成、相互促进、互为补充。习近平指出："使市场在资源配置中起决定性作用和更好发挥政府作用，二者是有机统一的，不是相互否定的，不能把二者割裂开来、对立起来，既不能用市场在资源配置中的决定性作用取代甚至否定政府作用，也不能用更好发挥政府作用取代甚至否定使市场在资源配置中起决定性作用。"③ 党的十八届三中全会

---

① 习近平. 关于《中共中央关于全面深化改革若干重大问题的决定》的说明 [M] //中共中央文献研究室. 十八大以来重要文献选编（上）. 北京：中央文献出版社，2014.

② 习近平总书记在十八届中央政治局第十五次集体学习时的讲话 [N]. 人民日报，2014 - 05 - 28.

③ 同上。

强调使市场在资源配置中起决定性作用,并不是削弱和淡化政府的作用,正如习近平所强调的:"政府不是退出、不作为,而是政府和市场各就其位。"①

最后,注重系统性、整体性、协同性,是研究政府和市场关系理论的关键。习近平指出:"全面深化改革,要突出改革的系统性、整体性、协同性,使改革成果更多更公平惠及全体人民。"②因此,在政府和市场关系上,要把政府和市场关系看作一个系统和一个整体,注重发挥二者的协同作用,同时准确把握客观实际,妥善处理各种重大关系。习近平指出:"使市场在资源配置中发挥决定性作用,主要涉及经济体制改革,但必然会影响到政治、文化、社会、生态文明和党的建设等各个领域。要使各方面体制改革朝着建立完善的社会主义市场经济体制这一方向协同推进,同时也使各方面自身相关环节更好适应社会主义市场经济发展提出的新要求。"③因此,在政府和市场关系的改革过程中应注重系统性、整体性、协同性,这就要正确处理各种矛盾,协调各方面的关系,统筹兼顾各个领域的发展。

3. 几个重要原则

第一,坚持党的领导,是政府和市场关系理论的核心。习近平指出:"坚持党的领导,发挥党总揽全局、协调各方的领导核心作用,是我国社会主义市场经济体制的一个重要特征。"④中国在经济发展实践中,充分发挥社会主义市场经济制度的优越性,探索出了一条在中国共产党领导下

---

① 习近平:政府和市场各就其位 [OL].新华网,2013-11-25.
② 习近平在中共中央政治局第二十次集体学习时强调 坚持运用辩证唯物主义世界观方法论 提高解决我国改革发展基本问题本领 [OL].新华网,2015-01-24.
③ 习近平.切实把思想统一到党的十八届三中全会精神上来 [J].求是,2014 (1).
④ 习近平.习近平谈治国理政 [M].北京:外文出版社,2014.

市场这只"无形的手"和政府这只"有形的手"共同作用于经济发展的道路，创造了市场有效、政府有为的良好局面，在中国特色社会主义政治经济学领域形成了"党、政府、市场"组成的稳定结构。这一种结构被称为经济学的"三维谱系"，它既可以保证市场对资源配置的高效率，又可以促使政府发挥主动作为弥补市场失灵的作用。其中，党的领导是市场和政府发挥作用的政治保证。在政府和市场的关系中，我们说让市场发挥在资源配置中的决定性作用，并不是让它起全部作用，我们还需要更好发挥政府的作用。要坚持和发展社会主义制度的政治优势，以引领和推进改革，调动各方面积极性，推动社会主义市场经济体制不断完善和更好发展。

习近平指出："党必须按照总揽全局、协调各方的原则，在同级各种组织中发挥领导核心作用。总揽全局、协调各方，这是新形势下实现党的正确领导的重要原则，是提高党的执政能力的基本要求，是形成工作合力的体制保证。"[①] 党的十八大以来，中国经济发展取得了历史性成就，从根本上来说，得益于党对经济工作的集中统一领导。坚持党的领导，是发展和坚持社会主义市场经济体制的政治优势。党总揽全局，协调各方，确保经济发展方向正确，驾驭好经济发展大局，可以避免市场的失灵和政府的失效，从而推动经济持续平稳发展。

第二，坚持以人民为中心，是处理好政府和市场关系的理论和实践立场。党中央始终强调以人民为中心的发展思想，把以人民为中心作为执政兴国的根本立场。人民是历史的创造者，从新中国的成立到改革开放取得的成就，都离不开广大人民群众的力量。中国共产党代表最广大人民群众的根本利益，实现好、维护好、发展好最广大人民根本利益是其一切工作

---

① 习近平与"十三五"五大发展理念·协调 [OL]. 人民网，2015-11-02.

的出发点和落脚点,同时党也具有超越党派和利益集团约束的强大力量。中国共产党的初心和使命,就是为中国人民谋幸福,为中华民族谋复兴。因此,经济体制改革也必须坚持以人民为中心,不断调整政府和市场的关系,促进两者的有机结合。社会主义市场经济是对资本主义市场经济的扬弃和超越,可以使政府职能更好地发挥,还可以利用市场机制的信息优势和资源配置效率,促进企业不断提供高质量的产品和服务,以更好地满足人民群众日益增长的美好生活需要。①

把以人民为中心的发展思想作为处理政府和市场关系的出发点和落脚点,是由党和政府的宗旨与性质决定的,该思想能否贯彻好也是决定改革成败的关键。坚持以人民为中心的发展思想,要求我们在处理政府和市场关系时必须把发展经济、促进公平正义、增进人民福祉作为一面镜子,全面审视各方面体制机制和政策规定。哪里有不符合促进公平正义的问题,哪里就需要改革;哪个领域、哪个环节问题突出,哪个领域、哪个环节就是改革的重点。坚持发展为了人民,发展依靠人民,发展成果由人民共享。

第三,坚持解放和发展社会生产力,是处理好政府和市场关系的理论和实践目标。生产力的发展是人类社会发展的最终决定力量。邓小平同志在1992年的南方谈话中提出"三个有利于"的标准,即把"是否有利于发展社会主义社会的生产力,是否有利于增强社会主义国家的综合国力,是否有利于提高人民的生活水平"作为判断各方面工作是非得失的标准。② 党的十八大以来,中国经济发展进入新常态,习近平指出:"全面

---

① 周文,陈跃. 市场化改革与中国经济长期发展——解释李约瑟之谜的新视角 [J]. 社会科学战线,2014(2).

② 邓小平. 邓小平文选(第三卷)[M]. 北京:人民出版社,1993.

建成小康社会,实现社会主义现代化,实现中华民族伟大复兴,最根本最紧迫的任务还是进一步解放和发展社会生产力。"① 我国仍处于并将长期处于社会主义初级阶段,立足于我国这一基本国情,党的十九大报告指出,中国社会主要矛盾已转化为人民日益增长的美好生活需要和不平衡不充分的发展之间的矛盾,而解决这一矛盾的根本出路在于解放和发展生产力。

在政府和市场的关系中,市场在资源配置中充分发挥作用属于生产力范畴,政府职能的转变属于上层建筑的范畴,两者有着密不可分的联系,上层建筑必须不断调整以适应经济基础,进而才能推动生产力的发展。因此,使市场在资源配置中起决定性作用和更好发挥政府作用是相互促进、相互影响的,坚持"看不见的手"和"看得见的手"有机结合、共同作用,顺应了我国经济社会发展的需求,有利于化解当前我国经济领域和上层建筑的矛盾,从根本上解放和发展社会生产力,推动社会经济的发展。

第四,坚持社会主义市场经济,是处理好政府和市场关系的理论和实践方向。社会主义基本经济制度的最大成功就是建立社会主义市场经济体制。② 习近平指出:"坚持社会主义市场经济改革方向,核心问题是处理好政府和市场的关系,使市场在资源配置中起决定性作用和更好发挥政府作用。这是我们党在理论和实践上的又一重大推进。"③ 自党的十四大正式提出中国经济体制改革的目标是建立社会主义市场经济体制以来,中国在经济体制改革的实践中坚定市场化方向,社会主义市场经济体制不断发展和完善。可以说,坚持社会主义市场经济改革方向,提出建立社会主义市场经济

---

① 习近平. 切实把思想统一到党的十八届三中全会精神上来 [J]. 求是, 2014 (1).
② 周文, 何雨晴. 国家治理现代化的政治经济学逻辑 [J]. 财经问题研究, 2020 (4).
③ 习近平. 切实把思想统一到党的十八届三中全会精神上来 [J]. 求是, 2014 (1).

体制的改革目标，是我们党在建设中国特色社会主义进程中的一个重大理论和实践创新，解决了世界上其他社会主义国家长期没有解决的一个重大问题。

区别于西方资本主义的市场经济，社会主义市场经济遵循市场经济一般规律和中国特色社会主义市场经济特殊规律的辩证统一，既强调发挥市场在资源配置中的决定性作用，又注重发挥政府的宏观调控作用。全面深化改革，坚持和完善社会主义市场经济，是坚持走中国特色社会主义道路、推进社会主义自我完善的必然之举。经济体制改革作为全面深化改革的重点，其核心问题就是处理好政府和市场的关系。因此，要处理好政府和市场关系，必须坚持社会主义市场经济的改革方向。

二、我国政府与市场关系的主要争论、演进历程与实践创新

(一) 围绕政府与市场关系的主要争论

回顾和厘清新中国成立以来理论界对政府和市场关系相关理论问题的争论和研究进展，有利于准确把握政府和市场关系理论的实质，进一步推动理论创新，促进社会主义市场经济体制不断完善。新中国成立以来，理论界对政府和市场关系认识的发展和创新主要是基于历史背景和时代背景，围绕社会主义要不要建立和怎样建立健全社会主义市场经济、市场经济有无社会主义属性、市场如何起决定性作用和政府如何更好发挥作用等问题展开。

一是社会主义要不要建立和怎样建立健全社会主义市场经济问题。新中国成立初期，我国经济研究基本上是以苏联经济理论为标杆，把商品经济作为暂时被"保留"并将逐步过渡为产品经济的经济形式。随着我国社会主义现代化建设的稳步推进，一些资深的经济学家逐步认识到计划经济体制的弊端以及商品经济存在的必然性和发挥价值规律作用的必要性，并对计划和市场的关系做了大量的探索。吴敬琏认为，作为资源配置方式，计划经济是与市场经济相对立的，而从运行状态的角度来讲的计划经济与

从运行方式角度来讲的市场经济不属于同一层次，二者不存在彼此对立、相互排斥的关系。① 赵石宝提出，传统的、以指令性计划为主的那种计划经济与市场经济是不能兼容的，甚至是互相排斥的，而指导性计划实际上是被市场改造过的计划形式，它与市场经济是可以兼容的。② 张朝尊和文力认为，发展社会主义市场经济并不意味着排斥计划经济，相反，这恰恰为计划经济准确科学实施提供了新的客观依据和条件；他们认为，应该使两种调节手段有机结合起来。③

总体来看，大部分学者都认同将计划和市场结合起来，只不过问题在于结合的方式。学界在讨论计划与市场如何结合时，主要有三种看法，即板块式结合、渗透式板块结合和胶体式融合。板块式结合，是指为了缩小指令性计划范围，扩大指导性计划和市场调节范围，把一部分经济活动交给市场调节，形成一块是计划调节、另一块是市场调节的板块结构。渗透式板块结合，是指一方面，通过国家调控市场，把计划调节渗透到市场调节领域，意味着市场调节的经济部分也要受计划指导；另一方面，通过企业自身活动对指导性计划的信息反馈，把市场调节的作用渗透到计划调节领域，意味着计划调节也要考虑市场需求。胶体式融合指的是计划调节与市场调节有机融合，在不同层次上调节国民经济运行，这种方式是较为成熟、完善的计划与市场相结合的模式。卫兴华提出，计划经济体制分指令性计划和指导性计划经济体制，在指令性计划经济体制下，计划调节要借助市场机制，市场则检验与校正计划，同时计划也要调节市场；但在指导性计划经济体制下，计划和市场在同一经济领域中共同起作

---

① 吴敬琏. 计划与市场关系的讨论和我国经济体制的取向 [J]. 改革, 1991 (1).
② 赵石宝. 对市场经济的理论思考 [N]. 光明日报, 1992－08－01.
③ 张朝尊, 文力. 论社会主义市场经济 [J]. 中国社会科学, 1992 (4).

用，两者是有机结合而不是分割的关系，因此不存在谁是主体、谁是补充或辅助的问题。①

二是市场经济有无社会主义属性问题。1984 年，党中央明确提出，社会主义经济是在公有制基础上的有计划的商品经济，这是社会主义经济理论的一个重大突破。1991 年 2—4 月，《解放日报》先后发表了四篇署名"皇甫平"的评论文章，提出市场经济在中国的存在和发展的问题，强调计划和市场是与社会制度无内在联系的资源配置机制，再次引发了市场经济姓"资"还是姓"社"以及社会主义本质的大讨论。1992 年邓小平在南方谈话中指出："计划多一点还是市场多一点，不是社会主义与资本主义的本质区别。计划经济不等于社会主义，资本主义也有计划；市场经济不等于资本主义，社会主义也有市场。计划和市场都是经济手段。"②这个精辟论断，大大解放了人们的思想，从根本上破除了社会主义只能与计划经济匹配、市场经济只能与资本主义匹配的陈旧观点，使我们在计划与市场关系问题上的认识有了新的重大突破。

学界在计划和市场都是经济手段、本质是发展生产力等问题上基本达成了共识。卫兴华指出，资本主义和社会主义首先是一种经济关系，区分两者的标准应该是所有制的不同。③ 范恒山指出，计划经济、市场经济的选择原本只是由生产力发展水平所决定的，以适应不同的生产力基础、经济形态和经济结构下的经济运行形式和资源配置方式，它们既不为特定的社会所属，更不带有特定的社会性质。④ 对于社会主义市场经济这一提法，于光远认为，在市场经济前面加上"社会主义"这个词，就意味着我国改

---

① 卫兴华. 论计划经济与市场调节的有机结合 [J]. 中国人民大学学报，1990 (1).
② 邓小平. 邓小平文选（第三卷）[M]. 北京：人民出版社，1993.
③ 卫兴华. 关于姓"资"姓"社"与生产力标准问题 [J]. 中国工商管理研究，1992 (2).
④ 范恒山. 论社会主义市场经济体制建设 [N]. 光明日报，1992 - 08 - 08.

革中形成的市场经济是姓"社"的。① 而刘仁华和陈亚平认为，市场经济是一种资源配置手段，总是要存在于一定的社会制度中，社会主义市场经济指的是依存于社会主义制度的市场经济。无论是存在于社会主义制度之中，还是存在于资本主义制度之中，市场经济都不具有社会主义和资本主义的社会属性。②

三是市场如何起决定性作用和政府如何更好发挥作用的问题。2013年以来，在党的十八届三中全会做出使市场在资源配置中起决定性作用和更好发挥政府作用的论断之后，理论界对市场起决定性作用的范围以及市场作用与政府作用的结合、"市场决定"背景下的政府地位、市场起决定性作用的机制、如何更好发挥政府作用等问题展开讨论。

一些学者紧密结合中央精神，对上述问题进行了阐释，批判了"市场决定的有为政府"论、政府改革核心说等错误观点。周新城认为，市场主要是对微观领域的资源配置起决定性作用，并且应区分社会生活的不同领域，例如，政治思想领域、公益领域、精神生产领域不能完全听任市场的摆布。③ 程恩富对中国特色社会主义"市场决定性作用"论的内涵进行了系统的阐释，提出了市场与政府的"双重调节体系"，这种双重调节表现在宏微观层面、市场起决定性作用的物质资源范围、非物质生产领域资源配置方面、资源配置的所有制层面以及分配领域。④ 刘国光提出按照资源配置的微观层面和宏观层面划分市场与政府或计划的功能，市场在资源配

---

① 于光远. 市场经济姓"资"姓"社"的问题 [J]. 经济学家，1992（3）.
② 刘仁华，陈亚平. 对社会主义市场经济的几点看法 [J]. 中国特色社会主义研究，1995（6）.
③ 周新城. 怎样理解"使市场在资源配置中起决定性作用" [J]. 思想理论教育导刊，2014（1）.
④ 程恩富. 完善双重调节体系：市场决定性作用与政府作用 [J]. 中国高校社会科学，2014（6）.

置中起决定性作用，应该限制在微观层面，对在宏观层面以及微观经济活动中会对宏观产生重大影响领域的资源配置问题，政府要加强计划调控和管理。[①] 可以看出，党的十八届三中全会以来理论界关于政府与市场关系的论争，关系到如何全面正确地坚持社会主义市场经济的改革方向。

（二）我国政府与市场关系的演进历程

经济体制是生产关系的具体实现形式，在传统经济学认知中，现代社会有两种经济体制，一种是与社会主义社会匹配的计划经济体制，另一种是与资本主义社会匹配的市场经济体制。因此，有人认为，社会主义只能与计划经济体制相匹配，和市场经济是不相容的。新中国成立后，我们党对经济体制的改革探索经历了一个曲折的认识过程。在新中国成立初期，我国受到苏联经济体制模式的影响，建立了高度集中的计划经济体制，认为只有计划经济才是社会主义，因此放弃市场，采取计划供应。然而，由于计划经济体制僵化、封闭，统得过多、过死，所以国内经济出现短缺，经济增长内生动力不足，严重束缚了生产力的发展。

改革开放后，我国经济体制改革的核心就是处理好政府与市场的关系。我国正是在改革开放的伟大实践中，不断深化对政府与市场关系的认识，从理论到实践，又从实践到理论，最终开创性地建立了社会主义市场经济体制。我国社会主义市场经济体制改革历程主要分为四个阶段：

第一阶段（1978—1983 年），实行计划为主、市场为辅的经济体制。

改革开放初期，党中央打破僵化的高度集中的计划配置资源体制，主动进行经济体制改革，主动选择引入市场机制。党的十一届三中全会指出，应该坚决实行按经济规律办事，重视价值规律的作用。1979 年 11 月，

---

① 刘国光. 资源配置的两个层次和政府市场的双重作用 [N]. 社会科学报. 2014 – 06 – 05.

邓小平会见外宾时首次提出"社会主义也可以搞市场经济"的论断,陈云也提出市场调节部分是计划调节部分的有益补充,① 党逐渐打破社会主义与市场经济对立的传统思想束缚,经济体制改革不断向市场化方向深入。1981年,党的十一届六中全会提出,必须在公有制基础上实行计划经济,同时发挥市场调节的辅助作用。1982年,党的十二大提出"以计划经济为主,市场调节为辅"的原则,区分了指令性计划和指导性计划,以及它们的方向、范围与界限,同时承认个体经济是公有制经济的补充。后来,此说法在《宪法》中得以确认,还作为原则被正式确立为经济体制改革的指导思想。从否定社会主义存在商品生产和商品交换,到承认社会主义经济是商品经济,是我国经济体制改革迈出的一大步。

第二阶段(1984—1986年),实行有计划的商品经济体制。

1984年,党的十二届三中全会通过的《中共中央关于经济体制改革的决定》提出了社会主义经济是公有制经济基础上的有计划的商品经济。在对待政府与市场关系认识上,党中央不再区分计划调节和市场调节的主辅关系,明确承认了商品经济是社会主义经济不可逾越的阶段,社会主义经济是计划指导下的商品经济,计划经济与商品经济具有统一性,计划经济可以和市场经济相结合。"有计划的商品经济"这一论断的提出标志着中国经济体制改革进入新阶段,从1984年底开始,经济体制改革的重心从农村转到城市,并且改革具有了明显的市场取向。

第三阶段(1987—1991年),实行社会主义商品经济。

1987年10月召开的党的十三大进一步发展了有计划的商品经济理论,提出社会主义有计划商品经济的体制应当是计划与市场内在统一的体制,还提出要建立"国家调节市场,市场引导企业"的经济运行模式,社会主

---

① 顾海良. 社会主义市场经济体制是如何上升为基本制度的?[J]. 红旗文稿,2020(2).

义市场体系不仅包括商品市场，还包括生产要素市场。1989年党的十三届五中全会提出，逐步建立计划经济和市场调节相结合的经济运行机制是改革的核心问题，强调两者相结合的程度、结合方式及范围界限须动态调整。社会主义商品经济与资本主义商品经济相比，区别不在于市场与计划的多少，社会主义商品经济体制应该是计划与市场内在统一的体制，计划调节与市场调节应有机结合。

第四阶段（1992年至今），实行社会主义市场经济体制。

1988年"价格闯关"造成通货膨胀加剧以及1989年北京和其他一些城市发生政治风波，使有些人质疑"市场取向"的改革，更有人把发展市场经济提升到瓦解公有制、否定党的领导及社会主义制度，搞资本主义自由化、和平演变的高度进行批判，甚至提出重回计划经济时代。在这个关键历史转折点上，邓小平在党的十三届七中全会召开前明确提出："社会主义也有市场经济，资本主义也有计划控制。"[1] 将计划控制和市场经济看作独立于经济制度之外的手段或方法，拨开了长期困扰人们认知的迷雾，是理论上的重大突破。邓小平在1992年南方谈话中再次强调计划和市场都是经济手段。[2] 南方谈话的巨大政治感召力和话语影响力，为党的十四大明确提出建立社会主义市场经济体制的改革目标奠定了基础。

1992年，党的十四大在总结改革开放以来实践经验的基础上明确提出，我国经济体制改革的目标是建立社会主义市场经济体制，要使市场在社会主义国家宏观调控下对资源配置起基础性作用，从根本上肃清了社会主义和市场经济不兼容以及计划和市场具有制度属性的僵化教条，深化了党对市场经济概念内涵和外延的认识和理解，特别是把经济制度问题和市

---

[1] 邓小平. 邓小平文选（第三卷）[M]. 北京：人民出版社，1993.

[2] 同上。

场经济运行体制区分开来，标志着党对政府与市场关系认识的重大突破。1993年，党的十四届三中全会全面系统地阐明了建立社会主义市场经济体制的基本框架和战略部署，极大地推进了市场化改革进程。从党的十五大到党的十七大，市场配置资源的作用、范围不断扩大，党始终强调使市场在资源配置中起基础性作用。党的十五大确认，建设有中国特色的社会主义经济，就是在社会主义经济条件下发展市场经济，不断解放和发展生产力。党的十六大重申，坚持社会主义市场经济的改革方向，使市场在国家宏观调控下对资源配置起基础性作用。党的十七大强调，要深化对社会主义市场经济规律的认识，从制度上更好发挥市场在资源配置中的基础性作用。然而，无论如何强调市场经济的地位和作用，市场都只是政府宏观调控下的市场。尽管社会主义市场经济体制不断完善，但市场经济体制中还存在诸如市场竞争不充分、市场规则不统一、市场主体地位不平等、要素市场发展滞后，政府行政行为干预过多、越位、缺位与错位并存等一系列问题，我们仍需要进一步深化改革以解决深层次的体制机制问题，从而更好适应经济高质量发展的需要。①

中国对政府和市场关系的认识经历了一个不断深化、完善的过程。进入新时代，党对政府与市场关系及作用的认识更加全面、更加深刻。党的十八大提出，经济体制改革的核心问题是处理好政府和市场的关系，必须更加尊重市场规律，更好发挥政府作用。2013年，党的十八届三中全会对市场的作用进行了重新定位，明确"使市场在资源配置中起决定性作用和更好发挥政府作用"，从基本经济制度、现代市场体系、政府职能、财税体制改革、城乡发展一体化体制机制、开放型经济等方面进一步规划了

---

① 周文，刘少阳. 社会主义市场经济体制形成、发展与高水平构建［J］. 长安大学学报（社会科学版），2020，22（4）.

新时代社会主义市场经济体制任务目标。党的十九大又有了新的调整，提出"使市场在资源配置中起决定性作用，更好发挥政府作用"，把之前此说法中间的"和"变成了"逗号"，更加突出两者的作用及差异性，呈现出强政府作用和强市场作用的双强模式。

党的十九届四中全会将社会主义市场经济体制提升为基本经济制度的重要组成部分，充分肯定了我国必须长期坚持社会主义市场经济的改革方向，不但标志着中国特色社会主义市场经济体制在实践中取得了伟大成功，更体现了党在社会主义市场经济理论上的重大突破。社会主义市场经济体制上升到基本经济制度层面，从根本上由生产资料公有制的主体地位所决定，在其与分配制度相结合的过程中形成了基本经济制度特征和规定。①

（三）计划经济与自由放任市场

在政府和市场关系认识上存在两种典型的错误观念：一是社会主义经济非市场论；二是完全市场化论，即市场派，或者更为极端地被称为市场原教旨主义。建立社会主义市场经济体制是我们党的伟大创举，党在处理政府和市场关系上体现了中国哲学的"中庸之道"，不搞极端化，强调市场和政府的有机结合。

1. 纠正"只要政府、不要市场"的错误观点

我国在马克思主义中国化的历程中走过一些弯路，新中国成立初期实行的计划经济体制在很大程度上是受到了苏联的影响。列宁基于马克思和恩格斯对未来社会的构想认为，马克思在《哥达纲领批判》中讲的共产主义社会第一阶段即是"社会主义"社会，社会主义社会的基本经济特征包

---

① 顾海良. 社会主义市场经济体制是如何上升为基本制度的？[J]. 红旗文稿, 2020（2）.

括实行生产资料公有制、实行计划经济和按劳分配。列宁认为："没有一个使千百万人在产品的生产和分配中最严格遵守统一标准的有计划的国家组织，社会主义就无从设想。"① 列宁始终认为计划经济和市场经济是两种对立的经济制度，在他的领导下国家先后实施了军事共产主义政策和新经济政策，前者是按照计划经济的原则来安排国家的产品生产和分配。新经济政策实施了几年后就被废除了，之后的苏联在斯大林的领导下走上了高度集中的、指令性的、军事动员型的计划经济体制道路。

苏联在实行计划经济体制过程中，国家计划被意识形态化，其取消市场，敌视所有非政府经济形式。苏联实行重工业优先发展为核心的国家计划体制，最终形成了以产品和要素价格扭曲的宏观政策环境、高度集中的资源计划配置制度和毫无自主权的微观经营机制为特征的三位一体经济体系。但即使在苏联模式下，国家计划也不可能涵盖所有经济活动。具有强烈计划性的苏联模式在当时取得了一定的成功，但随着历史的发展，这种模式的弊端逐渐显现，越来越严重地阻碍社会经济的发展。

新中国成立后，我国受到苏联模式的影响，通过社会主义改造也迅速建立了高度集中的计划经济体制。1953 年，毛泽东提出了党在过渡时期的总任务，即经过三个五年计划，基本上完成社会主义工业化和对农业、手工业和资本主义工商业的社会主义改造，② 这就是"一化三改造"。1956 年，我国完成了"一化三改造"，所有制结构发生了历史性变化，社会主义公有制已经在生产资料所有制中占据了主体地位，国家完全掌握了

---

① 列宁．列宁选集（第三卷）[M]．中共中央马克思恩格斯列宁斯大林著作编译局，译．北京：人民出版社，2012.

② 中共中央文献研究室．毛泽东文集（第六卷）[M]．北京：人民出版社，1999.

国民经济的命脉。因此，国家权力高度集中，政治、经济、社会、文化等各个方面都由国家控制。

然而传统计划经济体制下，政企职责不分、部门条块分割，国家对企业统得过多、过死，权力过于集中，忽视商品生产、价值规律和市场机制的作用，分配中平均主义严重。这就造成了企业缺乏应有的自主权，企业吃国家"大锅饭"，职工吃企业"大锅饭"，严重压抑了企业和广大职工群众的积极性、主动性、创造性，计划经济的弊端使本来应该生机盎然的社会主义经济在很大程度上失去了活力。

实践证明，囿于马克思、恩格斯的理论建设社会主义，一味排斥市场的作用是不适应我国的基本国情，且不符合生产力发展要求的，应当避免教条主义。过去有人认为，社会主义只能与计划经济体制相匹配，和市场经济是不相容的，因此把公有制与市场经济对立起来。事实上，他们混淆了公有制和私有制两种制度的对立与计划经济和市场经济两种经济体制的对立。邓小平的南方谈话很好地破解了这一认识误区，他指出，计划经济不等于社会主义，市场经济不等于资本主义，计划和市场都是经济手段。社会主义基本经济制度就是在继承和发展马克思主义理论的基础上，突破了马克思、恩格斯对社会主义的设想，立足于我国处于社会主义初级阶段这一国情，使市场参与经济活动，克服了传统计划经济体制统得过多、过死等弊端，大力推动了生产力的发展。

2. 纠正新自由主义"只要市场、不要政府"的错误观点

另一种极端的错误认识以西方新自由主义经济学派为代表，认为政府与市场是二元对立、此消彼长的替代关系，在市场经济中，政府只能消极地发挥有限作用[1]。在西方主流经济学的话语体系下，市场经济指的是在

---

[1] 周文. 中国经济学的创新发展与历史使命［N］. 人民日报. 2019-06-24.

资源稀缺的条件下，通过市场机制自发进行资源配置。西方市场经济以资本主义私有制为前提，并且认为市场经济与资本主义私有制是天然绑定的关系，因此在使用市场经济这一概念范畴时不会称其为"资本主义市场经济"。换句话说，在西方主流经济学的理论体系中，市场经济只能在资本主义私有制下运行，而社会主义公有制与市场经济是不匹配的。

在改革开放初期，我国综合国力不强，与西方的冲突还不大，但是，经过了40多年的经济体制改革，现如今中国已经成为世界第二大经济体，并且不断实现新的突破。在这一历史背景下，西方对中国的防范、敌视情绪增强，不断指责中国的社会主义市场经济不是真正的市场经济。新自由主义经济学的代表人物哈耶克曾指出，社会主义与市场的结合必定形成一件赝品。① 中国在改革开放中打破了此"魔咒"，建立了社会主义市场经济体制，走出了一条中国式现代化道路。特别是2018年以来，美国不断掀起对华经贸冲突，同时贸易保护主义逆潮流甚嚣尘上，其还给中国经济体制贴上了"国家资本主义"的标签，认为中国是一个国家主导的实行保护主义和重商主义的经济体，其主要依据是中国实行国有经济、政府干预、产业政策等。②

针对西方对中国社会主义市场经济体制的质疑，我们必须突破西方话语的陷阱。长久以来，"市场经济"都是一个西方语境下的概念范畴，西方学者根据他们对市场经济的概念来裁定和认知社会主义市场经济，所以必然得出"中国的社会主义市场经济不是真正的市场经济"这样的结论。事实上，中国社会主义市场经济是对市场经济的丰富和发展，不能用资本主义市场经济的标准裁定中国社会主义市场经济，作为基本经济制度的一

---

① 杨春学. 社会主义政治经济学的"中国特色"问题[J]. 经济研究，2016（8）.
② 秋石. 认清"国家资本主义"问题的真相[J]. 求是，2018（17）.

部分，社会主义市场经济体制更是对资本主义市场经济体制的扬弃。① 社会主义市场经济是社会主义制度下的市场经济，它与资本主义市场经济有着本质不同。社会主义基本经济制度决定和确保了市场经济发展的正确方向，保障了市场经济发展的大局。正是社会主义与市场经济的有机融合，才更好地推动了市场经济的健康稳定发展。社会主义市场经济在中国的成功实践，走出了一条完全不同于西方市场经济的道路，使政府与市场有机结合，充分发挥了社会主义市场经济制度的优越性，中国之治与西方之乱充分展现了社会主义市场经济体制对西方自由市场经济体制的超越。

（四）政府与市场有机结合体现社会主义市场经济的优越性

社会主义市场经济体制是中国特色社会主义生产关系的具体实现形式，政府与市场的有机结合既破除了人们对马克思主义经典理论的误读，也促使社会主义市场经济实现了对西方资本主义市场经济的超越。将社会主义市场经济体制提升为基本经济制度的重要组成部分是对马克思主义政治经济学理论的创新和发展，是对社会主义市场经济认识的重大突破。

1. 资本主义市场经济的局限性

资本主义国家经济发展历程反映了西方政府与市场关系的理论在实践中的应用。从古典主义强调自由放任的市场经济到凯恩斯国家干预主义兴起，西方资本主义国家的政府角色与市场角色出现了第一次大转换，政府从"守夜人"角色转换为强干预的角色。凯恩斯主义宣告失败后，西方发达国家再一次回到了由自由市场主导的新古典主义，主张市场完全自由竞争，反对政府干预。然而，在新自由主义经济学的理论指导下，西方发达

---

① 周文，刘少阳. 再论社会主义市场经济 [J]. 社会科学战线，2020（9）.

国家的发展并不如设想的那样——自由市场的运行可以有效地解决经济活动中的所有问题。相反，市场失灵的情况时常可见，且不可避免。21世纪以来，资本主义世界的金融危机再一次验证了资本主义市场经济的缺陷。可见，资本主义国家不断在市场失灵和政府失灵之间摇摆，资本主义市场经济体制始终没有突破政府与市场二元对立的局限。

从资本主义市场经济的治理效果来看，市场经济的自发性、盲目性、滞后性和过度竞争带来的价格失灵、产能过剩、贫富两极分化等问题是资本主义制度永远无法克服的固有弊病。从贫富两极分化的问题来看，不平等的产生，是与市场经济的发展紧密联系在一起的，因为市场竞争导致的市场垄断，不仅加速了资本的积累，同时也加速了贫困的积累，直接的后果就是贫富差距扩大。法国经济学家皮凯蒂的著作《21世纪资本论》通过对资本主义发达国家数百年发展的实证研究发现，财富分配不平等是市场经济发展的必然趋势，而且这种势头还在不断扩大；从本质上来看，由于劳动者拥有的初始要素禀赋与数量均存在巨大差异，而资本的收益率要远大于劳动者的工资增长率，所以在市场竞争机制的作用下，采取按要素分配的方式必然带来差异性的要素收入。美国经济学家斯蒂格利茨指出，从1980年到2014年，美国最富有的1%的人平均实际收入增长了169%，中位数家庭收入仅增长了11%，而底层群体的收入仅仅与以前的一样。以新自由主义经济学为指导的资本主义国家仅仅关注效率，因而在收入分配上采用市场机制，放任经济发展中收入差距不断扩大，由此激发出日益严重的社会矛盾。

资本主义市场经济不仅在西方发达国家无法克服其自身的缺陷，并且对于发展中国家的现代化也起了误导作用。早期很多发展中国家深受西方理论影响，照搬和复制西方发展模式，非但没有成功走向现代化，反而饱尝西方模式带来的苦果，不断退化甚至落入发展"陷阱"，一些国家甚至出现党争纷起、战祸不断、社会动荡等问题。① 遵循"华盛顿共识"的拉美国家就是鲜活的例证。"华盛顿共识"的理论背景是复兴的新古典主义和新自由主义经济学。然而"华盛顿共识"却混淆了手段和目标，把私有化、自由化等试图促使市场更有效率、更有竞争性的手段当成了改革的目标本身，以应对拉美国家发展与改革中产生的严重债务、通货膨胀等危机，结果那些受到"华盛顿共识"影响的拉美国家却一直没有能够走出"中等收入陷阱"。

2. 社会主义市场经济的优越性

中国在社会主义制度下开辟了市场经济的道路，走出了一条完全不同于西方市场经济的新路，使市场和政府共同作用于经济发展。社会主义市场经济与资本主义市场经济有着本质不同，从改革开放四十多年来中国取得的发展就可以看出社会主义市场经济对资本主义市场经济的超越。政府与市场的有机融合是中国经济体制改革最成功的经验之一。正如习近平所说："在社会主义条件下发展市场经济，是我们党的一个伟大创举。我国经济发展获得巨大成功的一个关键因素，就是我们既发挥了市场经济的长处，又发挥了社会主义制度的优越性。"②

社会主义市场经济体制解决了政府与市场协调的世界性难题。中国社会主义市场经济实行将市场这只"看不见的手"与政府这只"看得见的手"的有机结合。一方面，市场本身具有开放性、交易性、融合性等显著特点，在资源配置上的效率优势是无可替代的，使其在资源配置中发挥决定性作用有利于推动中国经济发展，有利于中国更好地融入世界

---

① 周文，宁殿霞. 中国特色社会主义政治经济学：渊源、发展契机与构建路径［J］. 经济研究，2018（12）.

② 中共中央文献研究室. 习近平关于社会主义经济建设论述摘编［M］. 北京：中央文献出版社，2017.

经济;另一方面,要更好地发挥政府宏观调控的作用,弥补市场失灵,政府还需要承担提供教育、医疗、基础设施等公共产品的责任,并防止公共产品供给不足,同时也要避免在教育、医疗等关乎民生的重要领域出现过度市场化的现象。政府采取科学的宏观调控能够有效减少市场经济下的经济周期性波动,维持宏观经济和市场秩序的稳定,为社会生产力提供保护。因此,市场与政府的有机结合既可以实现资源的有效配置,促进生产力持续发展,又可以维护宏观经济的平稳运行,有效减少经济的周期性波动,这样既弥补了市场失灵,又避免了政府失灵。习近平强调:"使市场在资源配置中起决定性作用和更好发挥政府作用,二者是有机统一的,不是相互否定的,不能把二者割裂开来、对立起来。"[1]

改革开放以来,我国取得的经济发展成就体现了政府与市场有机结合的社会主义市场经济体制的优越性。一方面,自党的十四大明确提出建立社会主义市场经济体制的经济体制改革目标以来,我国市场活力不断激发,民营经济蓬勃发展,在促进生产力发展、满足人民多样化需要、增加就业等方面发挥着日益重要的作用。2022年3月,国家市场监督管理总局披露,我国民营企业数量从2012年的1 085.7万户增长到2021年的4 457.5万户,实现了10年翻两番,民营企业数量在企业总量中的占比由79.4%提高到了92.1%。可见,民营经济已经成为社会主义市场经济的重要组成部分。以华为、阿里巴巴、腾讯等为代表的中国民营企业重视技术创新,积极推动传统技术升级、传统经营方式转型,造就新产业、新业态,推动中国在5G技术、云计算、人工智能等核心技术领域取得世界领

---

[1] 习近平:正确发挥市场作用和政府作用 推动经济社会持续健康发展[OL].中国政府网,2014-05-27.

先地位。在《财富》世界500强企业排行榜中，2010年我国民营企业仅有1家，2022年增加到了26家。我国民营经济是推动经济发展的重要力量，民营经济的繁荣发展得益于社会主义市场经济体制的成功。

另一方面，社会主义市场经济体制不仅能够激发市场主体的活力，还能在面对外部冲击之时维护经济运行的稳定。以2020年暴发的新冠病毒感染疫情（简称"新冠疫情"）为例，突如其来的疫情不但给我国造成供给缺口和需求萎缩，而且深刻影响了全球产业链和供应链，使我国经济发展面临巨大的挑战。在应对疫情的冲击时，我国充分发挥了有为政府的作用，积极运用财政政策和货币政策的调节作用，迅速出台有针对性的政策，进行有效干预，如加大金融支持力度、加大对中小企业纾困帮扶力度、加快构建国内国际双循环的新发展格局等。在全球经济受到疫情巨大冲击而出现负增长的背景下，中国经济仍然实现了增长，2020年全年GDP（国内生产总值）增长2.3%，2021年全年GDP增速达到8.1%，两年平均每年增长5%以上。中国能够迅速控制疫情带来的负面影响，较为平稳地度过疫情，实现经济的快速复苏，关键在于政府的积极作为。反观西方资本主义国家，自由放任市场无法自主调节以应对疫情冲击，因而导致疫情持续蔓延，经济出现衰退。

中国共产党在理论创新和发展实践的规律层面总结出政府与市场的有机结合、辩证统一，开创了市场有效、政府有为的良好局面。我国经济体制改革最成功的经验之一就是强调政府与市场的辩证统一、有机融合，超越了西方主流经济学将两者对立的传统认知。[1] 实践经验也已经证明，社会主义市场经济体制具有显著的优越性。

---

[1] 周文，李超. 中国特色社会主义政治经济学：概念辨析与话语建构[J]. 教学与研究，2019（8）.

三、实体经济与虚拟经济发展的世界趋势与问题

20世纪70年代以来,世界经济发生如下重要变化:经济结构呈后工业化趋势,资本发展呈全球化趋势,虚拟经济泡沫化属性明显。资本逐渐摆脱实体经济物质形态束缚,表现出最大限度地对价值增值的追求,虚拟经济部门带来的利润总量高于产业资本产生的利润,导致一国资本流向虚拟经济部门,实体经济部门的贸易地位发生了一定程度的转变,实体经济表现为去工业化趋势和空心化趋势。

(一)《资本论》与虚拟资本理论

马克思在《资本论》中没有对虚拟经济进行直接界定,而是基于当时的资本形式分析了虚拟资本的概念和特征。实体资本为扩展其融资渠道生成虚拟资本,虚拟资本的发展催生了虚拟经济,但是两者并不等同。虚拟资本在经济运行过程中的形态可以被纳入虚拟经济的形成进程中,虚拟经济是由虚拟资本运动形成的经济总量以及其行为构成的。因此,在经济概念的层面,虚拟经济范围较虚拟资本更为广泛,虚拟经济以多种形态存在,因而马克思的虚拟资本理论是研究虚拟经济的理论起点。

《资本论》第三卷第五篇共有16章(二十一章至三十六章),内容涉

及虚拟资本，是全书中篇幅最长、内容较为庞杂的一部分。与马克思、恩格斯的其他理论相比，虚拟资本的论述相对不系统，恩格斯在第三卷的序言中指出，第五篇由于缺少现成的草稿，整理是最为困难的……恩格斯在整理《资本论》第三卷时最初认为能够较快完成整理工作，但实际上恩格斯用了将近10年才完成这一卷的整理和出版。① 在这个过程中，恩格斯对第五篇做出的改动最多，其中与资本有关的概念，书中涉及的就有生息资本、银行资本、借贷资本、虚拟资本等；与信用有关的概念，书中涉及了银行信用、商业信用、汇票等。

1. 虚拟资本的内涵与形式

随着商品交换发展和商品流通活动的扩大，虚拟资本虽然本身不具备以价值存在的现实条件，但是却能够在抽象的资本循环与周转中实现价值的复制与扩张。

谈及虚拟资本，不可回避的一个概念是生息资本。资本家可以将其拥有的资本出借给他人并于到期时获得利息，这种以利息为价格、暂时出让使用权的资本被称作生息资本。从产业资本中"分离"出的生息资本，其运作促进资本虚拟化，由于其具备产业资本不具备的优势，所以能为生产活动提供更优的资源。资本家可以将所拥有的资本出借给他人，到期收回资本并获得利息，这种以贷放作为出售方式的资本即为生息资本。马克思指出，在生息资本上，资本关系取得了它的最表面和最富有拜物教性质的形式。② 生息资本的运动形式与商业资本不同，生息资本和利息类似于母金与子金，生息资本的出现在前而利息的出现在后；虚拟资本是在有利息

---

① 马克思. 资本论（第三卷）[M]. 中共中央马克思恩格斯列宁斯大林著作编译局, 译. 北京：人民出版社, 2018.

② 同上。

后被幻想出的资本。虚拟资本没有生产过程以及流通过程作为中介，以生息资本的存在作为基础，借款人需支付一定的报酬（即利息）给放贷人。生产的过程中资本获得相应利润，借贷的过程中生息资本获取相应利息，货币是作为资本的商品而存在的。生息资本的形成源自利润分割，本质上是资本的使用权和所有权的分离。

银行资本是传统生息资本发展到高级阶段的产物。在此阶段，银行以自身信用做担保发放银行券，这种以银行券为代表的商业票据的出现标志着人类社会进入"信用货币"时代。银行券是虚拟资本的一种形式，其拥有者所获得的收入与实体资本是相脱离的。虚拟资本的市场价值由其供给与需求决定，从而衍生出极大的投机性。因此，马克思由货币的本质展开，在生息资本理论的基础上形成了虚拟资本理论。虚拟资本主要形式包括：一是国债券。资本主义国家发行国债券，债权人拥有代表资本数量的所有权证书，除本金外还可以获得一定数量的利息，利息来自国家收入，只有国债券能持续卖出，"钱生钱"才能持续。二是股票。信用体系的发展促进联合资本的产生。股票作为一种代表联合资本的所有权证书，是一种与实物资本产生的剩余价值对应的所有权证明，由于股票具有这种属性，所以其虚拟性的特点不言而喻。三是商业票据。民众购买商业票据的目的是获得签发汇票，在贴现过程中，原债权债务关系主体从持票人与支付人转变为银行与支付人，由银行将贷款贷放给支付人。因此，如果虚拟资本无限制地成倍增加，最终会导致泡沫产生，引发实体经济危机。

2. 虚拟资本的特点与作用

首先，虚拟资本是经济发展到一定阶段的产物。

一是虚拟资本对于社会化大生产的发展具有重要的推动作用，虚拟资本的发展是利润率平均化这一过程的重要推动因素，流动性的提高推动利润率的平均化，虚拟资本能在时间和空间层面突破实体资本的限制，为生产方式的进步夯实基础，从而推动社会化大生产。虚拟资本作为资本发展的高级形态，在资金运转过程中自由度更高，虚拟资本的增殖速度显著快于实体经济，其具有以几何级数增殖的能力。虚拟资本的发展使得相当一部分的交易无须通过实物货币，节约了实物货币制造成本，大大节省了商品流通成本。因此，商品形态转化速度与社会再生产速度得以加快。

二是虚拟资本能促进资金融通与资源优化配置。在虚拟资本产生之前，资金融通的主要媒介是银行。借贷周期长、资金规模小等因素使得资金融通渠道受限，但是虚拟资本的发展为企业资金融通提供了新思路，使得企业能更加灵活使用资本以满足生产要求。因此，虚拟资本使得企业家对于资金的支配能力增强，加速了生产力的发展以及世界市场的形成。与此同时，虚拟资本的产生也拓宽了公众投资的渠道，公众可以通过购买股票等方式获得收益。股票市场中股民对股票的选择能够激励经营较好的企业持续经营，而使经营不好的企业被市场淘汰，由此实现资源的优化配置。

马克思进行研究的重要方法之一就是辩证法，不论是在论述信用时对其二重性的阐释中，还是在对虚拟资本理论的研究中，均贯穿使用了这一分析方法。虚拟资本具有如下特点：一是具有虚拟性。无论是国债券、股票还是商业票据，这些证券的价值不完全取决于所代表的实体资本。马克思直接指出，资本本身已经由国家花掉了，耗费了，它已不再存在；银行家资本的最大部分纯粹是虚拟的，是由债权（汇票）、国债券（它代表过去的资本）以及股票（对未来收益的支取凭证）构成的。① 二是具有投机

---

① 马克思. 资本论（第三卷）[M]. 中共中央马克思恩格斯列宁斯大林著作编译局，译. 北京：人民出版社，2018.

性。虚拟资本随着信用制度的发展而不断得到发展，逐渐出现了利用信息不对称的欺骗行为。1847 年 11 月 24 日的《曼彻斯特卫报》中记载了利用信息不对称进行的制造虚拟资本的欺骗行为，欺骗的借口是在长期贸易中，资金的回流需要一段时间。① 马克思指出，随着股份制度的扩大，它也在消灭私人产业，② 即在一定范围内造成垄断，从而催生投机活动。进行投机的批发商人是拿社会的财产，而不是拿自己的财产来进行冒险的。③ 以股票形式存在的财产的运动和转移纯粹变成了交易所赌博的结果；在这种赌博中，小鱼被鲨鱼吞掉，羊为交易所的狼所吞掉。④ 三是具有膨胀性。银行资本来自自有资金和社会存款，而这些社会存款的数额远大于银行自有资金。马克思指出，取得同一收益的要求权会表现在不断变动的虚拟货币资本上，此外，虚拟的银行家资本代表公众存入的资本。⑤

这些特点使得虚拟资本容易带来相应的消极影响，主要表现为：

一是虚拟资本泡沫化容易导致经济系统结构性失衡。虚拟资本对于资金的吸引力较强，而资金账面的价值随着膨胀性上升也实现大幅增加，由此出现虚假的繁荣现象，其固有的膨胀性使得其自行增殖将会增大经济运行的风险。

二是虚拟资本泡沫化容易导致服务属性下降。随着经济社会发展，实体经济与虚拟经济的利润率呈现反向变动趋势，虚拟经济的泡沫化属性明显导致应当进入实体经济的资金总额大幅下降，引发实体经济发展的危

---

① 马克思. 资本论（第三卷）[M]. 中共中央马克思恩格斯列宁斯大林著作编译局，译. 北京：人民出版社，2018.

② 同上。

③ 同上。

④ 同上。

⑤ 同上。

机，催生实体经济空心化等现象。

三是虚拟资本泡沫化容易导致投机行为增加。市场对于可供支配货币资本的需求增加，投机经纪人助推虚拟资本交易，货币资本与其他有价证券的总量逐渐增加。

3. 虚拟资本与实体资本的关系

虚拟资本产生于实体资本的"扩张"需要，两者具有密不可分的联系。《资本论》虽然没有明确指出两者之间的关系，但是其基本思想蕴含在第三卷第五篇中。

一是实体资本具有基础性作用。生产性劳动是物质生产活动的首要条件。根据劳动二重性，实体经济是基础，虚拟资本的产生源自实体资本，虚拟资本依靠实体资本的发展来获取自身利润。根据马克思主义政治经济学原理，人类劳动可以划分为抽象劳动与具体劳动，劳动的二重性决定了商品具有价值和使用价值双重属性。进一步地，具体商品的种类及其丰富性依托于具体劳动创造的使用价值，产品创新则依托于抽象劳动创新带来的新价值。因此，在发展先进制造业的过程中，要注重通过创新创造新的产品价值，进而丰富具体使用价值。借此反观虚拟经济，证券虽然可以作为商品来买卖，但价值由劳动时间决定，无论是抽象劳动还是具体劳动，证券都没能给劳动带来实质性的改变或促进。因此，尽管证券可以作为商品来买卖，但是证券价值的变化与其代表的实体资本的价值变动无关。

二是虚拟资本具有为实体资本服务的属性。实体资本的发展依赖于虚拟资本优化资源配置的属性，虚拟资本能降低生产及交易成本，提升资源使用效率。马克思、恩格斯主要依托信用在资本主义生产中的作用，指出了信用对促进利润率平均化、加速货币流通的作用。他们对于虚拟资本始终辩证看待，在马克思所写文字后面，恩格斯补充道，"一些新的产业经营的形式发展起来了"①。

三是虚拟资本的风险可传递至实体资本。根据《商业危机》的记载，1846—1847年投在铁路上的资本，达到7 500万镑，诱人的高额利润，使人们远远超出拥有的流动资金所许可的范围来进行过度的扩充活动，由此产生的委托销售制度造成市场商品大量过剩和崩溃。② 19世纪50年代，虚拟资本先是使得工业繁荣，后又引起1857年的崩溃。③ 因此，虚拟资本的风险具有传递性。

（二）实体经济与虚拟经济发展的世界趋势

1. 虚拟经济泡沫化明显

20世纪70年代之后，虚拟经济作为部分发达国家重要的经济形态，对资本具有强大的吸引力，以金融为代表的虚拟经济虽不创造价值，但虚拟经济部门比实体经济部门在获取利润方面具有更强的能力。④ 随着经济的虚拟化，以美国为代表的发达国家经济呈现产业空心化、实体经济萎缩等趋势，制造业在国内生产总值中的份额下降，而虚拟经济部门占比却在持续上升，它们呈现出结构服务化的特征，进入了"服务业经济国"的国情时代。⑤ 20世纪80年代之后，以美国为代表的发达国家形成以债务为基础的运行体系，其主要利润的来源为虚拟经济。刘骏民指出，美国的经济复苏依然依靠虚拟经济，美国官方曾向金融部门注入资金，新兴市场的

---

① 马克思. 资本论（第三卷）[M]. 中共中央马克思恩格斯列宁斯大林著作编译局，译. 北京：人民出版社，2018.

② 同上。

③ 同上。

④ 蔡万焕. 经济金融化视角下的美国经济结构与中美经贸摩擦[J]. 教学与研究，2019（11）.

⑤ 李悦. 产业经济学[M]. 北京：中国人民大学出版社，1998.

富人也在美国大量购置房产（2012年，此类购房项目交易额达682亿美元）。经过长期的资金注入，美国的房地产行业才慢慢恢复，美国2014年的经济复苏是由虚拟经济的复苏所带动的。① 美国的非金融企业的金融资产与非金融资产的比率持续上升，从7.28%（1963年）上升至38.5%（1980年），而到了1990年则变为57.85%，在2008年金融危机爆发之前，比率为82.14%。② 20世纪80年代之前，美国储蓄类金融机构信贷占比在50%以上，20世纪80年代之后，该比重下降至20%左右，信贷绝大部分来源于非储蓄类的金融机构，它们被称为"影子银行"。③ 虚拟经济功能的异化导致其资本形式更多是高利贷资本，这种新的虚拟资本形式已经摆脱了与制造业的关系，并与房地产和其他行业形成了共生关系，形成了所谓的金融、房地产繁荣景象。④ 与此同时，新自由主义经济学使得虚拟经济在经济发展过程中的主导作用日益明显，许多发展中国家以步入后工业化时代作为经济发展目标，认为推进虚拟经济快速发展即能加快步入发达国家行列。因此，"华盛顿共识"推行之后，部分发展中国家进入虚拟经济发展的快车道，具体表现为：

一是虚拟经济部门在经济社会发展中占据主导位置。尽管实体经济与虚拟经济对于资本均具有吸引力，但是虚拟经济特有的膨胀性使得虚拟经济对资金的吸引力日益增强。

二是实体经济部门利润中，来源于虚拟经济部门的占比升高，资本的

---

① 刘骏民. 决定中美经济未来差距的两个基本因素——虚拟经济视角下的大趋势 [J]. 政治经济学评论, 2014（1）.

② 马锦生. 美国资本积累金融化实现机制及发展趋势 [J]. 政治经济学评论, 2014（4）.

③ 罗伯特·希勒. 金融与好的社会 [M]. 束宇, 译. 北京：中信出版社, 2012.

④ 迈克尔·赫德森. 从马克思到高盛：虚拟资本的幻想和产业的金融化（下）[J]. 曹浩瀚, 译. 国外理论动态, 2010（10）.

逐利性使得越来越多实体经济部门资金进入虚拟经济部门。

三是商品交易过程中虚拟经济的作用凸显，虚拟资本逐渐进入实体经济部门，影响部分实体经济部门产品的价格决定，以至于商品价格如何取决于进入该类商品领域的资金量多少。

虚拟经济的发展也使得中介机构的功能发生变化，商业银行的角度从中介机构向资产管理者转变。商业银行作为重要的中介机构，为客户提供多样的资产证券化产品，一方面拓展客户获取资金的途径，另一方面银行本身也获取了高额的中介收入。非金融企业也从生产性资本积累转化为金融性的资本积累。大企业可以通过发行商业票据融资，中小企业则可以依托发行债券从市场中获得相应资金。

20 世纪 70 年代之后，虚拟经济的快速发展成为世界经济的重要特征之一，影响了较多国家的发展轨迹，不论是在此过程中实现货币霸权并且在世界范围内传递本国价值观的发达国家，还是经济基础薄弱渴望经济腾飞的发展中国家，无一不受到虚拟经济的影响。

2. 实体经济空心化

发达国家的去工业化现象和资本主义国家金融危机几乎同时出现，这不是历史的巧合，是历史的必然。换句话说，经过二战后一段繁荣期之后，许多企业盈利能力出现危机及长期的增长停滞，是发达国家发生去工业化的重要原因，甚至是其去工业化的核心力量。许多资金并未进入实体经济领域，而是进入了金融、房地产投资等领域。

纵观美国经济发展，可以发现：南北战争之后，美国的经济从传统的农业经济转变为制造型经济。1940—1973 年，美国出现了改变世界的发明创造。20 世纪 40 年代，美国在制造业的各个门类，几乎都处于世界领先水平，此时期美国已经成为世界上工业最发达的国家。值得关注的是，1945 年，美国的 GDP 已经超过苏联、英国、法国、德国、日本五个工业强国 GDP 总和的 20%；步入 20 世纪 70 年代之后，美国的制造业呈现出相对停滞的态势，美国出现了商品贸易逆差。值得注意的是，中国在 1985 年实现了对美国的第一次贸易顺差。也是在这段时期，美国的汽车制造行业逐渐走向衰落。1948 年，制造业对美国 GDP 的贡献率为 46%；1973 年，这一比率降到了 22%。值得关注的是，1986 年，美国的金融机构对美国的经济贡献最大。[1] 20 世纪 70 年代后，美国本土的一些制造业企业在利润的驱使下，开始采用外包以及在海外设厂的策略，越来越多的后发国家的工业经济逐渐赶上。与此同时，美国金融机构对经济影响逐渐扩大，1986 年升至首位，这也是美国去工业化进程中的显著表现之一。大众消费逐渐升级使得美国服务业对 GDP 的贡献上升，而随着美国虚拟经济的迅速发展，它终于在 2008 年引发了全球金融危机。

纵观全球，20 世纪 80 年代以来，部分发达国家以较快速度吸收金融、房地产投资等虚拟经济部门的资金，与虚拟经济泡沫化属性明显几乎同时出现的是，世界经济呈现出去工业化特征。直接投资国外的全球化生产模式逐渐兴起，大量制造业企业在利润的驱使下采用外包以及海外设厂策略，进一步推动生产的全球化，部分发达国家将生产逐渐转移至成本更低的其他国家和地区，具有代表性的发达国家在去工业化进程中逐渐完成消费品和资本品生产的海外转移，进入主要通过进口满足国内需求的阶段。美国工业产值占总产值的比重从 1970 年的 30% 左右降至 2001 年的 20% 之下。[2] 而近年来，以美国为例，美国政府已建议部分美国知名科技公司将其供应链转移回美国，正是从侧面反映出其去工业化造成的重要影响。苹

---

[1] 瓦科拉夫·斯米尔. 美国制造：国家繁荣为什么离不开制造业 [M]. 李凤海，刘寅龙，译. 北京：机械工业出版社，2014.

[2] 乔晓楠，杨成林. 去工业化的发生机制与经济绩效：一个分类比较研究 [J]. 中国工业经济，2013（6）.

果公司作为美国知名科技公司之一，虽然其主要的研发与设计等核心环节均在美国，但是其主要产品的代工厂几乎都分布在劳动力成本低廉的亚洲地区。因此，若将大部分供应链转移至美国国内，公司势必会因高昂的劳动力成本与生产设备价格提高而利益受损，因此，去工业化进程在早期带来的利润和在后期给美国带来的影响都是显著的。

生产全球化本质上是全球资本寻求利润最大化，这造成的直接结果是发达国家实体产业的空心化。美国20世纪40年代至70年代实体经济领域的辉煌成绩与其空心化之后的境况形成了鲜明的对比。因此，在去工业化进程显著的国家，实体经济会逐渐进入创新疲软、增长乏力的阶段，呈现出空心化趋势；与此同时，虚拟经济膨胀会对实体经济造成挤出效应，致使其逐渐脱离实体经济的发展。

3. 金融危机频繁发生

新自由主义理论主张"市场无所不能"，减少国家对市场的干预，走金融自由化之路。在新自由主义的影响下，虚拟经济交易从实体经济中分离出来，为实体经济服务的功能发挥不足。虚拟经济因交易异化而成为赚取利润的工具，资本资产定价模型和计算机技术的发展使得虚拟经济从理论扩展到了实际应用中。

自1970年以来，以美国为代表的国家逐渐建立起了以经济金融化、虚拟化和泡沫化为主要特征的掠夺性的虚拟经济体系。20世纪90年代之后，虚拟经济投资方式发生了巨大的变化，投资者利用资本资产定价模型和计算机技术，开启了虚拟经济部门复杂衍生品交易和高频交易，以牟取暴利。美国的金融市场已完全成为与实体经济无关的"赌场"。华尔街利用虚拟经济部门复杂的衍生品交易赚取超额利润。当美国的宏观经济形势发生巨大变化，大量借款人无法偿还贷款时，虚拟经济部门复杂的衍生品交易会导致大量虚拟经济机构宣布破产，从而使市场濒临崩溃的边缘。

20世纪70年代末,以"华盛顿共识"为标志的新自由主义逐步成为美国国内金融垄断资本的意识形态。布雷顿森林体系瓦解后,以汇率波动"市场化"、资本运作"自由化"、"美元霸权"主导化为特征的当代虚拟经济体系形成,实体经济领域的利润率下降,一些实体经济企业的并购需要通过虚拟经济部门来获取资金。从某种意义上说,虚拟经济部门反过来实现了对实体经济部门的控制。有数据显示,20世纪70年代,美国金融部门的利润为非金融部门的20%,20世纪末,该比例为70%左右。[①] 直至20世纪80年代之后,虚拟经济逐步与实体经济脱节,出现功能异化,产生了多种金融衍生品,完全地实现了马克思所说的"G—G'"循环。2008年10月《东方日报》报道称,美国虚拟经济部门衍生品总值已达455万亿美元,为全球总量的76%,为美国GDP的30多倍,美国的房利美、房地美(房地产抵押贷款机构)核心资产约750亿美元,它们的金融衍生债券规模达5.2万亿美元。

随着经济全球化进程加快,布雷顿森林体系的瓦解标志着"美元霸权"地位的确立,这意味着美国能够按照需求增发货币,购买所需的实物商品,进行直接和间接的投资,美元霸权横行世界。结果,虚拟经济的过度发展使得资本主义社会的再生产平衡被打破,也进一步加剧了世界经济的系统性失衡。20世纪以来,多次全球性金融危机导致社会动荡以及失业率上升等一系列问题。根据不完全统计,20世纪80、90年代,世界发生了108次金融危机。其中,80年代45次,90年代63次,90年代的频率比80年代高40%。在新自由主义和"华盛顿共识"的影响下,1982年起,拉美地区多国债务危机接连爆发,这标志

---

① 张宇. 金融危机、新自由主义与中国的道路[J]. 经济学动态, 2009 (4).

着全球性金融危机的蔓延。2008年，美国虚拟经济泡沫化达到巅峰，房地产贷款利率上升导致民众贷款的成本增加，房价出现下跌趋势，最终引发次贷危机。因此，资产证券化使得风险传递至各个领域，经济系统出现结构性失衡，以金融衍生品为代表的金融创新产生的风险在世界范围内蔓延。

（三）虚拟经济过度发展的逻辑

随着生息资本的出现以及工业化进程的推进，在产业生产过程中实现利润已经不是唯一途径，技术进步优化了资本的有机构成，并导致平均利润率下降。与此同时，经济系统的构成相较于以前发生巨大变化，实体资本需要寻找获取利润的新方式，虚拟资本则为此提供了一条便利的路径。因此，虚拟经济扩张的根本动力在于生产力的快速发展，虚拟资本的产生有其必然性。由于资本有逐利的天性，当实体经济的利润率下降时，资本从实体经济部门转至虚拟经济部门成为其必然选择。

尽管在一国经济中处于基础性地位的仍然是实体经济，但是伴随信用货币的出现、布雷顿森林体系的瓦解，虚拟经济呈现的泡沫化属性越来越明显，从而进一步引发实体经济空心化以及经济系统的结构性失衡。由此，我们需要了解导致虚拟经济泡沫化属性日益明显的原因。

1. 信用货币的发行与货币部分虚拟化

根据孟德斯鸠的观点，观念货币由真实货币发展而来。他认为，货币可分为真实货币与想象货币。顾名思义，真实货币即指依托金属而具备真实存在特性的货币形式，想象货币则是在人类头脑中想象出来的货币形式，是"真实货币减去部分金属后依旧保留原有名称"的货币形式。进而他指出，想象货币本质上是作为一种货币符号而存在的，并认为伴随人类社会生活的不断发展和文明程度的不断提升，因想象货币本身所具备的特性和便利性功能，文明国家开始习惯性使用这种观念上的货币。① 由此可进一步探究当代虚拟经济的发展，诸如银行券、汇票等也是依托实体经济而逐渐形成并发展的，银行券以银行信用为基础，汇票则依附于商业信用。由于人们不会同时兑换货币，金融机构可将闲置资金放贷出去，所以就产生了信用货币的规模大于贵金属所代表价值的现象，后来又衍生出汇兑业。从某种意义来说，货币发生了一定程度的虚拟化。

货币的出现使得商品内部的矛盾转化为商品和货币之间的矛盾，货币具有价值尺度职能和流通手段职能，而这两种职能之间也存在一定的矛盾，所以货币需要扩展其他职能以实现自身的扩张。

2. 布雷顿森林体系建立埋下信用隐患

一方面，布雷顿森林体系的建立，让美元取代黄金成为各国进行国际贸易最主要的交换媒介、价值尺度和储备资产，这个转变既是金本位货币制度的延续和发展，也为它的终结和信用本位制取而代之埋下了伏笔。第二次世界大战对世界经济产生了重大冲击，战前采用的国际货币结算制度已经难以为继。于是二战尚未结束，部分国家便开始着手建立新的经济秩序，并推动创建国际贸易组织和布雷顿森林体系。布雷顿森林体系仍然将国际货币结算建立在黄金这种贵金属的基础之上，但却区别于战前各国根据货币含金量进行自由汇兑的金本位制度，而是创造了一种以美元作为中介的"金汇兑本位制度"。这种基于美国巨额黄金储备②的国际货币结算制度，确实在战后迅速稳定了资本主义世界经济，为战后多国恢复重建发挥了很大作用。另一方面，也应当看到，布雷顿森林体系使得特定国家发行的货币（美元）取代黄金，成为国际经济交往中主要的交换媒介和储备

---

① 孟德斯鸠. 论法的精神 [M]. 许家星，译. 北京：中国社会科学出版社，2007.

② 美国黄金储备1949年规模约占全球黄金总储备的四分之三。

资产，多国出现外汇储备"只有美元，没有黄金"的现象。这在客观上导致的结果，是多国央行所发行的本国货币价值尺度功能受限，被不断增加的美元外汇储备所绑架，在性质上不得不与美元保持一致。

本国货币与美元在货币性质上的捆绑，在美元遵从与黄金挂钩的金汇兑本位制度时，不会与金本位时期本国货币与黄金挂钩存在显著的差异。然而，当美元违背金本位货币的运行规则时，大量超发的美元会迅速降低美元"含金量"；当"美金"向"绿纸"方向大步奔行的时候，这种基于巨额美元外汇储备的"捆绑"就会导致一种与金本位时代截然不同的后果。因为此时在含金量上相对于超发前已经变得"一文不值"的美元，会甩给一些其他国家一个非常痛苦的抉择。如果按照金本位时代的货币汇兑结算规则进行应对，那么只有两种选择："方案一"是维持本国货币的购买力和含金量，切断与美元稳定的汇兑比率，坐视美元大幅贬值；"方案二"则是保持向美国市场出口产品成本的稳定，保持本国货币与美元的汇兑比率大体不变。前者会导致本国难以忍受的巨额外汇储备减值损失，同时导致出口成本上升，损害本国产品在世界市场上的竞争力。而后者虽然维持了本国出口创汇的能力，但会造成本国相对于美国成为资产价格的洼地，本国面临优质资产被外资（美资）大举收购进而流失的压力和风险。

因此，应对美元这种违规操作，在国家层面最有效的解决方法就是等量超发本国货币，降低单位货币的"含金量"，维持汇兑水平的基本稳定。这样一来，本国产品在国际市场上的竞争力不会受到影响，国内资产价格也对应水涨船高，稳定在一个合理水平。外汇储备会遭遇一定的减值损失，但损失程度远低于第一种方案所对应的情况，甚至一些有条件的国家可以通过实现债权国到债务国的转变，化危为机，从中谋利。于是，在这种选择下，美元一旦与黄金脱钩完成货币性质从金本位向信用本位的转变，许多其他国家也只能纷纷跟随，而在战后复苏阶段采用的布雷顿森林体系为此创造了条件。

3. 布雷顿森林体系瓦解促成经济虚拟化狂潮

美国国际收支情况恶化导致的美元—黄金平价汇兑危机，终于在布雷顿森林体系建立20多年后开始上演。越南的战场泥潭是危机的导火索，根本原因是：德、日等发达工业国实现战后恢复，国际贸易领域竞争加剧，美国净出口快速下滑。1971年，美国净出口首次转负，同年美元停止直接与黄金挂钩的固定汇兑，美元与黄金脱钩也标志着布雷顿森林体系走向瓦解。这给世界经济带来了深远的影响，货币从此进入由主权国家信用背书的"法定货币"时代。国家主权信用在度量上的模糊性和主观性，以及主要国家货币超发在外汇市场上表现出的连锁反应，都导致"法定货币"时代天然存在货币超量发行、过度发行的倾向，并且这种倾向在国际社会难以得到有效的抑制。这种货币领域的无序超发倾向为虚拟经济的繁荣制造了肥沃的土壤。

所谓"虚拟经济"本质上就是"以钱生钱"的金融市场资本空转，其中，"凭空出现"的货币收益，是维持金融资本脱离实体经济，自发形成虚拟经济并长期存在的根基。中央银行通过发行超过实体经济周转环节客观需要的"剩余"的货币，创造了脱离实体经济的那部分金融资本，这些资本又在虚拟经济中获取收益，由此支撑起了虚拟经济在其内部系统的循环，这种循环形成了独立的积累，投机性也逐渐增强。在货币完全虚拟化之后，虚拟经济部门之外的商品或者实物都可以进入虚拟经济部门，建立与虚拟经济部门的联系。20世纪80年代，美国在新自由主义理论指导下推行金融全面自由化的政策，虚拟经济部门的创新为美国经济发展提供了新动力，并推动了美国90年代的繁荣。随着经济全球化的拓展，虚拟经济增强了膨胀性，也使得部分发达国家的虚拟资本可以通过世界范围内的金融市场获取别国利润，对各国的财富和资源进行再分配。虚拟经济的快速发展使得实体经济与虚拟经济部门呈现出背离发展趋势，即资本"脱实向虚"，演化过程如下：

一是闲置货币资本脱离产业资本。一方面，货币资本通过产业资本循环形成的价值增值获得利润；另一方面，货币资本为其自身提供服务，例如，金融机构将资金贷放给房地产企业或者其他类似机构，收益可以依托虚拟经济部门内部的扩张实现，无须依赖实体经济部门。两者利润率的差异使得资本将选择进入虚拟经济部门以获得更多的增值，部分不具备货币供给能力的机构逐渐获得货币创造的能力，积累了大量的金融风险。

二是虚拟经济向实体经济渗透。生息资本是基于为实体经济服务产生的，其在脱离产业资本之后，逐渐向与其生产过程相关的实体经济的流通领域流动，例如教育、医疗等，而其中联系最为密切的就是以建筑业为基础的房地产行业，虚拟经济向实体经济的渗透进一步加深，资本呈现显著的"脱实向虚"态势。

（四）西方经济学理论加剧"脱实向虚"

从1500年开始，工业革命对生产方式的变革便起到了颠覆性作用。纵观资本主义国家的发展历史，可以看出，其是从产业资本起主导作用逐渐演变为金融资本起主导作用的。当前，在经济较为发达的国家，虚拟经济在国民经济中的比重远高于实体经济，此类现象是社会生产发展到一定阶段的必然结果。但是，在新自由主义理论"市场化、自由化、私有化"主张的指导下，这些国家虚拟经济泡沫化属性明显，以至于资本呈现出显著的"脱实向虚"态势。同时，区域性甚至世界性金融危机也易发生。

1. 新自由主义理论：西方国家资本"脱实向虚"的理论源头

凯恩斯主义失败之后，新自由主义理论主张的市场万能论成为资本主义国家指导经济社会发展的核心理论。新自由主义理论认为，充分自由化会促进市场的自动均衡，其主张国家应该避免政府对市场的控制，而经济危机是外生变量引发的偶然现象。虚拟经济在全球资源配置中的重要作用日益增加，它通过金融自由化及金融创新使缺乏流动性的资产实现证券化。20世纪70年代以来，部分发达国家逐渐建立了以经济的虚拟化和泡沫化为主要特征的掠夺性虚拟经济体系。在新自由主义理论的指导下，部分发达国家政府被其金融业所俘虏，通过金融业获得政治力量。另外，政府在监管过程中力量发挥不足，2008年金融危机爆发之前，多个机构拥有金融监管职权导致监管重叠，管理职权的归属难以确定，涉及多个机构的金融衍生品一旦出现问题，其真正责任人更难以被追责。

在新自由主义思潮的影响下，虚拟经济部门的交易从实体经济部门分离，虚拟经济的主要功能异化为赚取利润而非为实体经济提供服务。以美国为例，一是实体经济后续发展动力不足，实体经济在经济总量中占比下降，虚拟经济占比上升；二是美国从债权国转变为债务国，体现在经常项目的逆差以及虚拟经济部门的顺差上。20世纪90年代之后，资本资产定价模型和计算机技术的应用推动了虚拟经济部门的创新，华尔街成为"泡沫"的操控者。因此，新自由主义理论适应了发达资本主义国家在世界范围内进行资本积累的需要。更值得关注的是，对发展中国家而言，系统性金融风险一旦爆发，将会对其经济安全产生巨大威胁。

2. "华盛顿共识"：新自由主义在拉美国家的实践

20世纪90年代以来，部分发达国家逐渐建立了以经济的虚拟化和泡沫化为主要特征的掠夺性虚拟经济体系，以美国为代表的西方国家基于新自由主义解决债务问题，并在全球范围内促成私有化、自由化与市场化，"华盛顿共识"是在这些影响下组建的学术团体和国际组织提出的经济改革方案。西方国家在新自由主义思想指导下倡导的政府和市场关系以"华盛顿共识"为理念，在一定程度上促进了世界经济的深度融合和贫困削减，但本质上代表的是大金融资本家的核心利益。与此同时，新自由主义尽管在短期内能降低发展中国家的通货膨胀率，但是也导致了发展中国家经济的长期衰退。在新自由主义的推行下，以美国为首的西方国家为了规避本国高昂的工资、社保、福利和社会责任支出而将资本转移至劳动力和生产原材料价格更为低廉的发展中国家，大量海外投资使得国际垄断资本构建起了全球资本循环的经贸网络。

自拉美地区实施"华盛顿共识"以来，发展中国家出现的许多次金融危机都显现着"华盛顿共识"的影子。受"华盛顿共识"的影响，部分东南亚国家和地区在实体经济发展尚未成熟时开放股票市场，使得资金从实体经济流向股票市场，产生了与实体经济运行不相符的通货膨胀，虚拟经济部门的资产价格涨幅明显，远超实体经济运行的水平。泰国、马来西亚、印度尼西亚和菲律宾等国的房价飙升至高水平，房地产市场的投资成为当地民众产生暴富幻想的源头。泰国国内虚拟经济结构性问题突出，表现为存在大规模债务，在1997年索罗斯进行大规模套利时，泰国国内的虚拟经济系统无法抵抗外来的压力，最终货币危机爆发。

在新自由主义所倡导的自由化和私有化理念的指引下，许多发达国家实业资本外流，劳动力报酬下降，工业资本最终被金融资本取代。随着跨国资本的持续转移，发达国家的制造业逐渐空心化，收入分配不均和社会不平等现象大量出现，由此引发了严重的失业危机。据统计，20世纪八九十年代这段时期，西方主要发达国家的失业率长期维持在10%左右，高失业率引发了一系列社会问题。以研究全球不平等问题著称的法国经济学家皮凯蒂认为，在新自由主义理论指导时期，全球各个地区的收入和财富的不平等现象急剧增多。他提出的长周期研究数据表明，自1980年以来，不平等现象几乎在全球所有地方都在增加。对于全球最高收入者来说，收入的增长是爆炸性的；但对于绝大多数的公众而言，提升的只是工资水平。① 美国经济学家斯蒂格利茨认为，新自由主义式全球化的盛行改变了贸易和竞争规则，这不是"帕累托改进"，因为其在经济实践中不会为大家提供同等收益，而是以牺牲劳动者利益为代价使金融寡头受益。

因此，从实体经济和虚拟经济发展所导致的严重社会问题来看，其实质是资本自由化增加了国际投机机会，增加了虚拟经济运行的不稳定性，推动了资本在国际上的流动，也导致汇率自由化，最终增加了发展中国家金融市场的风险。新自由主义是以欧洲多国、美国和日本为代表的发达资本主义国家利用其竞争优势在世界范围内扩大影响力并推广其意识形态，最终目的是维持其已有利益并获取潜在收益。最终的结果是贫富差距持续扩大，并造成严重的社会撕裂问题。贫富差距的不断扩大激发了西方世界多国国内民众的民粹主义，例如：2016 年卡梅伦在英国"脱欧"公投后被迫搬出唐宁街 10 号；2017 年，特朗普经过前一年赢得总统大选后入主白宫；2021 年，美国大选再次酿成"冲击国会山"等事件。西方政治家为迎合国内的民粹主义和"选票效应"，因势利导将本国出现的问题归因于他国，从而采取单边主义和保护主义政策，对全球政治经济局势产生了深远影响。面对经济停滞，全球资本主义危机变得更加尖锐，对西方主导的模式和社会制度提出了严峻的考验，这也是"西方之乱"的症结所在。②

3. 再工业化："脱实向虚"的解决方案——以美国为例

近几十年来，以美国为首的西方资本主义国家经历了一个从"去工业化"到"再工业化"的政策调整过程。从表面上看，这一过程体现了西

---

① 托马斯·皮凯蒂. 21 世纪资本论 [M]. 巴曙松，等，译. 北京：中信出版社，2014.
② 周文，包炜杰. 国家主体性、国家建构与建设现代化经济体系——基于西欧、美国与中国的现代化发展经验 [J]. 经济社会体制比较，2018（5）.

方资本主义国家从工业化向虚拟化调整，又重新回归到实体经济与虚拟经济共同发展的路径。但是，从"去工业化"转变到"再工业化"的过程体现出发达国家领导者面对复杂的环境做出的改变，同时也反映出经济发展动力不足的问题。

以美国为代表的资本主义国家"去工业化"进程，其积极效应主要体现在：一方面是"去工业化"在虚拟经济发展过程中的促进作用，它在一定程度上减缓了经济衰退的速度。例如，在美国，"去工业化"进程对于20世纪90年代"新经济"的到来起到了重要推动作用。另一方面是"去工业化"使既得利益者找到了轻松获得收入的途径，在短期内增加了其经济实力。例如，2002年，美国通用电气公司旗下金融公司收入达545亿美元，占美国通用电气公司总收入的四成；2007年，福特汽车公司全年税前利润58亿美元中，有50亿美元是该公司在经营信贷和租赁等虚拟经济活动中获得的。①

进入21世纪之后，以美国为首的资本主义国家，为走出2008年经济危机困境获得"重生"，只能推行"再工业化"政策。2009年初，《美国复苏与再投资法》出台，推出了经济刺激方案，拟投资金为7 870亿美元，选取重点发展方向，试图重振制造业。2010年8月11日，奥巴马签署了《美国制造业促进法案》，旨在帮助制造业降低成本，恢复竞争力，创造更多就业岗位。美国制造商协会预计，这一法案将使美国制造业产值增加46亿美元，并创造或支持9万个就业岗位。2012年，奥巴马发表国情咨文，强调美国重振制造业的重要性，认为它是美国经济健康发展的保证。

---

① 张彤玉，崔学东，刘凤义. 当代资本主义经济的新特征［M］. 北京：经济科学出版社，2013.

以德、英、法等国为代表的欧洲国家自2008年开始也出台了相关政策，振兴制造业。2008年，英国政府发布《制造业：新挑战、新机遇》的发展战略。后来，卡梅伦政府组建了"以技术与创新为核心的精锐组织"，还专门设立了"伊丽莎白女王工程奖"，旨在推动技术创新，促进制造业发展。法国政府也提出了振兴实体经济的政策，投入专门资金（总额2亿欧元）来支持实体经济。德国成立了上百个产业技术创新联盟，旨在推动实体经济发展。2012年10月，欧盟委员会发表了题为《强大的欧盟工业有利于经济增长和复苏》的工业政策通报，提出欧盟应当在21世纪扭转工业的弱化趋势，通过"增强型工业革命"扭转欧盟工业比重下降的趋势。该通报反映出，欧洲各国的经济重振、就业率提升以及各种社会问题的解决都需要新的工业复兴。①

资本主义国家吸取了系统性金融风险的教训后，将重点转移至以制造业为核心的实体经济，近几年，部分发达国家纷纷推行工业化战略。美国是具有代表性的发达国家，近几十年欧洲与亚洲制造业的发展挑战了美国制造业原来所处的地位。针对虚拟经济泡沫化属性明显的问题，美国在奥巴马政府时期出台多项重振制造业计划，在特朗普政府时期通过出台法律等一系列措施促使人才、资金等重回美国。"再工业化"策略的具体方案是让低端制造业企业回归美国，以及发展以高精尖技术为核心的高科技产业。

对于"被动"接受产业转移的一些发展中国家而言，工业化进程推动其从以农业发展为主转向走工业化发展道路，但是对于发达国家而言，低端制造业企业的回归实际上从侧面印证了其制造业发展缺乏动力。然而，

---

① 胡连生．从"去工业化"到"再工业化"——兼论当代资本主义日渐衰微的历史趋势[J]．理论探讨，2016（2）．

美国的高端制造业在世界范围内仍占据一席之地，近几十年来尽管美国制造业发展速度减慢，但是其在世界范围内的影响力、对于核心技术的掌控能力以及培养高素质制造业人才的能力等方面仍然具有明显优势，美国的"再工业化"策略不仅仅针对低端制造业企业的回归，还针对高科技等产业发展。

但是，新一轮产业革命的发生时间和未来的方向是未知的。科技创新推动经济增长可分为科技研发和产业化两个阶段，在技术真正应用于生产并实现规模化生产之后，随着经济全球化的推进，科学技术已经不再可能仅仅推动某几个国家的变革。所以，在新一轮产业革命到来之时，世界范围内的国家和地区都不会被排除在进程之外，以1993年美国政府实行的"信息高速公路"计划为例，信息技术的进步推动全球逐渐建立起了统一的通信网络。

因此，尽管以美国为代表的发达国家在实体经济和虚拟经济层面仍然具有优势，但是虚拟经济过度发展以及在实体经济层面长期的"去工业化"趋势，为发达国家带去利好的同时也埋下了不稳定的因素，当虚拟经济发展到一定程度并对经济系统产生重创时，弥补过程是艰难的。以美国为代表的发达国家重新关注制造业的基础性地位，从侧面说明了实体经济在国家经济发展中的基础性地位，印证了新自由主义走向衰弱的必然性，部分发达国家看似在全球范围内鼓吹新自由主义，但其本国国内却重新关注实体经济的发展并制定产业政策。双重标准之下，何种路径更有利于国家的发展便不言而喻。

四、处理好政府与市场的关系助力实体经济发展

实体经济是强国之本、兴国之基、产业之根。多年来，重视实体经济的发展一直是中国经济发展的重大战略和政策导向。党的十八届三中全会提出，使市场在资源配置中起决定性作用和更好发挥政府作用，这对于实体经济转型升级具有重大意义。实体经济涵盖三大产业，实体经济转型升级必然涉及产业结构及其相关政策的调整，而这些都离不开政府的作用。

（一）实体经济转型升级中的政府与市场关系

处理好政府与市场关系是经济发展的关键。在实体经济转型升级的过程中，政府与市场之间不是简单的此消彼长，而是相互补充关系，二者共同推动实体经济转型升级。

一方面，市场是效率和活力的源泉。张维迎在《市场的逻辑》一书中指出，市场经济是人类进步最好的游戏规则。在市场经济自由竞争环境下，企业是独立自主、自负盈亏的经济实体，优胜劣汰的竞争制度刺激生产者不断革新技术、加强经营管理、提高生产效率，从而大大推动社会生产力的发展。企业追求的是利润，只有在充分竞争、完善、有效

的市场体系中形成的价格信号，才能引导各个企业按照要素禀赋结构所决定的比较优势进行技术、产业的选择，从而使整个国家生产力具有竞争优势。在这一方面，企业的技术能力和组织能力是市场培育出来的，政府不应代替市场来提升企业的技术能力和组织能力，而应集中力量打造实体经济转型升级所需的外在要素（如基础设施），为企业发展创造良好的软环境。

另一方面，在经济发展进入新常态的大背景下，经济主体对市场调节的手段越来越缺乏灵敏度，放任市场化必然使得供需矛盾进一步恶化，结构性问题更加严重。因此，必须充分考虑运用政府这只"有形的手"来调节市场，充分重视政府在市场调控中的作用，以确保有力、有度、有效推进实体经济转型升级。具体来说：

第一，产品的创新与升级不仅需要企业自身努力，而且还需要政府完善知识产权保护、促进公平竞争等。政府通过体制机制改革与完善，激励企业家将精力和资源集中到制造业创新发展上，激发企业积极性与创造性，使企业踊跃参与实体经济转型升级。

第二，企业的发展离不开政府政策的保障和指引。政府要积极建立有利于各类企业创新发展、公平竞争的体制机制，努力创造公平竞争环境，促进大中小企业共同发展；要进一步深化管理体制改革，简政放权，降低制度性交易成本，适当降低企业税等负担，出台切实有效的政策措施，营造有利环境，鼓励和引导企业加强创新。

第三，推动产业发展是政府的重要职责。一方面，需要政府有效协调竞争政策和产业政策，发挥竞争政策的基础作用和产业政策促进产业结构升级的作用，政府应该更多地把工作重点放在培育科技创新生态系统上，做到促进战略性新兴产业发展与传统产业升级改造相结合，促进传统制造业与互联网的深度融合，促进中国经济新旧动能平稳接续和快速转换。另一方面，政府应通过加强公共服务体系建设、深化科技体制改革、强化国家质量基础设施（NQI）的建设和管理，切实提高制造业共性技术服务、共性质量服务水平。

政府在促进实体经济发展中发挥着重要作用，也是我国实体经济转型升级的关键力量。产业发展具有长期性，实体经济转型升级初期在科技创新方面需要较大的人力、物力等的投入，而盈利多在中后期实现，实体经济企业转型升级压力大。此外，实体经济转型升级对地区产业发展环境也有一定的要求。政府作为实体经济转型升级的重要推动力量，在以下方面发挥着重要作用：

第一，维护良好的市场环境。政府应努力营造良好的市场环境，推动构建高效完善的市场体系，以更好地通过市场力量促进实体经济转型升级。一要深化要素市场的市场化改革，包括利率市场化、资本市场开放程度提高、农民工市民化、资源型产品价格形成机制改革等，形成要素价格对资源配置的引导作用，通过消除因市场要素扭曲形成的垄断和暴利提高制造业的相对收益率。二要打破基础产业垄断，特别是国有企业的行政性垄断，重点对国有经济的产业布局进行重大调整，推进国有经济的产业布局从重化工领域转向公共服务等领域，经营业务集中到具有自然垄断性的网络环节。三要切实加强知识产权保护和服务。目前制约中国制造业企业特别是中小企业充分利用知识产权保护科技成果、获得技术创新收益的原因，既有知识产权执法不力的问题，更有知识产权诉讼成本太高的问题。基于此，政府应为广大中小企业提供知识产权方面的"基本"法律服务，切实降低广大科技型中小企业的知识产权维权成本；在加强知识产权保护的基础上促进技术市场的发展，使科技型中小企业更多利用技术市场而不是完全依赖产品市场进行开放式创新。①

第二，提供优质的公共服务。政府公共服务水平决定了经济增长包括实体经济发展的软环境。提供优质有效的公共服务是政府促进实体经济转型升级的重要举措。② 实体经济转型升级对地区产业发展环境有一定的要求，而这一环境的塑造又有赖于政府提供的各类公共服务水平。公共服务水平直接影响了地区产业集聚与产业转型升级的进程。因此，优质的公共服务是实体经济转型升级的客观需要。研究表明，政府在基础设施、平台培育、人才保障等方面提供的服务对实体经济转型升级有较大推动作用，李想等学者建立了相应的政府公共服务能力评估指标体系，发现政府公共服务水平越高，越有助于地区产业转型升级。

第三，引导产业结构升级。发展实体经济的关键任务是通过政府引导产业结构升级，形成工业和服务业之间良性互动、融合共生的关系，化解产业结构失衡，构建创新驱动、效率导向的现代产业体系。一方面，引导产业结构高级化。在世界新一轮科技革命和产业变革趋势下，产业结构高级化的内涵正发生巨大变化，产业融合化、信息化、国际化大趋势正在重构现代产业体系。与此同时，在中国进入工业化后期和经济发展新常态的背景下，中国的产业结构正处于巨大变革期，工业在国民经济中的作用由作为主导产业推动经济增长向承载国家核心竞争力和作为关键领域决定国家长期经济增长转变。另一方面，加快建设现代化产业体系。中国未来经济可持续增长的关键是形成符合融合化、信息化、国际化大趋势的现代化产业体系。大力发展实体经济的关键任务是构建新型现代化产业体系。不

---

① 黄群慧，贺俊. 中国制造业的核心能力、功能定位与发展战略——兼评《中国制造2025》[J]. 中国工业经济，2015（6）.

② 郭庆旺，贾俊雪. 政府公共资本投资的长期经济增长效应 [J]. 经济研究，2006（7）.

仅在中国，在世界范围内也是如此。在全球经济不确定性增强的大背景下，西方发达国家和地区为了重现经济繁荣之态，纷纷采用再工业化和制造业企业回归战略，如美国的"再工业化"、日本的"安倍经济学"、德国的"工业4.0"和欧盟的"新工业革命"等。

以美国为例，在确立和布局发展先进制造业之初，美国就提出，政府实施创新政策着眼于三个目标：提供总体上最好的经商环境，实现新技术在本国开发，拥有使科技型企业得以快速发展的基础设施。这三点归结起来就是，在创新活动中政府的职能是克服市场失灵，弥补私人企业的不足，而不是替代市场主体去创新。从这里可以看出，美国政府担负了这样的角色：新兴前沿技术创新的发动者、催化剂、监督者和传播者，比如提出创建新型创新机制和工作任务，提供启动资金，动员全部可能的政府力量给予支持，基于市场规则吸纳社会创新要素，建立网络传播创新机制，建立监督和评估规则以保证实现预期目标。

美国在经济发展上从来就不是按照所谓的自由放任和小政府的自由主义理念行事的。从历史上看，政府干预是美国经济发展的重要动力。克林顿在推行"新能源汽车计划"时也特别强调了政府在其中所发挥的主导作用，因为总有市场不愿为而政府就必须勉力而为之事。[①] 新兴产业发展是一场大规模的经济、社会和环境的总体革命，美国政府还要处理好理想与现实、救市与战略发展、长远利益与短期效益，以及各个不同利益集团之间的关系。为了维护美国长远的国家利益，美国政府采取了积极干预和支持政策，对新兴产业采取了培育、诱导、推广应用和商业化等措施，弥补了市场的失灵。正是在美国政府强力推动下，一系列以新兴产业为主要研发重点的创新机构先后设立，同时《重振美国制造业框架》、先进制造伙

---

① 巫云仙. 美国政府发展新兴产业的历史审视［J］. 政治经济学评论，2011（2）.

伴计划和先进制造业国家战略计划也纷纷出台。

（二）发挥市场在实体经济转型升级中的决定性作用

从效率角度来看，市场经济是目前比较有效的游戏规则。通过市场竞争与供需关系的调整，中国部分产业链短板进一步补齐，让国内消费市场焕发出新的活力，并提高国内产品在国际市场的竞争力。同时，完全市场化也是不可取的，发达国家出现的"脱实向虚"问题对我国实体经济发展是一大警示。

1. 市场推进实体经济转型升级

（1）产业结构升级与市场的发展。

党的十四大之后，我国建立了社会主义市场经济体制，这决定了在我国，市场在资源配置中起着决定性作用，市场在推进产业结构升级和技术创新过程中，也发挥着重要作用。市场对三大产业的未来发展和企业资本分配起着决定性作用。关于农业的发展，在土地改革以及机械化、信息化技术发展的影响下，该领域未来将催生具有先进生产技术、进行大规模耕种的新型农业企业。关于第二产业，该领域尚存在缺乏核心基础技术的问题，企业可以通过发行债券、上市发行股票、兼并重组等方式吸纳资金，而市场机制可使资源实现有效配置，引导资本促进产业优化，助力我国工业补齐新型电子材料、电子元器件、智能科技的短板。关于第三产业，面对服务业的对外贸易逆差、社会和居民服务的短缺问题，市场将在补齐社会和居民服务短板的过程中，推动企业提高服务质量和精细化水平，促进该产业的转型升级。此外，市场也为各产业融合创造机会，为制造业与服务业融合提供契机，推动产业专业化进程，进而使各产业相互促进、共同发展。中国正处于信息化、智能化转型阶段，物联网和互联网信息技术服务将会逐步走向市场中央，成为产业结构升级的重要推动力，并将促进消费市场的扩张性发展。

(2) 科技创新过程中市场资源配置。

生产过程中资本和劳动力作为生产要素需得到合理分配，科技成果的转化及其相关生产的有效运行需要充足的研发资本和科创人才。不断健全的资本市场可融通资金，比如说，面对科技创新型企业存在前期投入高和投资风险大等问题，中国在科创板等采取注册制，通过金融市场聚集中小规模资本，为企业的科技研发提供资金保障。我们通过分析当今就业市场可以发现，企业对高精尖人才的专业能力要求在不断提高，但此类人才供给还是较为短缺的，这就让科研人员的收入处在不断提高的态势。与此同时，人才需求增加会促进人才供给增加，市场对高精尖人才的需求增加会推动就业人群提高自己的专业能力与竞争力，有助于增强人才的自主创新能力。科技企业获得所需要的资本和劳动力之后，将会根据市场需要进行相关研发和生产，来满足日益增长的消费需求，补齐中国的部分产业链短板，让国内消费市场焕发出新的活力，并提高国内产品在国际市场的竞争力。

2. 完全市场化的后果："脱实向虚"

实体经济利润率下降，导致剩余资本出现，而运行机制完全不同的虚拟经济正好具备吸纳剩余资本的能力，所以虚拟经济的发展是实体经济发展到一定程度必然会出现的规律性现象。资本主义的经济实践已经反复证明，虚拟经济的一定发展有利于资源的有效配置。然而，一旦虚拟资本进行自我循环并过度膨胀，则会造成经济虚假繁荣，加速金融或经济危机的爆发。由于虚拟经济的过度繁衍，增大了风险，所以连资本主义经济危机的形式都发生了变化："过去所讲的经济危机基本上都是实体经济领域的危机，从20世纪90年代以来，在资本主义世界发生的危机基本上都表现为金融危机。"①

20世纪70年代，布雷顿森林体系瓦解后，各国金融政策逐渐趋向去监管化，金融体系越来越偏离服务实体经济的传统，越来越自我膨胀。在市场自发调节下，经济活动以个体利益为中心，只强调个人利益，资本和劳动力自然而然流向高收益的产业，在个人财富高速积累的同时，产业结构从制造业占主体向服务业占主体转化，产业空心化现象突出。美国过度去工业化，过早提高服务业比重，使美国经济体系构建在泡沫经济的基础上，失去了实体工业支撑，不仅降低了生产率的增速和水平，使经济增长乏力，而且增加了经济的不稳定性以及经济危机产生的风险。

然而，去工业化易，而再工业化难，去工业化影响了发达国家保持经济增长的持久动力，同时也制约了发展中国家提高国家竞争力。与此同时，拉美地区在"华盛顿共识"影响下，走上了自由化、私有化的市场经济之路，其金融自由化非但没有使金融实现对经济发展的支撑，还使其成为少数金融大鳄财富激增的工具，金融风险被不断放大。同时，政府职能的缺失，使拉美地区的产业结构升级缺乏政策指引和财政支撑，其长期处在国际产业链底端，形成了对发达国家的依附性发展。②

在西方国家政府放松金融监管的背景下，虚拟经济的过度发展引发了金融危机，这是资本主义社会一直无法有效解决的难题。可见，资本"脱实向虚"是完全市场化的必然结果。国家既要允许虚拟经济适度发展，以推动资源有效配置，又要加强监管，控制虚拟经济波动幅度，降低资本杠杆率，以达到压制虚拟经济资本收益率的目的，从而减少虚拟经济对实体

---

① 洪银兴. 虚拟经济及其引发金融危机的政治经济学分析[J]. 经济学家, 2009 (11).
② 周文, 司婧雯. 全面认识和正确理解社会主义市场经济[J]. 上海经济研究, 2022 (1).

资本的吸引力,防范金融风险。①

(三) 更好发挥政府在实体经济发展中的作用

经济发展是一个技术不断创新、产业不断升级以及相应的基础设施和制度安排不断完善的结构变迁过程。技术创新、产业升级有赖于先行的企业,政府需要补偿先行企业所面对的风险和不确定性,而且,先行企业的成功还有赖于相应基础设施的优化和制度安排的完善,后者不是单个企业力所能及的,需要政府发挥因势利导的作用,做出相应的制度调整或组织协调相关企业的投资。唯有如此,技术创新和产业升级才能在经济发展、比较优势变化基础上顺利实现。所以,一个发展成功的国家必然是以市场经济为基础的,同时政府要发挥积极有为的因势利导作用。②

1. 改造旧动能,传统产业转型升级

总体来看,实体经济转型升级需要具体落实到传统产业转型升级和扶持新兴产业两个方面。应在已有产业中采用新装备、新技术,由低端制造转为高端制造,加大设计、研发、品牌等元素的比重,推进专业化分工协作关系的深化,适当提高产业集中度,全面提升人力资本质量,从遵循行业标准到打造工匠精神,全面推动"精致生产"的制度和文化建设。具体来说:

第一,推动发展方式变革,由粗放型发展向绿色发展转变。国家"十二五"规划纲要便已明确提出单位国内生产总值能源消耗降低16%、单位国内生产总值二氧化碳排放降低17%、主要污染物排放总量显著减少等

---

① 卢映西,陈乐毅.经济脱实向虚倾向的根源、表现和矫正措施[J].当代经济研究,2018(10).

② 林毅夫.中国经验:经济发展和转型中有效市场与有为政府缺一不可[J].行政管理改革,2017(10).

约束性指标。要完成上述目标，中国必须实现从高能耗、高污染、高排放的粗放型制造向低能耗、低污染、低排放的绿色制造转变。绿色制造是指在保证产品功能、质量、成本的前提下，综合考虑能源效率和环境污染的现代制造模式，可以使产品在整个生命周期中环境污染最小化或不产生环境污染，从而节约能源，提高能源使用效率，符合环境保护的要求。日本、加拿大、美国、英国、德国都已经陆续推出了以保护环境为主题的绿色发展计划，较好地推动了自身绿色产业的发展。由此可见，由粗放型发展向绿色发展转变，既是发展趋势，也是实体经济发展的必由之路。

第二，推动传统产业高端化发展。国际金融危机之后兴起的新一轮产业革命，既是一场数字化革命，更是一场价值链革命。当前，全球范围内信息技术、物联网、智能机器人、新能源、生物制造、纳米材料等高端技术领域的发展，必将推动制造业新产业、新模式的出现。美国已正式启动高端制造业发展计划，正在互联网、物联网、智能机器人、3D打印、纳米技术、能源材料等领域加强攻关，以便继续保持自身在全球高端制造业中的领先地位。德国提出的"工业4.0"计划，其核心是打造智能工厂和实现智能生产，通过构建信息物理系统，把人、机器、能源、信息有机结合在一起，从而创造"物联网"和"务（服务）联网"，推动实体经济传统生产向高端智能生产转变。

2. 发展新兴产业，扶持新的经济增长点

政府以干预资源配置的方式直接推动经济发展，这在西方主流经济学中是被否定的，不过在实际中，西方国家以政府补贴的方式介入产业发展，特别是聚焦在具有战略意义的半导体和新能源产业上，则已成为新的现象。例如，奉自由市场经济为圭臬的美国为动员全国力量和中国竞争，其国会先后通过"2021年美国创新和竞争法案"和"2022年美国竞争法案"，提出授权拨款补贴芯片企业，支持其在美国国内运营。同样，2022

年,欧盟公布了《芯片法案》,提出拟投入资金支持欧盟成员国芯片在全球市场占比提升。这些补贴除了一次性投入,也不排除其中一部分将来以持续性的方式存在。西方国家政府针对新兴产业进行干预,实际上印证了中国政府直接推动实体经济发展的做法在新形势下的合理性和必要性。在新形势下,政府干预资本配置直接推动战略性新兴产业发展的做法符合安全发展的新要求,这也是国际竞争的新特点。

政府支持新兴产业发展往往是持续性的,因为新兴产业的成熟是一个逐步实现的过程。尤其在战略性新兴产业方面,其发展离不开市场与政府的相互作用,成功的产业政策背后往往伴随着有为政府和有效市场的共同推动。有为政府需要做到:第一,产业甄别。政府需要提高决策力,识别各类产业不同发展阶段的机遇,根据要素禀赋,选择具有比较优势和广阔市场前景的产业,制定发展战略。第二,整合资源,合作治理。通过建立政府—企业—科研机构—媒体的联动机制,整合资源,培育产业生态。第三,绩效导向的政策激励。政府通过政策激励招商引资、吸引人才,优化营商环境以降低企业的交易费用,快速弥补产业链缺陷和短板,提升产业发展绩效。第四,对新兴战略产业进行补贴。另外,有效的金融市场是实体经济转型升级的助推器,有为政府创新制度是间接推动经济发展的重要手段。

3. 实施创新驱动战略,推动制造业转型升级

技术创新是实体经济转型升级的重要动力,制造业是实体经济的重要组成部分。当前,中国虽然被称为制造业大国,但是"大而不强"。随着中国城市化的推进和老龄化程度的加剧,农村剩余劳动力的转移速度明显放缓,劳动力低成本优势逐渐消失,高能源消耗和环境污染的负面影响正逐步显现,中国作为"世界工厂"的成本优势正发生变化,中国制造业发展模式迫切需要从要素驱动向创新驱动转变。未来,中国制造业将向高端

化、智能化方向发展，网络和信息技术、物联网、超常态制造、云制造、生物医药、航空航天等与高端制造业相关领域的发展迫切需要科技创新。美国、德国、日本在各自的制造业发展报告中都将创新激励作为制造业发展的首要任务，并且制订了详细的创新激励和人才培养计划，可见创新激励对制造业发展的重要性。

首先，把科技创新摆在经济社会发展的核心位置，促进经济社会发展与科技紧密结合，逐渐提高经济社会的科技贡献率。确立自主创新指导思想，加强对引进技术的学习消化和再创新，逐步推动中国制造业向全球产业价值链高端攀升。

其次，以科技创新为根本，以发展装备制造业为引领，以高水平科研院所和研究型高校为依托，积极发展战略性新兴产业和高新技术产业；不断提高研发投入在国民经济中的比重，把研发经费更多地用于创造新产品、提高产品竞争力和附加值等方面。突出企业在技术创新中的主体地位，激励制造业企业加大科研投入，建立研发机构，加快形成多层次、多元化的科技创新投融资体系；创新产学研有效结合机制，优化科技成果转化和产业化环境，推动高等学校、科研院所的科技成果与企业的创新需求有效对接。

再次，提升我国制造业的科技创新水平，应充分发挥非公有制企业特别是中小企业创新的灵活性。应给予中小企业更大的支持力度，通过制定财税、金融等政策，采取加大政府补贴、提供低息贷款、加大企业创新产品的政府采购力度等方式调动中小企业的创新积极性，逐步提升中小企业的科技创新能力。同时，应进一步有效监督和管理国有企业科研经费支出，确保其合理利用经费，提高国有企业创新效率。

最后，数字技术创新是振兴实体经济的重要引擎。只有加快科技创新，才能适应和引领经济发展新常态，推进供给侧结构性改革。我国一直致力于将"中国制造"转变为"中国创造"。振兴实体经济一定不能拒绝新技术、新模式。实体经济企业应当加强对互联网、大数据、人工智能等时代元素的应用，并引入经济发展的最新元素，这是实现实体经济高质量发展的根本之道，也是实现实体经济转型升级的关键。

4. 正确处理金融创新与经济虚拟化的关系

金融是促进实体经济发展的重要保障，加快建设金融强国是中国式现代化的必然选择。没有金融业的发展，没有金融创新，金融压抑会导致经济发展中许多经济主体资金短缺，融资困难。然而，我国由于经济体制机制尚不够健全，所以出现了金融创新中的乱象和资本"脱实向虚"现象。要不断深化市场经济体制改革，建立经济与金融的良性互动关系，为实体经济发展提供充分的资金支持。

加强对虚拟经济的监管，抑制虚拟经济投机泡沫。由于实体经济与虚拟经济的盈利机制不同，且若虚拟经济失控更易引发系统性风险，所以在虚拟经济中要更加注重发挥政府的监管作用。在经济运行已经形成明显"脱实向虚"倾向的现阶段，大力加强监管正当时。在与金融市场强相关的房地产市场，要坚持"房子是用来住的、不是用来炒的"定位，加快落实中央调控政策；在金融市场，要严防价格大起大落，严控资本杠杆率，把系统性风险消灭在萌芽阶段。最根本的一条，就是要控制虚拟经济的资本收益率，扭转资本"脱实向虚"的趋势，努力促进实体经济的健康发展。

对此，一是要提高直接融资的比重，扩展融资渠道，降低杠杆率，为实体经济发展提供更多的盈利空间。二是要把金融创新与经济结构调整优化结合起来，支持新产业、新业态发展，支持中小微企业做大做强。值得注意的是，自新冠疫情暴发以来，虽然实体经济受到了严重影响，但互联网经济却获得了更好的发展机遇，很好地解决了群众的生活需求。新产业、新业态不断涌现和发展是经济发展的趋势,也是我国站上经济发展制高点的必由之路。习近平强调:"要更加重视发展实体经济,把新一代信息技术、高端装备制造、绿色低碳、生物医药、数字经济、新材料、海洋经济等战略性新兴产业发展作为重中之重,构筑产业体系新支柱。"① 三是要加快金融领域立法步伐,规范金融创新行为。一方面,要加快资本市场发展,尤其是发展直接融资,着力推动金融创新,为新产业、新业态发展提供资金保障;另一方面,要尽快完善相关法律,整治金融乱象,促进金融市场健康有序运行。

---

① 习近平:经济发展任何时候都不能脱实向虚[N].广州日报,2018-11-02.

五、我国优化政府与市场关系的策略

处理好政府与市场的关系是我国经济体制改革的核心。改革开放以来,中国取得的经济奇迹得益于正确处理政府与市场的关系。在传统西方经济学理论中,政府与市场之间是"零和博弈",新自由主义更是强调"自由化、市场化、私有化",反对政府干预,这样必然导致经济金融化、虚拟化,会对实体经济发展产生巨大危害。20世纪90年代一些国家采取"休克疗法"导致经济几乎崩溃的教训,说明政府作用也存在两难问题:为了保证市场经济的正常运转,我们需要更好发挥政府作用;但是一个不被监督的政府,容易出现以权谋私的各种行为,最终损害政府的有效性。

(一)实体经济发展中政府与市场关系存在的问题

习近平明确指出,要坚持辩证法、两点论,继续在社会主义基本制度和市场经济的结合上下功夫,把两方面优势都发挥好。[①] 改革开放以来,我们在政府和市场"两只手"的结合上取得了一定成绩,有力助推了经济

---

① 习近平在中共中央政治局第二十八次集体学习时强调立足我国国情和我国发展实践 发展当代中国马克思主义政治经济学 [OL]. 中国政府网, 2015-11-24.

快速发展和社会长期稳定"两大奇迹"的实现。但是在实体经济发展过程中,从与新时代的新要求对比来看,当前我国政府与市场关系仍存在一些问题。

1. 市场作用发挥不足,物质、文化产品存在供需矛盾

党的十九大指出,中国特色社会主义进入新时代,人民美好生活需要日益广泛,不仅对物质文化生活提出了更高要求,而且在民主、法治、公平、正义、安全、环境等方面的要求日益增长。正确认识我国社会主要矛盾的变化,是当前阶段我国实体经济发展不容忽视的前提。

人民对物质、文化生活的更高要求反映出他们对高质量物质、文化产品的需求。在"有没有""够不够"的发展阶段,人民群众希望能够拥有丰富的物质、文化产品。到了新时代,进入"好不好""优不优"的发展阶段,人民群众的需求就从以数量为主转向了以质量为主,从生存型逐渐向发展型、享受型过渡,他们希望拥有更高质量、更优品质、更好口碑的物质、文化产品。

"大而不强"是当前实体经济发展面临的突出问题,也是实体经济供给结构的突出矛盾,主要体现为中低端和无效供给过剩、高端和有效供给不足的结构性失衡。其中,制造业是最具代表性的实体经济产业之一。在中国的制造业中,钢铁、石化、建材等行业的低水平产能过剩问题突出并长期存在,"去产能"成为供给侧结构性改革的主攻方向之一;传统资源加工业和资本密集型产业占比还比较高,高新技术制造业占比还比较低。同时,制造业产业组织合理化程度有待提升,存在相当数量的"僵尸企业",优质企业数量不够,尤其是世界一流制造业企业还很少。虽然从资产规模、销售收入等规模指标看,中国已经涌现出了一批大型企业集团。但是,中国制造业企业更多的是规模指标占优,在创新能力、品牌、商业模式、国际化程度等方面存在明显的短板和不足,从资产收益率、企业利

润和人均利润等指标看，与发达国家也存在明显差距。

这些现象背后的原因，有政府作用没有发挥好的原因，但主要是市场对资源配置的决定性作用未能发挥好。对生产主体即企业而言，市场活力明显不够。国有企业发展势头不错，但各种要素的市场化配置机制不健全，其在薪酬、用人等方面的体制机制改革滞后于市场发展需要；民营企业发展成效显著，但近年来在"新三座大山"①的巨大压力之下增速放缓。对消费主体即消费者而言，权益受到侵害的行为屡屡出现，尤其在一些新经济业态中，维权时不易取证的现象较为普遍。对商品市场和要素市场而言，行政壁垒、市场分割等状况不同程度存在着，对外开放的主动性还远远不够，该领域难以通过市场竞争真正实现优胜劣汰，违法失信、资本无序扩张、滥用市场支配地位等问题亟待解决，市场化改革步伐有待进一步加快。

2. 政府政策失效问题

习近平指出，科学的宏观调控，有效的政府治理，是发挥社会主义市场经济体制优势的内在要求。②好制度要配套好政策才能够产生良好效能，一个国家或地区的发展绩效就是制度效应与政策效应相结合的结果。③从这个意义上讲，政策产品的供需是否均衡，既关系到能否更好发挥社会主义市场经济体制优势，也关系到新时代我国能否实现经济高质量发展。

从政策产品的供给来看，尽管随着我国行政体制改革的不断推进，政府提供的各类政策产品在不断丰富完善，但与人民群众的需要、实体经济

---

① "新三座大山"即"市场的冰山、融资的高山、转型的火山"。

② 习近平在中共中央政治局第十五次集体学习时强调正确发挥市场作用和政府作用 推动经济社会持续健康发展 [OL]. 中国政府网，2014 - 05 - 27.

③ 燕继荣. 制度、政策与效能：国家治理探源——兼论中国制度优势及效能转化 [J]. 政治学研究，2020（2）.

发展的需求相比，仍存在不小的差距。政策产品的供给与需求之间的矛盾固然与我国社会主义市场经济体制不够完善直接相关，但主要原因还是作为"看得见的手"的政府作用发挥得不够好。总的来看，主要存在三方面的问题。第一，在个别领域中，政府职能越位。对于市场主体可以自主决策的部分事项、市场机制可以合理调节的事项、市场中介组织可以自律的事项，有的政府部门却不愿放手，导致出现政府职能越位。第二，在个别领域中，政府职能缺位。主要表现在：公共产品的有效供给不足，社会管理的体制机制与共建共治共享要求的有差距，市场竞争中的监管秩序存在明显缺失等。第三，在个别领域中，政府职能还有错位。对于中央提出的顶层设计、重大部署、关键战略，地方政府本应增强政治判断力、政治领悟力、政治执行力，坚决贯彻落实并创造性地开展工作，然而有些地方打折扣、做选择、搞变通，甚至敷衍应付，这就导致中央的科学决策在有些地方执行不力，既贻误了地方发展时机，也辜负了人民群众期待。

3. 政府职能转换滞后

改革开放以来，我国经历了从计划经济时代，到粗放型增长的市场经济时代，再到集约型增长的市场经济时代三个阶段。[①] 在经济转型过程中，政府管理体制和管理模式的转型十分重要，影响着基础设施建设、招商引资、改革开放的发展方向和具体政策。回顾我国改革开放以来的转型过程，政府在以"有形之手"来推动"无形之手"上起着重要作用。一方面，为市场秩序的形成提供了合适的空间，以避免无政府状态的出现；但另一方面，也容易形成不合理干预，给市场化进程打上深深的政府烙印。

我国在改革开放四十余年所取得的成就巨大，政府在其中起到了举足

[①] 陈万灵，卢万青. 我国如何实现从制造业大国向制造业强国的转变——基于政府转型的研究视角 [J]. 财经科学，2017（11）.

轻重的作用。然而，在从粗放型增长的市场经济时代向集约型增长的市场经济时代转变的过程中，由于涉及深水区改革，我国政府管理体制和管理模式的转变比较缓慢，一定程度上不能适应经济增长方式转变的需要，所以我国经济转型升级和向实体经济强国转换并不顺畅。

随着中央的不断放权，我国政府从无限政府向有限政府转型取得了显著的成效，但转型依然不够彻底，地方政府对经济依然存在过多的行政干预。过多的行政干预不利于实体经济强国外在环境的建设，会扭曲资源的优化配置，降低资源的配置效率，无法让市场在资源配置中起决定性作用，不利于营商环境和法治环境建设。在当前的经济形势下，既需要地方政府在促进地方经济发展方面发挥直接性作用，例如制定发展规划、拟定产业政策、招商引资、建设有形的基础设施等，也需要地方政府发挥间接性作用，如优化营商环境、法治环境和诚信环境，大力发展当地教育，提升公共服务的效能，提高研发系统的研发效率等。在经济新常态下，应以地方政府的间接性作用为主、直接性作用为辅，只有这样，才能更好地推动经济结构转型升级，促进我国从实体经济大国向实体经济强国转变。

（二）政府与市场关系的优化方向

当前，我国已进入高质量发展的新阶段。要根据经济发展阶段的趋势性特征变化，在划清政府与市场界限的基础上，让"两只手"各就其位、各司其职、协同发力，共同助力我国实体经济航船行稳致远，不断谱写高质量发展新篇章。

1. 总体目标：政府与市场各司其职、相互促进

在现代经济学理论中，市场重效率，政府则重协调，但这"两只手"都不是万能的，应当相互配合并在各自的领域中发挥作用。因此，必须在

实现二者有机统一的基础上，划清二者作用界限：如果市场可以有效发挥作用，政府要更多地简政放权、松绑支持；如果市场不能有效发挥作用，政府要主动补位。

划清政府与市场的界限，让政府与市场在资源配置中的作用不会重合，减少地方政府对经济的干预，让政府有为而不乱为。若政府与市场的界限难以划清，那么容易造成政府对企业的不当干预，从而扭曲企业的行为，进而扭曲资源的配置。一方面，应努力推行"清单管理"的形式，进一步明确政府权责，地方政府不能随意干预企业的行为，要提高政府干预的科学性和有效性；另一方面，在竞争性领域逐步缩小国有经济的比重和行政干预的力量，给予民营经济发展的空间，切实发挥市场在资源配置中的决定性作用。

第一，让市场配置非公共产品，交易成本更低，效率更高。市场中种类繁多、广泛存在、占比更高的是非公共产品，例如人民群众日常生活必需的衣食住行类商品。借助商品交换，买方以付出货币为代价，获取商品的所有权、使用权、处置权、收益权等权利。如果由政府来决定这些非公共产品如何配置，就会导致产品定价很难真实反映市场供需结构。供给、需求弹性都不高，降低了资源配置效率，带来了较高的交易成本。通过市场来主导非公共产品的配置，能够更好地让价值规律发挥作用，让灵敏的价格波动自动调节各类市场中的供需，使供需更加均衡，推动资源要素在不同产业领域和机构之间合理配置，实现效益最大、效率最优，助力优胜劣汰，逐步形成更加健康、可持续发展的市场环境。

第二，让政府配置公共产品，交易成本更低，更显公平。与非公共产品不同，公共产品的典型特性是消费或使用上的非竞争性、受益上的非排他性。这类产品倘若由市场来自发调节，则容易陷入定价难、收费难的困境，也就是交易成本更高。从这个意义上讲，交由政府来主导配置是更优的选择。另外，政府主导公共产品的配置，还可以更好地兼顾和平衡近期发展与长远发展、区域发展与总体发展、个人发展与社会发展的关系。政府通过科学合理配置资源要素，能够减少甚至弥补公共产品供给上的市场失灵，有利于区域发展布局的优化，有利于产业结构和供给结构的调整，有利于新发展格局的构建，有利于推动经济社会发展的总量平衡，更好地彰显公平正义。尤其在当前我国社会主义市场经济中，党对经济工作的集中统一领导、以人民为中心的发展思想、公有制经济的主体地位，都能够使得政府在经济体制改革过程中协调解决好社会生产中的各类矛盾。

2. 构建开放且公平竞争的市场体系

建立一个开放且公平竞争的市场体系，核心是要保证市场准入与市场交易的平等性、开放性和透明性。政府在这里起到的是仲裁者的作用，政府本身公正和透明是建立这样一种市场体系的基本要求。在改革过程中，市场体系各个行业或领域从无到有，并且日益走向平等与透明。但也需要注意到，各个市场利益主体谈判能力的不同，以及各个行业或领域市场化水平的不同，仍在很大程度上影响了开放且公平竞争市场体系的建立。特别是当市场演化越复杂，对公正性和透明性的要求越高时，这种影响会越大。在现实中，信息披露的复杂性与专业性，以及中小投资者与企业和大投资者的实力不对称都会大大影响市场公平和透明程度。因此，对于不断深化的改革和不断复杂化的市场交易，政府的公正与透明比以往任何时候都显得重要。如果政府不能做到公正与透明，市场不但会停止深化，而且还会出现畸变，从而与市场经济的本质背道而驰。这其实对政府本身的规范提出了更高的要求。

为构建开放且公平竞争的市场体系，政府应充当好以下五个角色：

（1）宏观经济的调控者。

纵观人类经济发展的历史，在各种社会资源配置方式中，市场无疑是最有效率的。然而，事实也证明，它不是万能的，也存在着"市场失灵"。比如，不能有效提供公共物品，不能完全解决外部性问题，存在信息不完全及不对称问题，以及自然垄断和人为垄断、分配不公、产业结构不合理、宏观经济失衡等问题。这就需要政府进行宏观调控，做出适当的干预。其作用主要表现在运用多种经济政策和经济杠杆进行宏观间接调控，同时不排除采用法律手段和行政手段，解决宏观经济供求关系的总量失衡和结构失衡问题，保持国民经济的长期稳定增长，把握资源配置的基本方向，调整和优化产业结构和区域经济结构，保护市场主体的合法权益，维护市场秩序，保障市场机制作用的充分发挥。

（2）市场秩序的制定和维护者。

市场机制的正常运行必须以一定的游戏规则和契约关系为前提，而自由放任的市场竞争往往容易导致出现经济垄断和无序失控状态。这就需要政府居于超脱地位制定和实施反垄断和反不正当竞争的法律法规，明确产权关系，规范市场主体行为，建立和维护"统一、开放、竞争、有序"的市场体系。在经济体制转轨时期，还要打破市场障碍，消除市场壁垒，培育各种市场主体，完善市场体系，促进市场的发育和统一。

（3）公共产品的提供者。

在市场经济条件下，政府的一个重要职能就是提供公共产品。由于公共产品消费的非排他性，以价格机制为核心的市场不能使其供给达到最优。如靠个人之间直接交易去解决公共产品的供给问题，会因成本太高而无法实现。私人部门或因投入多、效益低而不愿介入或无力介入，即使介入还可能造成垄断，导致成本上升、效益下降，损害消费者权益。所以，政府通过财政预算拨款和直接投资等方式，担负交通运输、邮电通信、水电煤气、环境保护、基础研究、公共教育和社会治安等公共产品的供给责任。

(4) 社会公平的维护者。

市场经济能较好地解决效率问题，但在社会稳定、社会公平上有明显局限性。市场经济条件下，市场主体的资源禀赋、机会不均等，市场规则不能解决贫富悬殊和两极分化问题。因此，政府必须从全社会的整体利益出发，对各阶层的收入和财产通过再分配进行调节。建立和健全社会保障体系，构建社会保障制度是社会主义市场经济的客观要求和社会化大生产的必然要求，是确保公民维持稳定生活的重要条件，是保证社会和谐稳定的前提。在社会主义市场经济条件下，我国政府急需构建社会保障制度，强化社会保障职能。要建立多元的社会保险体系和社会保障制度，来解决个人在面临社会、家庭或自身困难时自身无法解决（如经济上无法负担）的问题。政府要建立和健全社会福利制度，必须保证低收入者的生活，对那些靠工资难以维持正常生活的家庭或个人，给予必要的生活补助。我国给予下岗工人的补助和政策性优惠以及采取的城市最低生活保障制度等就是政府运用再分配政策来平衡社会利益。

(5) 良好的市场经济国际环境的维护者。

当今的世界是一个开放的世界，市场经济是一种开放经济。实行市场经济制度的国家必然与世界其他一些国家发生广泛的经济联系。我国的社会主义市场经济也是一种开放经济，创造有利于我国经济发展的国际环境是政府的重要职能。政府必须在遵守国际惯例与国际贸易准则的前提下制定适合本国特点的对外贸易政策，既要促使企业积极参与国际交换和国际竞争，又要保护国内市场和民族产业免受外来商品和资本的冲击，同时还要创造平等互利的通商环境，为我国市场经济的发展提供良好的国际环境。

3. 以政府有为推进经济转型

我国发展方式转变的主要挑战不在经济本身，而在于政府职能的切实转变。① 随着国际金融危机的冲击渐渐淡去，政府应从容退出经济主导地位，让市场充分发挥其应有的作用。党的十八大以来，简政放权、让市场更有效成为中央锐意改革的方向。但也需清楚，让市场在资源配置中发挥决定性作用，并非意味着拒绝政府的任何作用或政府"去功能化"，而是要更好发挥政府作用。恰如斯蒂格利茨所说：问题不在于经济活动中是否应该有政府干预，而在于政府到底要干些什么。② 该由政府履行的服务、监督职责，必须强化。

政府有为是经济发展方式转变的前提。发展方式转变的着力点，是由依赖外生增长动力转向发挥内生动力为主，由要素的低成本投入驱动增长转向依靠技术进步、创新驱动增长，由付出资源消耗、环境污染代价的增长转向资源节约型、环境保护型的增长，由贫富差距拉大、经济社会发展失衡下的增长转向包容性增长、协调性发展，但这些转变都依赖于政府有为，即以政府有为推进经济转型。

推动政府由"主导市场经济"向"服务市场经济"转型。经过40多年的经济体制改革，我国建立了比较完善的社会主义市场经济体制，但由于市场作为配置资源的主要机制尚不健全，生产要素的价格形成受到行政干预，不能准确反映资源稀缺程度、市场供求关系和环境损害成本，妨碍了资源的节约使用，也鼓励了低成本竞争；更有庞大的官僚体系借助行政权力主导社会稀缺资源配置，"政府主导型"经济色彩浓厚。政府通过行政法规使国有企业享有金融、电力、能源、铁路等行业的特殊经营权，产业政策的倾斜支持，以及银行低息贷款和资本市场融资的优先权等，不仅

---

① 石杰琳，秦国民. 经济发展方式转变与政府转型：角色转变和制度创新［J］. 中国行政管理，2014（11）.

② 约瑟夫·E. 斯蒂格利茨. 社会主义向何处去——经济体制转型的理论与证据［M］. 周立群，韩亮，于文波，译，长春：吉林人民出版社，2011.

使各类市场主体的公平竞争受到压制，市场活力得不到释放，而且使所拥有的资源配置权力为滋生腐败提供了温床。政府过多介入经济活动，使企业不得不依赖政府谋求自身的生存与发展，如果它们不能参与政府给予优惠政策的项目，就会在竞争中处于不利地位甚至被淘汰。[①] 这迫使企业经营者不是把精力用于在市场中寻利，而是用于关注与政府有关部门的交易，实际上这就是寻租。拉美一些国家的经验表明，依赖一个庞大的拥有巨大权力的政府主导经济，纵然也能在一定时期内创造经济繁荣，但是不公平竞争、低效率运行、腐败滋生，最终会导致经济停滞。

政府从市场竞争参与者转变为市场规则的制定者和执行者。转型期秩序稀缺的一般规律，决定了供给秩序应成为政府重要的综合性职能。目前，政府在很多方面还是市场竞争的参与者，经济社会中存在政府与民争利的现象。如果政府不受监督，某种政治力量无论在经济工作方面的表现有多么糟糕，都感受不到竞争压力，都不会面临挑战，这无疑是场灾难。建立和维护市场秩序确实是社会经济发展的一种需要，要满足这种需要，政府就必须时刻能感受到竞争的压力，受到有效的监督，并切实负起责任来。

在建立和维护秩序方面，政府应担负起责任。因为就解决秩序问题而言，政府拥有独特的优势。作为社会中规模最大的非市场组织，政府本身的强制力和再分配能力，使其自身在提供秩序性服务方面，能够实现规模效益。[②] 应该注意到，市场经济规律是市场经济的构成性规则而非控制性规则。市场经济规律不应该也不可能外生于主权者的主观意志。政府的责

[①] 杜创国．政府职能转变论纲 [M]．北京：中央编译出版社，2008．

[②] 李炳炎，向刚．完善社会主义市场经济体制背景下政府职能的定位与转变 [J]．南京理工大学学报（社会科学版），2008（4）．

任是尊重市场经济内在规律，以公共利益为宗旨，以法律为准绳，维护市场的健康运行。

（三）助推实体经济高质量发展

我国政府和市场的关系不是西方经济学中的二元对立关系，我国在不断完善社会主义市场经济体制过程中，谋求通过政府与市场协同作用解决资源配置问题。为更好地解决实体经济发展所面临的问题，我们需要用发展和动态的眼光看待政府与市场的关系，实现两者的良好互动，推动国家治理与市场配置资源的有效协同。既不能过于强化政府的监督管理而使市场丧失灵活性，也不能过于弱化政府的作用而放任市场发展导致市场失灵。

正确的做法是：一方面，发挥市场活力，让市场进行微观主体的资源分配，以此提高分配效率，保持资源的供求平衡；另一方面，确保政府能有效监督市场，针对市场失灵情况，政府可确保资源分配的合理进行，主动维持市场的有效性、完善市场监督机制并开展有效市场建设。为保证政府与市场高效运行，应构建符合中国国情的现代化的政府与市场关系，走好实体经济转型升级之路，推动经济高质量发展。

1. 建设有效市场，切实发挥市场的决定性作用

进入新时代，面对人民群众多样化、多层次、多方面的物质、文化产品需要，要将习近平新时代中国特色社会主义思想落到实处，切实体现出市场对资源配置的决定性作用。

（1）始终坚持"两个毫不动摇"，持续激发市场主体活力和创造力。

自从党的十六大提出"两个毫不动摇"原则以来，党的十八届三中全会、党的十九大又对此做了重申，这充分体现出我们党在经济建设方针政策上的一贯性。面对经济社会发展实践中存在的公有制经济运作不够规

范、非公有制经济活力不够的问题，要进一步加大对各类市场主体的支持力度。对国有企业，要支持其理直气壮做强做优做大，尤其要使国有经济的控制力和抗风险能力显著增强；对非公有制企业，要大力支持并加以引导，使得非公有制经济的活力持续迸发。任何否定公有制经济地位或否定非公有制经济作用的言论，都是背离我国经济体制改革方向的，都是不符合我国社会主义发展要求的，都是与最广大人民群众的根本利益背道而驰的。另外，还应当大力发展混合所有制经济，推动各种所有制取长补短，使我国社会主义基本经济制度的主体基础越来越坚实。

（2）始终坚持消除市场壁垒，加快构建高标准的市场体系。

作为市场经济的客体，市场体系既有商品市场体系，又有要素市场体系。随着经济体制改革的深入，基本的市场体系框架已经形成。走好中国式现代化新道路，需要更加坚实的物质基础，这离不开高标准的市场体系建设，具体要求是统一开放、竞争有序、制度完备、治理完善。在新发展阶段，一要着力消除显性的和隐性的市场壁垒，打通制约国民经济循环的关键堵点，加快建设高效规范、公平竞争、充分开放的全国统一大市场，切实促进我国市场从"大"转向"强"，为建设高标准的市场体系提供有力支撑。二要做到平等准入、公正监管、开放有序、诚信守法，及时为资本设置"红绿灯"，规范引导资本发展，提升资本治理效能，推动市场提质增效。近年来，我国有关部门针对部分企业野蛮生长、无序扩张等乱象，强化反垄断监管，查处了一批典型案件，资本无序扩张得到初步遏制，市场秩序日趋完善。高标准市场体系建设，将为推动我国实体经济高质量发展、推进国家治理体系和治理能力现代化夯实根基，助推我国经济行稳致远。

2. 打造有为政府，坚持党对经济工作集中统一领导

高质量发展离不开相应制度保障，需要与之相匹配的制度创新和政策

调整。这意味着,政府转型、政治治理与经济增长密不可分。① 在实体经济转型升级这场复杂深刻的变革中,政府需要做好顶层设计,要对现行一些不合时宜的制度或政策进行变革。制度创新是推动经济发展的内生因素。打造有为政府,既要将政府职能限定在社会主义市场经济的需要之内、维护公共利益和社会公平的范畴之内,又要使政府切实履行好自身经济相关职能,为实体经济发展当好宏观经济的调控者、市场秩序的制定和维护者、公共产品的提供者、社会公平的维护者和良好的市场经济国际环境的维护者。

第一,党的领导是更好发挥政府作用的根本保证。坚持党的领导,发挥党总揽全局、协调各方的领导核心作用,是我国社会主义市场经济体制的一个重要特征。② 在"市场+政府"的二元结构中,政府是作为应对"市场失灵"的替代性工具出现的,但是政府同样会由于信息不完备等原因出现决策失误从而导致"政府失败"。党有效应对"市场失灵"和"政府失败"是中国社会主义市场经济体制的创新和优越之处,超越了资本主义市场经济的二元局限性。在市场和政府"两只手"基础之上,党的职责是驾驭市场和政府关系,党的坚强有力领导是政府发挥作用的根本保证,也是政府有效作为的"约束条件"。③ "市场+政府+党"三维谱系的构建,促使社会主义市场经济形成了宏观调控体制优势。因此,中国的宏观调控不仅仅是为了解决市场失灵问题,更重要的是在党的领导下,将政府和市场"两只手"统筹起来,统一到国家发展的整体布局中。

---

① 张军.政府转型、政治治理与经济增长:中国的经验[J].云南大学学报(社会科学版),2006(4).
② 习近平.习近平谈治国理政[M].北京:外文出版社,2014.
③ 周文,包炜杰.中国特色社会主义政治经济学研究[M].上海:复旦大学出版社,2021.

不同于资本主义市场经济的宏观调控，社会主义市场经济宏观调控的依据除了消除市场弊端之外，还包括国家经济发展战略目标和中长期发展规划等；调控目标也不仅包括刺激需求，还包括把供给和需求、质量和效益、公平和效率等有机结合起来；调控政策不仅包括货币政策、财政政策，还包括产业政策、区域政策、投资政策等。① 中国共产党通过对上层建筑的塑造和生产关系的调整，引领和保障经济社会发展大局，确保经济社会发展坚持正确方向，并从社会的整体利益和国家的长远利益出发，解答了市场在发展的方向、方式及重点等方面无力解决的问题，全面统筹协调经济发展的方向和节奏。②

现在，中国经济发展进入攻坚克难的关键时期。由此，来自各方面的风险挑战比以往任何时候都多。在这种情况下，更应充分发挥党在经济治理中的作用，始终坚持和加强党的领导，充分发挥党把方向、谋大局、定政策、促改革的能力和定力，把党的领导贯穿于深化经济体制改革和加快完善社会主义市场经济体制全过程，从而驾驭好社会主义市场经济正确发展方向，保障社会主义市场经济发展大局。③

第二，不断完善政府的基本经济职能。政府的基本经济职能主要包括加强宏观调控、完善市场监管、保护生态环境、改进公共服务、强化社会治理等。在宏观调控方面，市场配置资源虽有优越性，但在一定程度上也有盲目性，市场难以处理好宏观经济治理要求的"社会总供给等于社会总需求"问题，也难以使产业结构实现合理配置，可能会导致经济的周期性震荡，也容易诱发系统性金融风险，这客观上要求政府引导资源配置，推

---

① 刘凤义. 论社会主义市场经济中政府和市场的关系 [J]. 马克思主义研究，2020（2）.
② 周文，司婧雯. 新时代中国国家治理现代化：内涵、特征与进路 [J]. 新疆师范大学学报（哲学社会科学版），2020（4）.
③ 周文，司婧雯. 全面认识和正确理解社会主义市场经济 [J]. 上海经济研究，2022（1）.

动宏观经济稳定运行、经济转型稳步进行、社会心理预期不断改善。

在市场监管方面，政府要确保市场规则不被个别市场主体破坏，从总体上保障各类市场主体的利益，使我国营商环境更优、经济良性循环，从而实现经济高质量发展。在生态文明建设方面，政府要克服市场配置资源可能导致的外部负效应，将生态环境成本纳入经济运行成本，通过明晰产权、征收污染税等方式遏制环境污染，引导市场主体节能减排，为实现碳达峰碳中和、建设美丽中国添砖加瓦。在公共服务方面，政府要切实贯彻以人民为中心的发展思想，为人民群众不断提供更加优质、更加高效、更加便捷的公共服务，更好解决人民群众关心的问题，在推动实体经济高质量发展中不断满足人民群众的美好生活需要。

第三，政府要不断提升经济治理能力和水平。充分尊重市场规律是政府经济治理现代化的基础。作为国家治理体系和治理能力现代化的重要组成部分，宏观经济治理做到科学有效并非易事，关键一招就是要构建高水平社会主义市场经济体制，其基础就是充分认识、准确把握和切实尊重市场规律。党中央强调，宏观政策的跨周期调节要增强，宏观调控要更具前瞻性、针对性。这就是尊重市场规律的范本，宏观调控不能局限于眼前的形势，要用"全面、辩证、长远"的眼光来看待经济形势。

与此同时，要通过改革激发市场活力。党的十八届三中全会开创了全面深化改革的新局面，不少领域的改革大力度推进和深化，达成了系统性重塑、整体性重构。从经济视角看，政府通过"放管服"改革，加强社会信用体系建设，更加市场化、更加法治化、更加国际化的营商环境打造渐入佳境。着眼于实体经济高质量发展的新要求，应进一步深化经济体制改革，更加关注市场主体的感受，针对广大市场主体反映强烈的行政审批事项，尽快研究取消、下放或调整权限，提升市场主体的活力和创造力，让各类市场主体都能专注创新、专心经营，提质增效，增强中国实体经济的活力与竞争力。

第四，通过政策引导市场预期。预期是指各类微观主体依据可获得的信息对经济趋势进行研判，进而影响消费、投资、外贸等，最终影响宏观经济总体运行。换言之，预期是连接宏观经济与微观主体的桥梁和纽带。通过经济政策引导、稳定和改善市场预期，是党领导经济工作的必备能力。党的十八大以来，预期管理越来越受到重视，当前我们处于百年未有之大变局，全球经济形势总体比较严峻，对未来预期形成了不利影响。进入新发展阶段，要进一步提升市场预期引导的系统性、联动性，积极回应社会关切，加强政策决策公开化、透明化，并向国际社会讲清楚我国经济的强大韧性和光明前景，强化国际市场对我国的积极预期。

第五，通过规划引导投资方向。市场主体是市场经济的基础细胞，其活力是衡量一个国家或地区经济发展水平的重要指标。我国市场主体超过1.5亿个，其投资方向、投资数量、投资结构、投资意愿等都会对国民经济循环中的生产环节产生影响，进而影响到分配、交换、消费等环节，甚至影响国内国际双循环的顺畅程度。从这个意义上讲，政府需要在广泛征求和尊重社会意见的基础上，制定和实施五年规划、区域规划、产业规划、功能区规划等，对各类市场主体的投资意向积极引导，对技术路线尚不明晰的产业不能过早实施负面清单，对国家长远发展中面临的"卡脖子"环节加大扶持力度。以技术研发、投资等方式引导实体经济高端化、智能化发展，解决好实体经济的结构失衡问题，平衡好实体经济和虚拟经济、工业和服务业的关系。

综上所言，实现实体经济增长与增长动力机制转换关键在于处理好市场与政府关系。政府必须为增长动力机制的转换提供完善的市场经济制度体系，创造公平竞争环境，让市场机制在资源配置、激励创新、促进效率提升等方面充分发挥决定性作用。同时，在尊重市场机制及市场主体意愿的基础上积极作为，为市场主体的创新活动、创新主体之间的协调与合作创造良好的外部环境，从而实现"市场在资源配置中起决定性作用和更好发挥政府作用"的高度统一。让政府与市场各司其职、相辅相成、形成合力，不仅能够有力助推新时代新阶段我国经济高质量发展，也能够为国际社会提供理顺政府与市场关系的中国智慧和中国经验。

第二章

强国的所有制理论：做稳实体经济与深化所有制改革

所有制理论是政治经济学理论最为重要的组成部分。所有制不仅是现代经济学的重要概念，也是强国理论的重要范畴。我国学术界曾围绕所有制的概念、所有制的结构、所有制的具体形式及实现形式等诸多方面展开了激烈的讨论和争鸣。这些讨论和争鸣对于构建中国特色社会主义所有制理论、完善社会主义基本经济制度、全面开启社会主义现代化新征程具有重要价值。改革开放以来，我国通过不断夯实中国式现代化的所有制基础，所有制结构不断完善，所有制理论不断创新发展，从而为促进一切要素活力竞相迸发、社会财富的创造源泉充分涌流提供了重要理论支撑。本章从所有制改革实践角度出发，主要阐述做稳实体经济与所有制改革的关系，论述实体经济转型升级过程中必然触及的所有制结构调整，分析混合所有制改革、国有企业改革对实体经济转型升级的影响，从而发展中国特色社会主义政治经济学。

一、坚持和巩固公有制经济的主体地位

（一）坚持和巩固公有制经济主体地位的内涵

1. 明确公有制的内涵

一般而言，公有制的内涵关乎生产关系，涉及生产资料的占有形式，意味着全社会的生产资料归劳动者共同占有。马克思和恩格斯在《德意志意识形态》中提出了对生产资料的占有关系。"分工的各个不同发展阶段，同时也就是所有制的各种不同形式。这就是说，分工的每一个阶段还决定个人在劳动材料、劳动工具和劳动产品方面的相互关系。"[①] 同样，在这里面也讲到了四个方面的关系：一是人与劳动材料之间的关系，二是人与劳动工具之间的关系，三是人与劳动产品之间的关系，四是人与人之间的关系。从生产资料的占有方式的角度来看，人与劳动材料之间的关系以及人与劳动工具之间的关系充分说明了生产资料的所有制形式。从中可以看出，在马克思和恩格斯的概念中，所有制是一种关于生产的全部社会关系，是生产关系的总和。资本主义私有制，就是一种资产阶级生产的全部

[①] 马克思, 恩格斯. 马克思恩格斯文集（第一卷）[M]. 中共中央马克思恩格斯列宁斯大林著作编译局, 译. 北京：人民出版社, 2009.

社会关系，是资产阶级生产关系的总和。

公有制是所有制形式中的一种类型，由此我们可以同理推论出"公有制"的内涵：在马克思和恩格斯的经典公有制理论中，公有制是一种无产阶级生产的全部社会关系，是无产阶级生产关系的总和，是全社会劳动者共同占有生产资料的归属性所有制关系。马克思和恩格斯的经典公有制理论中关于公有制内涵的形成过程，与马克思主义理论的特性息息相关。马克思主义理论具有发展性，这种发展性主要体现在两个方面：一是理论本身具有发展性，它随着时代的变化而不断发展；二是理论是面向未来的，马克思主义理论不是仅仅为了回答某一时期的阶段性问题，而是为了剖析社会现象背后的实质因素，进而揭示整个人类社会的历史规律。正是在这样的理论特性下，马克思和恩格斯通过对生产关系发展规律的分析，形成了经典公有制理论。

2. 公有制具有历史必然性

通过对生产力与生产关系、经济基础与上层建筑之间关系的分析，马克思和恩格斯进一步阐释了社会形态的更替规律，所有制形式从部落所有制到公社所有制，到封建社会所有制，到资本主义社会所有制，再到共产主义社会所有制的不断发展，根本原因在于社会生产力的巨大推动作用。公有制的形成与发展，需要通过工人解放这种形式来完成，使社会生产关系的变化逐步适应大工业生产发展，促使生产资料所有制发生变革，从而实现私有制向公有制的社会历史变革。

新兴资产阶级的出现与发展，为瓦解封建社会的生产关系起到了促进作用，它在封建社会末期以一种新的生产关系出现在历史舞台上，相较于封建社会旧的生产关系，体现出相对优越性。在资本主义生产关系出现的起始期，新兴资产阶级对人类社会进程起到了历史性推动作用。但是，随着分工的进一步发展和生产方式的变化，资产阶级在大工业生产的基础上完成了越来越多的资本积累，财富的集中使社会关系发生动荡。作为社会历史发展的产物，无产阶级以一种更新的生产关系出现在历史进程中，与封建社会和资本主义社会等的生产关系相比具有前所未有的革命性，即在生产资料公有制的基础上，逐步消灭阶级，消除之前生产关系中的剥削性质。

资本主义私有制和之前的社会形态类似，具有历史阶段性，并不代表历史的终结。由于阶级矛盾的日益激化，无产阶级领导的工人运动在一定的社会经济条件下产生。《共产党宣言》的发表，标志着科学社会主义的诞生，公有制理论实现了从空想到科学的转变。《共产党宣言》两个版本的序言都体现了马克思和恩格斯在无产阶级革命过程中对公有制理论产生的新认识。1872年，马克思和恩格斯在德文版序言中指出，政治形势相较于19世纪40年代，已经发生了新变化。1882年，马克思和恩格斯在俄文版序言中分析了在不同的历史发展阶段，俄国展现出不同的社会发展状况。在资本主义社会中，私有制占有形式造成了阶级社会的内部矛盾不可调和，剥削阶级和被剥削阶级之间相互对立，两大阶级的斗争运动推动社会历史的发展进程。

因此，公有制的发展是历史的必然，是社会发展的基本规律，是社会基本矛盾运动的必然结果。生产过剩的经济危机是私有制基础上资本主义生产方式不可避免的产物，并以螺旋式重复的、日趋严重的形式出现，是资本主义社会特有的经济现象。这表明资本主义私有制具有内在的不稳定性和暂时性，最终会被公有制的生产关系所取代。[①] 在社会发展的进程中，生产力与生产关系的矛盾运动作为根本性的社会运动形式，贯穿了整个人

---

① 陈岱孙.从古典经济学派到马克思——若干主要学说发展论略[M].北京：商务印书馆，2014.

类社会发展的历史阶段。资本主义时期作为人类社会发展进程中的重要历史阶段,自然也适合这一历史规律。除此之外,资本主义社会还具有生产方式变化和生产资料私人占有的独特性矛盾运动。每个社会历史阶段都具有生产力和生产关系的矛盾运动,资本主义社会私有制代替了封建社会的生产关系。同样地,资本主义社会具有历史阶段性的基本矛盾运动,决定了资本主义社会周期性地出现生产过剩的经济危机,它会对已有的生产力发展和经济繁荣造成破坏。在这些多重的矛盾运动中,资本主义社会遵循历史一般性规律,其所有制形式最终会变革为生产资料公有制。

3. 关于公有制阶段的划分

马克思在《哲学的贫困》中指出:"在每个历史时代中所有权是以各种不同的方式、在完全不同的社会关系下面发展起来的。"① 公有制的理论阐释,离不开公有化基础上全部社会关系的描述。马克思和恩格斯将共产主义划分为初级和高级两个阶段。在社会主义发展的过程中,公有制也会存在初级、高级等不同阶段的划分。公有制初级阶段向高级阶段的转变,必然是随着社会公有化程度的提高而不断推进的。在人类社会历史发展过程中,公有制的发展进程可以分为四个阶段,包括原始期、孕育期、发展期、成熟期。

一是原始期的公有制阶段。这是原始社会的部落公有制。在《政治经济学批判(1857—1858年手稿)》中,马克思提出:"部落共同体,即天然的共同体,并不是共同占有(暂时的)和利用土地的结果,而是其前提。"② 通过对亚细亚的、古代的、日耳曼的等多种所有制形式的分析,马克思指

---

① 马克思,恩格斯. 马克思恩格斯文集(第一卷)[M]. 中共中央马克思恩格斯列宁斯大林著作编译局,译. 北京:人民出版社,2009.
② 马克思,恩格斯. 马克思恩格斯文集(第八卷)[M]. 中共中央马克思恩格斯列宁斯大林著作编译局,译. 北京:人民出版社,2009.

出公社条件下形成的所有制形式的解体，源于这种社会所有制在生产关系方面的局限性。① 原始社会时期的生产力低下，随着人类社会的发展和进步，原始人群逐渐分化，依靠简陋的工具，共同占有土地，集体共同劳动，从以采集、狩猎生活方式为主的非排他性公有制经济逐渐发展为以农业定居为主的排他性公有制，平均分配、共同享用，在氏族内部还是公有制属性，氏族对外是私有制属性。② 原始人类以小团体或小部落的方式集体生活。

二是孕育期的公有制阶段。在经历漫长的生产资料私有制占有形式的多个社会形态之后，"进阶版"的公有制形式在社会现实中诞生，在资本主义社会形态下私有的生产关系中孕育而出。在《资本论》第三卷的第六篇"超额利润转化为地租"中，马克思提出："地租的占有是土地所有权借以实现的经济形式，而地租又是以土地所有权，以某些个人对某些地块的所有权为前提。"③ 所有权和所有制分属法律范畴和经济范畴。从经济的角度理解公有制的不同发展阶段，可以更好厘清生产方式变化对社会发展的影响。恩格斯在《反杜林论》的第三编"社会主义"中深刻指出："生产资料和产品的社会性质反过来反对生产者本身，周期性地突破生产方式和交换方式。"④ 随着社会化大生产的逐步发展，生产力的巨大飞跃已经不能适应资产阶级私有产权下的生产关系。这种对生产关系的突破，会激化生产力和私有制之间的矛盾，爆发生产过剩危机。经济危机周期性

---

① 王建刚. 马克思对前资本主义社会生产方式的历史考察——以"1857—1858年经济学手稿"为界［J］. 科学社会主义, 2018（1）.

② 伍柏麟, 史正富, 华民. 新编政治经济学［M］. 上海: 复旦大学出版社, 2014.

③ 马克思. 资本论（第三卷）［M］. 中共中央马克思恩格斯列宁斯大林著作编译局, 译. 北京: 人民出版社, 2018.

④ 马克思, 恩格斯. 马克思恩格斯文集（第九卷）［M］. 中共中央马克思恩格斯列宁斯大林著作编译局, 译. 北京: 人民出版社, 2009.

产生，生产力决定所有制形式，最终会突破私有制基础上的生产关系。

三是发展期的公有制阶段。公有制的物质生产资料基础处于不断发展的状态，这种发展是一个动态过程。当公有制处于发展期阶段时，发展社会主义生产力是重要基础，公有制的发展在根本上取决于生产力的提高。在资本主义社会期间，一方面，生产力的飞跃发展使资产阶级的生产关系愈发成熟；另一方面，社会化大生产的发展促进了无产阶级力量的壮大，这种力量从某些无产者逐渐扩大为某国无产阶级，世界各地联系日益广泛，国际市场逐渐开拓，各国无产阶级壮大发展、相互联合，继而扩大为全世界无产阶级的团结。在这一阶段，公有制的发展仍然需要遵循商品交换的市场原则。

四是成熟期的公有制阶段。资产阶级剥削的脚步未止于国内资本主义社会，其通过各国之间的贸易往来，对他国的无产阶级也进行了剥削。面对资产阶级在世界范围内的联盟，无产阶级也必须形成世界范围内的联合，这样斗争才能胜利。因此，私有制占有形式的最终消灭，不仅仅在一个地区实现，还会在全世界联合范围内实现。马克思在《1844年经济学哲学手稿》中指出："私有财产只有发展到最后的、最高的阶段，它的这个秘密才重新暴露出来。"[1] 从这个角度看，共产主义社会所要消灭的私有制，是发展到最高阶段的私有制。并且，共产主义消灭私有制的过程，并不是简单进行消灭，而是进行积极扬弃，共产主义是被扬弃了的私有制的积极表现。资产阶级社会所发展的生产力已经足够强大，并且达到了私有制的生产关系不能容纳的地步，生产关系只有在实现变革的基础上，才能够适应巨大生产力所蕴藏的能量。

---

[1] 马克思，恩格斯. 马克思恩格斯文集（第一卷）[M]. 中共中央马克思恩格斯列宁斯大林著作编译局，译. 北京：人民出版社，2009.

在关于私有财产和"共产主义"之间的关系中，马克思总结了欧文、魏特林等代表人物创立的空想主义的观点体系，认为他们的"共产主义"具有原始性和平均性。一是在最初的形态中，共产主义不过是"私有财产关系的普遍化和完成"，是以不同的形态展现出来的。二是共产主义具有政治性质，能够起到废除国家的作用。但是，该形式的共产主义没有理解私有财产的积极的本质。三是"共产主义是对私有财产即人的自我异化的积极的扬弃，因而是通过人并且为了人而对人的本质的真正占有"。四是私有财产是异化了的人的感性表现，在异己力量的作用下，"人变成对自己来说是对象性的"。五是"自然界的和人通过自身的存在"，"是同实际生活的一切明显的事实相矛盾的"。①

空想主义的某些观点虽然表达了工人阶级的诉求，但是整个体系具有不成熟性。在共产主义公有制的发展阶段，按比例规律发展是这个阶段公有制经济的基本特征，共产主义社会的总产品分为生产资料和消费资料两大部类，在社会再生产过程中，需要让两者保持平衡，也需要对生产过程进行有计划的调节。② 奴隶主对奴隶的剥削、封建地主对农民的剥削，新兴地主阶级和奴隶主之间的斗争，新兴资产阶级和封建贵族之间的斗争，在人类社会历史中不断上演。尤其在社会形态发生更替时期，剥削者和被剥削者之间的矛盾空前激化，新兴阶级和统治阶级之间的斗争愈演愈烈，推动社会向更高阶段发展。以往阶级斗争的结果，无非是用新的剥削制度代替旧的剥削制度，社会仍然存在剥削阶级和被剥削阶级。但是无产阶级斗争的结果，是让社会中的剥削阶级不复存在。消灭剥削制度，也就消灭

---

① 马克思，恩格斯. 马克思恩格斯文集（第一卷）[M]. 中共中央马克思恩格斯列宁斯大林著作编译局，译. 北京：人民出版社，2009.
② 程恩富，刘新刚. 重读《资本论》[M]. 北京：人民出版社，2018.

了私有制，为实现成熟期的共产主义公有制创造了基础和条件。

4."坚持和巩固公有制经济的主体地位"的内涵

一方面，公有制经济的主体地位在"量"上要求公有资产在社会总资产中占优势，公有制经济的就业人数在总就业人数中占优势。第一，在生产资料方面，社会总资产包括经营性资产、资源性资产、公益性资产等。其中，经营性资产运营能够产生生产资料与劳动者之间的经济关系。因此，只有在全社会经营性总资产中占优势，公有制企业的经营性资产才能影响和制约非公有制经济的发展与运转。需要强调的是，除了国有经济、集体经济的经营性资产，公有资产还包括混合所有制经济中国有和集体所有的那部分资产。第二，在劳动力方面，公有制经济中的就业人数反映了在公有制经济中与劳动资料相结合而进行物质生产的劳动者的数量。公有制经济的就业人数在整个经济领域总就业人数中占优势体现了公有制经济的主体地位，只有这样才能保证生产关系的社会主义性质。[1]

另一方面，公有制经济的主体地位在"质"上要求国有经济在整个国民经济发展中起主导作用，不仅能够控制国民经济命脉，而且能够保证经济运行朝着预定目标发展。根据马克思主义理论的观点，集体经济无法发挥主导作用，而是从属于起主导作用的经济成分。列宁指出，"合作社在资本主义国家条件下是集体的资本主义机构"[2]。也正是由于这个原因，欧文等空想主义者在资产阶级私有制主导的、一切经营活动都受限于资产阶级私有制的资本主义国家创立"合作社"的计划是一种彻底的幻想。唯有在工人阶级夺取政权后，在社会主义国有经济占主导地位的社会主义国

---

[1] 周新城.关于公有制为主体问题的思考［J］.当代经济研究，2017（6）.

[2] 列宁.列宁选集（第四卷）［M］.中共中央马克思恩格斯列宁斯大林著作编译局，译.北京：人民出版社，2012.

家，集体经济才有可能具有社会主义性质，才能成为公有制经济的重要组成部分。反之，一旦国有经济的主导地位和对国民经济命脉的控制力被削弱，公有制的主体地位将受到质疑，集体经济的社会主义性质也将受到威胁。

（二）坚持和巩固公有制经济主体地位的重要意义

1. 社会主义性质的根本保证

历史唯物主义观点强调，生产力决定生产关系，而一个社会形态的性质取决于与生产力相适应的占统治地位的生产关系的总和。因此，一个国家是否坚持以公有制为主体是判断它是否是社会主义国家的根本标志。生产资料公有制是社会主义生产关系的核心，也是社会主义经济制度的基础。邓小平曾指出："一个公有制占主体，一个共同富裕，这是我们所必须坚持的社会主义的根本原则。"[1] 正如习近平强调的，生产资料所有制作为生产关系的核心，决定着社会的基本性质和发展方向。[2]《中华人民共和国宪法》第六条规定，中华人民共和国的社会主义经济制度的基础是生产资料的社会主义公有制，即全民所有制和劳动群众集体所有制。第七条规定，国有经济，即社会主义全民所有制经济，是国民经济中的主导力量。以公有制为主体是指在社会主义市场经济运行过程中，虽然不同所有制成分相对数量的变化是常态，但是要坚持和巩固公有资产在社会总资产中的优势地位、公有制经济在国民经济中的主体地位。

需要强调的是，坚持和巩固公有制经济的主体地位是抵制私有化浪潮、摒弃"所有制中性论"的必然要求。新中国成立70多年来，中国创

---

[1] 邓小平. 邓小平文选（第三卷）[M]. 北京：人民出版社，1993.
[2] 习近平. 不断开拓当代中国马克思主义政治经济学新境界[J]. 求是，2020（16）.

造了连续且稳定增长的"经济奇迹",也创造了脱贫攻坚的"中国奇迹"。然而,近年来西方国家借指责中国大量国有企业存在"不公平贸易"问题,不断掀起和制造贸易冲突,国内也产生了有关"所有制中性论"的声音。"所有制中性论"表面上是抽象中立的,实则仍然没有走出"国"与"民"二元对立论,这种观点既不利于国有企业做强做优做大,也不利于鼓励、支持和引导民营企业发展。

因此,在中国特色社会主义市场经济建设中,既要克服"所有制歧视论",更要批判"所有制中性论"。应当看到,新时代推进我国所有制改革的方向是坚持"两个毫不动摇",充分激发各类市场主体活力。我们需要充分认识到,"'国民共进'的关键是让国有经济与民营经济在各自适合发展的领域发挥作用"①。国有经济是国民经济的主导力量,是社会主义市场经济的支柱,对国家建设起着战略引导作用,必须坚持和巩固国有经济的主导地位。

2. 社会主义本质的保证

邓小平将社会主义的本质总结为"解放生产力,发展生产力,消灭剥削,消除两极分化,最终实现共同富裕"②。

第一,以公有制经济为主体是解放和发展生产力的客观要求。适应生产力发展水平的生产关系能够促进生产力的发展。历史经验已经证明,"一大二公"的公有制是阻碍和制约生产力发展的。在我国生产力发展尚不充分不平衡的国情下,坚持和巩固公有制经济的主体地位既是由社会主义的本质决定的,也是符合历史唯物主义基本原理的。

---

① 杨瑞龙,等. 国有企业分类改革的逻辑、路径与实施 [M]. 北京:中国社会科学出版社, 2017.

② 邓小平. 邓小平文选(第三卷) [M]. 北京:人民出版社, 1993.

第二，以公有制为主体是防止两极分化、推进共同富裕的制度保证。习近平指出，"让广大人民群众共享改革发展成果，是社会主义的本质要求"①。共同富裕是社会主义的本质要求，是中国式现代化的重要特征。党的十九届六中全会明确开启实现第二个百年奋斗目标新征程，坚定不移走全体人民共同富裕道路。正如习近平强调的，生产资料所有制作为生产关系的核心，决定着社会的基本性质和发展方向。② 也就是说，我国公有制为主体的所有制结构决定着人民立场和共同富裕发展目标。

卢梭在《论人与人之间不平等的起因和基础》一书中从"人性善"出发，考察人类从自由自在的个人生活到"需要别人的帮助之时"的变化，指出后者是私有财产观念开始形成、人与人之间的不平等开始发酵的时刻。马克思在《政治经济学批判》导言中指出将分配看作"现代经济学的本题"是本末倒置，认为对于新的生产时期生产工具的分配和社会成员在各类生产之间的分配表面上是前提，但其实是一定的历史产物；归根结底，生产决定分配，分配方式受生产方式支配。③ 更进一步地，恩格斯在《反杜林论》中论述现代大工业、信用制度和自由竞争，必然导致分配上的不平等，并提出这种不平等的分配只有在资本主义生产方式走向"没落"时才会被认为是非正义的。④ 资本主义生产资料私有制才是财富不平等的根源所在。邓小平同志深刻认识到"只要我国经济中公有制占主体地位，就可以避免两极分化"⑤；"创造的财富，第一归国家，第

---

① 习近平. 习近平谈治国理政（第二卷）[M]. 北京：外文出版社，2017.
② 习近平. 不断开拓当代中国马克思主义政治经济学新境界[J]. 求是，2020（16）.
③ 马克思，恩格斯. 马克思恩格斯选集（第二卷）[M]. 中共中央马克思恩格斯列宁斯大林著作编译局，译. 北京：人民出版社，2012.
④ 马克思，恩格斯. 马克思恩格斯选集（第三卷）[M]. 中共中央马克思恩格斯列宁斯大林著作编译局，译. 北京：人民出版社，2012.
⑤ 邓小平. 邓小平文选（第三卷）[M]. 北京：人民出版社，1993.

二归人民,不会产生新的资产阶级"①。

新发展阶段只有不断做优做强做大国有经济和集体经济,以及混合所有制经济中的国有成分和集体成分,才能从根本上解决贫富差距的问题,为实现共同富裕奠定所有制基础。具体来说,一是在公有制下,生产资料不再是剥削劳动者的手段。二是在公有制下,利润是由集体或国家公有,而非个人所有。公有制经济的利润除了用于扩大再生产外,还能用于提升公共产品供给水平,通过财政转移支付等方式增加低收入群体的收入,有利于全体社会成员共享经济发展的成果。三是以生产资料公有制为主体决定了按劳分配在分配结构中的主体地位,提升劳动收入在初次分配中所占比重符合财富和收入分配的公平正义原则。相较于按资分配所造成的十倍甚至百倍收入差距,劳动能力、质量和绩效不同带来的收入差距相对较小。四是公有制企业具有一定的示范效应,有利于提升非公有制企业员工的地位和谈判能力。

3. 为实现中华民族伟大复兴的中国梦提供坚实保障

一方面,人民性是中华民族伟大复兴中国梦的本质属性,是以人民为中心,坚持和巩固公有制经济的主体地位。正如习近平所说,"实现中华民族伟大复兴的中国梦,就是要实现国家富强、民族振兴、人民幸福"②,"中国梦归根到底是人民的梦,必须紧紧依靠人民来实现,必须不断为人民造福"③。以公有制经济为主体体现了社会主义生产目的。党的十九大强调,必须始终把人民利益摆在至高无上的地位,让改革发展成果更多更公平惠

---

① 邓小平. 邓小平文选(第三卷)[M]. 北京:人民出版社,1993.
② 习近平在十二届全国人大一次会议闭幕会上发表重要讲话[OL]. [2013-05-17]. 新华网,2013-03-17.
③ 中共中央文献研究室. 习近平关于实现中华民族伟大复兴的中国梦论述摘编[M]. 北京:中央文献出版社,2013.

及全体人民,朝着实现全体人民共同富裕不断迈进。党的十九届六中全会在总结"坚持人民至上"历史经验时再次强调,必须坚持以人民为中心的发展思想,发展全过程人民民主,推动人的全面发展、全体人民共同富裕取得更为明显的实质性进展。党的二十大指出,不断实现发展为了人民、发展依靠人民、发展成果由人民共享,让现代化建设成果更多更公平惠及全体人民。以人民为中心的价值取向决定了资本投资是围绕着人民的需要而非单纯自我增殖的需要而进行的,社会生产的目的是"满足人民群众日益增长的美好生活需要",避免了西方主流经济学片面追求利润最大化带来的矛盾和问题。

另一方面,坚持和巩固公有制经济的主体地位有利于在经济全球化过程中统筹安全与发展。面对世界经济中心转移和国际政治格局调整,加上新一轮科技革命和产业变革带来的竞争加剧,如何科学应对和回应逆全球化思潮、贸易保护主义和"中国威胁论"等外部环境的挑战,如何把握机遇汇聚国际资金、技术和人才助力经济发展,正在成为中华民族伟大复兴进程中需要解决的重要问题。只有坚持公有制经济的主体地位、巩固国有经济的主导地位,才能使国家在重要行业和关键领域拥有控制力,才能防范化解重大经济风险,有效维护国家经济安全。只有坚持公有制经济的主体地位,才能在新型举国体制下建设国家创新体系,培育国际竞争与合作新优势。

总而言之,生产资料所有制是社会生产关系的核心,以公有制为主体、多种所有制共同发展是社会主义初级阶段的基本经济制度,是中国特色社会主义的重要支柱、社会主义市场经济的根基。[1] 社会主义基本

---

[1] 张宇. 社会主义制度下的市场经济——关于中国特色社会主义政治经济学的若干问题(下)[J]. 经济导刊, 2016(7).

经济制度的内在要求就是始终坚持"两个毫不动摇",即"毫不动摇巩固和发展公有制经济"和"毫不动摇鼓励、支持和引导非公有制经济发展"。马克思主义政治经济学坚持否定资本主义私有制、强调公有制主体地位。实践是检验真理的唯一标准,直到党的十八届三中全会通过的《中共中央关于全面深化改革若干重大问题的决定》指出,国有资本、集体资本、非公有资本等交叉持股、相互融合的混合所有制是基本经济制度的重要实现形式。这有利于国有资本放大功能、保值增值、提高竞争力。

在实体经济转型升级过程中,须把握好公有制经济与非公有制经济之间的关系,发挥公有制经济中国有经济的主导作用——具体表现在国有经济在整个国民经济中的控制力,以保证国民经济持续协调健康发展。因此,在实体经济转型升级过程中,须保持必要数量的国有企业,坚持抓大放小,放大国有资本的功能,优化国有经济的布局,完善国有企业的管理体制等。

做强做优做大国有企业,发挥国有企业在国民经济中的带动引领作用是党中央对经济体制改革的一项重要判断。习近平强调,国有企业是壮大国家综合实力、保障人民共同利益的重要力量,必须理直气壮做强做优做大,不断增强活力、影响力、抗风险能力,实现国有资产保值增值。[①] 要坚定不移深化国有企业改革,着力创新体制机制,加快建立现代企业制度,发挥国有企业各类人才积极性、主动性、创造性,激发各类要素活力;要按照创新、协调、绿色、开放、共享的发展理念的要求,推进结构调整、创新发展、布局优化,使国有企业在供给侧结构性改革中发挥带动作用;要加强监管,坚决防止国有资产流失;要坚持党要管党、从严治

---

① 习近平:理直气壮做强做优做大国有企业[OL]. 共产党员网,2016 – 07 – 05.

党，加强和改进党对国有企业的领导，充分发挥党组织的政治核心作用；各级党委和政府要牢记搞好国有企业、发展壮大国有经济的重大责任，加强对国有企业改革的组织领导，着力破除体制机制障碍，完善监管制度，积极为国有企业改革营造良好环境。①

---

① 高巍，秦华. 理直气壮做强做优做大国有企业 [J]. 求是，2016 (18).

二、我国所有制结构的演进历程及现状

（一）我国所有制结构的演进历程

1. 基本经济制度逐步形成

改革开放以来，我国突破了"一大二公"的单一公有制理论束缚，逐步形成了"以公有制经济为主体，多种所有制经济共同发展"的基本经济制度。

事实上，1949年3月，党的七届二中全会规定了"公私兼顾、劳资两利、城乡互助、内外交流"的基本政策。同年9月，《中国人民政治协商会议共同纲领》肯定了国营经济、合作社经济、农民和手工业者的个体经济、私人资本主义经济和国家资本主义经济五种经济成分的并存发展。在这个限制、利用非公有制经济及成分的时期，各大经济成分在国营经济的领导下"分工合作、各得其所"，对肃清国外的资本主义和国内的封建主义、恢复国民经济发展、壮大无产阶级队伍都起着重要作用。

1952年底，中共中央明确了"一化三改造"作为过渡时期的总路线，在探索逐步对农业、手工业和资本主义工商业的社会主义改造期间也产生了很多对当今多种所有制经济共同发展有所启发的思想。1956年，毛泽东同志在《论十大关系》中提出，处理好国家和工厂、合作社的关系，工厂、合作社和生产者个人的关系，关键在于"要有统一性，也要有独立性"，"各个生产单位都要有一个与统一性相联系的独立性，才会发展得更加活泼"。①

陈云在党的八大会议上做了题为《关于资本主义工商业改造高潮以后的新问题》的报告，设想了"一化三改造"之后，中国的社会主义经济的情况应当这样："一定数量的个体经营"作为"国家经营和集体经营的补充"，"一定范围内国家领导的自由市场"作为"国家市场的补充"。②

从1957年开始，"左"倾思想影响使得"一大二公"成为先进所有制的判断标准，单一所有制结构进一步强化，非公有制经济被当作"资本主义的尾巴"被砍掉。1956年至1978年期间，"社会主义原则"下私营经济毫无生存的空间，导致城镇人口就业问题严峻，全国城镇待业人员高达2 000余万人，农村农民温饱问题亟待解决。可以说，非公有制的恢复发展是由客观经济现实推动的。伴随着中国共产党对"两个凡是"思想的破除以及出台缓解城乡就业压力的政策举措，理论界、学术界开始围绕全民所有制是否需要改革、非公有制经济是否能存在这两个焦点问题展开争论。

20世纪80年代，非公有制经济在我国得到蓬勃发展。1982年9月，党的十二大强调，"在农村和城市，都要鼓励劳动者个体经济在国家规定的范围内和工商行政管理下适当发展，作为公有制经济的必要的、有益的补充"。这个时期主要形成了三种基本观点：第一种观点是必须改变国家所有制，从根本上克服现行经济体制的弊病。③佐牧等提出，在经济改革

---

① 中共中央文献研究室. 毛泽东文集（第七卷）[M]. 北京：人民出版社，1999.
② 陈云. 陈云文选（第三卷）[M]. 北京：人民出版社，1995.
③ 王永江，汪盛熙. 社会主义所有制问题讨论会简介[J]. 经济学动态，1980（1）.

中，生产资料所有制的改革具有根本性的意义，要寻求更适合社会主义有计划商品经济发展要求的所有制结构。① 刘国光提出，我国经济体制改革包含经济运行机制和所有制关系两方面的内容。② 第二种观点认为，经济体制改革不能改变国家所有制。蒋学模提出，国家将存在于整个社会主义历史时期，因此社会主义全民所有制始终要以国家所有制为表现形式。③ 第三种观点主张在保持国家所有制的基础上实行双重所有制或分级所有制。吴敬琏提出，我国生产力的多层次性要求所有制结构的多层次性，"社会主义国有制和部分的企业所有制"是使企业成为独立的经济主体的改革途径。④ 曹思源提出"三级所有、厂为基础"的分级所有制，提议将国家所有制改革为"国家所有、部门（专业公司或联合公司）所有、企业所有"。⑤

1987年，党的十三大提出社会主义初级阶段理论，中国共产党在对待所有制改革问题上彰显了高超的理论智慧。

2002年11月，党的十六大明确提出"毫不动摇巩固和发展公有制经济"，"毫不动摇鼓励、支持和引导非公有制经济发展"。党的十六届三中全会通过的《中共中央关于完善社会主义市场经济体制若干问题的决定》突破性地在指导思想、生产力标准、立法思路、改革开放理论、市场主体地位、完善基本经济制度、政府经济职能转变等方面对非公有制经济进行了阐释。⑥ 在此之前，党中央通过报告、政策文件、《宪法》修订、理论

---

① 佐牧，岳冰. 关于改革所有制问题讨论综述［N］. 人民日报，1986-01-03.
② 刘国光. 关于所有制关系的改革若干问题［N］. 经济日报，1986-01-04.
③ 蒋学模. 论我国社会主义全民所有制的性质和形式［J］. 学术月刊，1979（10）.
④ 中国社会科学院经济研究所政治经济学研究室. 经济改革的政治经济学问题探讨［M］. 北京：中国社会科学出版社，1982.
⑤ 曹思源. 试论国家所有制的改革和企业的民主管理［J］. 学术月刊，1980（4）.
⑥ 淳悦峻. 党的历代中央领导集体对非公有制经济理论的创新和发展［J］. 实事求是，2005（3）.

宣传等方式逐步为非公有制经济发展扫清了理论上和思想上的障碍。

其一，非公有制经济地位不断提高。1981年，党的十一届六中全会强调"一定范围的劳动者个体经济是公有制经济的必要补充"；党的十二大指出个体经济是"公有制经济的必要的、有益的补充"；党的十二届六中全会提出"要在公有制为主体的前提下发展多种经济成分"的"共同发展论"。党的十三大明确，私营经济是公有制经济必要的和有益的补充。

其二，发展非公有制经济从"方针"变为"基本国策"。1987年，中共中央提出"允许存在，加强管理，兴利抑弊，逐步引导"的十六字方针。1992年，邓小平南方谈话创造性提出"三个有利于"①的科学论断。1997年，党的十五大明确了社会主义初级阶段"以公有制为主体，多种所有制经济共同发展"的基本经济制度，提出非公有制经济是社会主义市场经济的重要组成部分。1999年第九届全国人大二次会议通过了明确非公有制经济地位的《宪法修正案》。

其三，对非公有制经济领域人士的态度进一步转变。1989年，江泽民同志在庆祝新中国成立四十周年大会上的讲话中强调，"运用经济的、行政的、法律的手段，加强管理和引导，做到既发挥它们的积极作用，又限制其不利于社会主义经济发展的消极作用"②。2001年3月，全国政协九届四次会议的民建、工商联界委员联组会提出了"三个结合"思想：要引导非公有制经济人士把自身企业的发展与国家发展、个人富裕与全体人民共同富裕、遵循市场法则与发扬社会主义道德结合起来。③

---

① 邓小平. 邓小平文选（第三卷）[M]. 北京，人民出版社，1993.
② 江泽民. 在庆祝中华人民共和国成立四十周年大会上的讲话[OL]. 人民网，2018-10-17.
③ 中国人民政治协商会议第九届全国委员会第四次会议在京举行[J]. 新华月报，2001(4).

2. 建立和完善社会主义市场经济体制

首先，公有制与市场经济的兼容是对马克思主义政治经济学的理论发展和创新。公有制与市场经济的互斥关系来源于马克思关于社会化大生产的"两个公式"。此关系从三个方面体现了社会主义与市场经济的对立性：一是社会主义生产关系的本质与商品经济关系相对立，二是经济运行规律与商品经济运行规律相对立，三是高度发达的社会化大生产的发展要求与商品经济和市场调节相对立。根据苏俄在战时共产主义和后来的苏联在新经济政策时期的理论发展和实践探索，在一个小农生产者占人口大多数的国家，现实的社会主义必须将个人利益与劳动贡献结合，只有经过商品货币关系的发展，才能向共产主义过渡。

19 世纪二三十年代，以哈耶克为代表的自由主义经济学家与以泰勒、兰格、勒纳为代表的市场社会主义者围绕计划经济能否合理配置资源展开了论战。而后，市场社会主义在苏联和东欧的失败引起了新一场争论，一方面，以科尔内为代表的东欧自由主义者坚持"社会主义与市场经济水火不容"；另一方面，以罗默为代表的市场社会主义者总结实践失败的经验教训，提出市场机制的成分应当多于社会主义的成分，要在完善产权制度和企业所有制形式的设计上进一步使市场机制充分发挥作用。

其次，建立社会主义市场经济体制是对西方资本主义市场经济的扬弃与超越。一方面，对商品经济、计划经济和市场经济的深入认识是冲破僵化的计划经济理论的关键。市场经济和计划经济作为资源配置的两种方式，市场经济在信息机制、决策机制和动力机制维度都更优于计划经济。西方主流经济学认为分工和财产私有是发展市场经济的两个基本前提。事实上，市场经济是早于资本主义而存在的，它经历了原始市场经济、古典市场经济和现代市场经济三种形态。因此，将市场经济当作资本主义天然的经济形态是"忘记历史"的。"商品经济的发展是社会经济发展不可逾越的阶段,发展市场经济是商品经济发展的客观要求和必然结果。"①

因此,客观上看,市场经济与意识形态或国家性质无关,只与商品经济发展有关。透过现象看本质是马克思主义政治经济学中具有思考高度和深度的重要方法,"市场经济本质上是交换经济"正是运用该方法得出的结论。② 另一方面,西方主流经济学始终把政府与市场置于二元对立的境地,实际上是思维的误区。市场经济的本质特征也决定了市场不是万能的。市场功能的缺陷和市场的不完善会导致"市场失灵",具体表现为负外部性、"搭便车"、"羊群效应"、价格刚性或黏性,以及垄断等。最为关键的是,市场经济扩大了经济主体之间的不平等性,市场经济中劳动与资本地位不对等、收入不对等、规避风险能力不对等、偏好不对等,加上市场化的分配机制放大了这些不对等因素,导致财富分配向两极分化,并使得贫富差距被带到下一轮市场竞争中,产生"穷者愈穷、富者愈富"的马太效应。因此,社会主义市场经济体制中"有为政府"与"有效市场"的建设以及两者的有机结合是对资本主义市场经济的超越性扬弃。

再次,发展社会主义市场经济体制是中国共产党的一个伟大创造。中国共产党以科学的理论和强大的政治勇气,在更高层次上认识了资本主义和社会主义的本质区别,区分了社会形态、资源配置方式以及经济发展手段的内涵,并围绕社会主义市场经济的改革提出过五种构想:"计划经济为主,市场经济为辅"(1982年),"有计划的商品经济"(1984年),"计划与市场内在统一的体制"及"国家调节市场,市场引导企业"(1987年),"计划经济与市场调节相结合"(1989年),最终确立建立以市场对

---

① 吴钢,吴一山. 社会主义市场经济若干热点问题探索[M]. 长沙:湖南人民出版社,2014.

② 周文,刘少阳. 全面理解和不断深化认识市场经济[J]. 上海经济研究,2020(3).

资源配置起决定性作用为核心的"社会主义市场经济体制"的目标（1992年）。①2002年党的十六大提出，"在更大程度上发挥市场在资源配置中的基础性作用"。

同时，关于构建社会主义市场经济体制的讨论成为中国特色社会主义政治经济学研究的重大课题。在市场与政府调节的侧重点上，张宇（2006）提出，政府调节是社会主义基本经济制度的必然要求，也是中国经济转型升级和计划经济体制向市场经济体制过渡的客观需要。②王绍光（2008）③、卫兴华等（2014）④强调，应该动态地看待市场调节的作用（市场调节作用阶段论），市场调节是走向成熟的市场经济的本质要求。在改革方向上，宋晓梧（2013）认为，政府主导和市场缺位是过去一段时期以来政府与市场之间关系的写照，其结果是造成了市场的扭曲，未来应该转变政府职能，加强市场的作用。⑤而吴敬琏（2013）指出，现行市场经济体制存在市场碎片化、市场竞争匮乏、市场秩序混乱、市场发展不平衡等缺陷，经济体制改革的核心是处理好政府与市场关系。⑥

以习近平同志为核心的党中央坚持辩证法、两点论，坚持在理论研究和实践探索的良性互动中推动社会主义市场经济体制的完善发展。党的十八届三中全会通过的《中共中央关于全面深化改革若干重大问题的决定》

---

① 中国社会科学院经济体制改革30年研究课题组. 论中国特色经济体制改革道路（上）[J]. 经济研究, 2008（9）.

② 张宇. 关于坚持社会主义市场经济改革方向的理论思考 [J]. 经济理论与经济管理, 2006（7）.

③ 王绍光. 大转型：1980年代以来中国的双向运动 [J]. 中国社会科学, 2008（1）.

④ 卫兴华，侗盼. 论宏观资源配置与微观资源配置的不同性质——兼论市场"决定性作用"的含义和范围 [J]. 政治经济学评论, 2014（4）.

⑤ 宋晓梧. 坚持社会主义市场经济的改革方向 [J]. 紫光阁, 2013（9）.

⑥ 吴敬琏. 在新的历史起点上全面深化改革 [J]. 前线, 2013（12）.

强调了"使市场在资源配置中起决定性作用和更好发挥政府作用";党的十九届四中全会将社会主义市场经济体制纳入基本经济制度。

3. 探索和建立中国特色现代企业制度

所有制结构理论作为政治经济学的基本理论之一,是经济体制改革的重要内容。党的十九大明确指出,要完善各类国有资产管理体制,促进国有资产保值增值,推动国有资本做强做优做大,有效防止国有资产流失,深化国有企业改革,发展混合所有制经济。现阶段的所有制结构不是单一的、纯而又纯的,而是复杂的、并存的,我国现阶段的基本经济制度明确了公有制和多种所有制的定位,也就明确了社会主义所有制结构是以公有制为主体,多种经济成分共同发展。

国有资本做强做优做大和国有企业的深化改革,这两者并不矛盾,都是为了发展壮大公有制经济,对于增强我国的经济实力具有支柱性作用。股份制是现代企业的重要发展形式,如果一家企业控股权掌握在国家或集体的手中,那么这家企业就具有明显的社会主义公有制性质。从本质上来说,管国有资本,就是管生产资料公有制经济,所以在经济发展过程中,将公有资本的范围扩大,巩固公有制的主体地位,使公有资产占优势,能够使国有经济起主导作用,控制国民经济命脉,保证社会主义市场经济平稳运行。

所有制结构理论不是一成不变的,从管国有企业到管国有资本,归根结底是由生产力发展水平决定的。恩格斯深刻指出:"社会制度中的任何变化,所有制关系中的每一次变革,都是产生了同旧的所有制关系不再相适应的新的生产力的必然结果。"[1] 在社会的不同发展阶段,存在不同的

---

[1] 马克思,恩格斯. 马克思恩格斯文集(第一卷)[M]. 中共中央马克思恩格斯列宁斯大林著作编译局,译. 北京:人民出版社,2009.

所有制结构。当今社会并存着不同的生产资料所有制形式，它们所处的地位不同，因而它们构成了中国特色社会主义所有制结构。当然，做强做优做大国有资本、深化国有企业改革，并不是否定、削弱非公有制经济的发展。任何单方面否定公有制经济或者否定非公有制经济，都是错误的。公有制经济和非公有制经济并不相互排斥，它们都是社会主义初级阶段生产力发展的客观需要，应该共同发展。

做强做优做大国有资本应该从两个方面理解。一是"做强做优"，这就要求提高国有资本的质量，促进公有制经济的高质量发展。二是"做大"，即壮大国有资本的力量和规模，它不仅在于推动国有企业改革，发挥国有经济的主导作用，坚持和巩固公有制经济的主体地位，还在于国有资本自身足够大，有能力去支持、引导非公有制经济的健康发展。国有资本代表一种所有权归属，强调做强做优做大国有资本，也就是强调生产资料全民所有制，而在国有企业具体的组织形式上，要让其主动适应市场，在这方面适当淡化控制，会有利于激发国有资本的活力。[①] 国有企业的发展有更大的积极主动性，能够促进国有资本的发展壮大；同样，国有资本的壮大，也会促进经济资源的优化配置，这样就有利于整个社会主义市场经济的高质量发展。在中国特色社会主义初级阶段，既不能搞私有化，也不能实行公有制单一化，私有化与社会主义性质不相符，公有制单一化与社会主义初级阶段的生产力水平也不相适应。

不断深化国有企业改革始终是我国经济体制改革的一个关键课题，从扩大企业自主权、放权让利，到利改税、推行承包制和租赁制，再到经营机制转换的探索，虽然取得一定成效，但我国一些国有企业仍然存在监督缺位、效益低下、资金预算软约束等现象，根本问题在于它们无法突破原

---

① 平新乔. 对于做强做优做大国有资本的若干认识 [J]. 经济科学, 2018 (1).

有的资产关系和产权。① 为此，国有企业改革到底是依据西方产权理论，还是遵循马克思主义所有制理论，是决定改革是否成功的关键因素。应当看到，多年来，党中央指导国有企业的大方向始终是所有权和经营权两权可适当分离。

党的十二届三中全会在总结改革实践经验的基础上，提出"根据马克思主义的理论和社会主义的实践，所有权同经营权是可以适当分开的"。

党的十五大指出："公有制实现形式可以而且应当多样化。一切反映社会化生产规律的经营方式和组织形式都可以大胆利用。要努力寻找能够极大促进生产力发展的公有制实现形式。"

在党的十五大前后，学界掀起了关于所有制实现形式的激烈讨论，结论主要涉及三个方面：一是所有制实现形式不具有制度属性。现代企业制度不仅是资本主义私有制的实现形式，也可以成为社会主义公有制的实现形式，它是"社会化大生产和现代市场经济发展相适应情况下的企业组织形式和产权制度"②。二是所有制实现形式是动态的，不能将马克思所探讨的所有制实现形式当作一成不变的模式，更不能将苏联探索出的两种公有制实现形式当作无可争议的终点。正如邓小平同志强调的，"生产关系究竟以什么形式为最好"，其判断标准之一是"哪种形式在哪个地方能够比较容易比较快地恢复和发展农业生产"，之二是"群众愿意采取哪种形式"，"不合法的使它合法起来"。③ 肖灼基（1998）指出，公有制实现形式，是随着社会经济发展和时间的推移而不断变化和丰富的。④ 三是新的

---

① 李旻晶，徐家英. 论公有制实现形式与混合所有制的股份制 [J]. 武汉大学学报（哲学社会科学版），2007（3）.
② 刘建华. 马克思所有制实现形式理论及其现实意义 [J]. 当代经济研究，2001（7）.
③ 邓小平. 邓小平文选（第一卷）[M]. 北京：人民出版社，1989.
④ 肖灼基. 所有制理论的重大突破 [J]. 中外管理，1998（2）.

公有制实现形式及改革方向。于金富（1999）认为，"新的市场型公有制模式"包括以广大劳动者为主体的社会化股份制和股份合作制。① 闻潜、侯邦安（1998）强调，"从整体上搞活国有经济的重要措施"是混合所有制改造。② 党的十六届三中全会进一步指出，使股份制成为公有制的主要实现形式。

对"所有制"与"所有制实现形式"简单等同关系的突破是推进混合所有的股份制改革、建立现代企业制度的理论基础。一方面，这在国企改革层面具有重要意义。在产权制度方面，实现所有权与经营权的分离，引导国有企业建立科学合理、相互制约的企业治理结构，有利于企业调动劳动者积极性、提高效益，还有利于企业利用与国际接轨的企业制度加强开放合作，拓宽资金来源。仅1997年到2002年底的5年时间，全国国有企业包括国有控股企业利润增长2.3倍，国有资产增长23.7%，③ 以实施现代企业制度为核心的改革极大提高了国有经济对国民经济的控制力、影响力和带动力，巩固和加强了公有制经济的主体地位和优越性。另一方面，在基本经济制度层面，公有制实现形式多样化奠定了社会主义市场经济的微观制度基础。混合所有制经济作为促进社会生产力发展的资本组织形式，是公有制经济的主要实现形式，更是基本经济制度的重要实现形式。

党的十九届四中全会提出，深化国有企业改革，完善中国特色现代企业制度。中国特色现代国有企业制度是对西方现代企业制度的扬弃，既是对现代企业制度合理内核即产权清晰、权责明确、政企分开、管理科学等

---

① 于金富. 实现我国公有制模式的战略转换 [J]. 经济学动态，1999（6）.
② 闻潜，侯邦安. 对我国公有制改革问题的反思 [J]. 福建改革，1998（7）.
③ 朱少平. 新体制下的国资管理与国企改革探索 [M]. 北京：中国经济出版社，2003.

一般规律和要求的吸收；也是立足于我国基本国情和国有企业具体实际，统筹发挥中国特色社会主义制度优势和市场机制的优势。吴剑峰（2005）在总结发达国家经验的基础上指出，现代企业制度必然根植于一国的文化传统和素质特征，要将社会主义制度的优越性赋能于建立中国特色现代企业制度之中。[①] 坚持党的领导与公司治理的有机统一，有利于平衡兼顾多方利益、有效强化激励约束、全面增强监督实效性。理论逻辑上，中国特色现代国有企业制度是对所有制实现形式理论的继承和发展；实践逻辑上，它是新时代国资国企在改革发展实践探索中形成的科学制度体系。

综上可见，我国所有制结构由单一公有制经济转变为公有制为主体、多种所有制共同发展的经济格局，是毫不动摇巩固和发展公有制经济、深化国有企业改革的过程，也是毫不动摇鼓励、支持和引导非公有制经济从无到有、从弱到强的过程。

（二）我国所有制结构的现状及问题

所有制理论是马克思主义政治经济学的一个重要内容。党的十八大强调，要毫不动摇巩固和发展公有制经济，推行公有制多种实现形式，深化国有企业改革，完善各类国有资产管理体制，推动国有资本更多投向关系国家安全和国民经济命脉的重要行业和关键领域。刘伟（2015）认为，发展混合所有制经济是破解经济改革真正难题的关键。[②] 具体来看，一方面，要确保国有企业作为社会主义基本经济制度的有效实现形式；另一方面，要保障企业在所有制和产权结构上适应市场经济的基本要求，切实提高国

[①] 吴剑峰. 借鉴发达国家经验，建立有中国特色的现代企业制度［J］. 福建论坛（社科教育版），2005（S1）.

[②] 刘伟. 发展混合所有制经济是建设社会主义市场经济的根本性制度创新［J］. 经济理论与经济管理，2015（1）.

有企业的市场竞争效率。

1. 大力发展混合所有制经济

针对混合所有制改革中协同性较差、"混而不改"的问题,应当大力发展混合所有制经济,积极探索公有制的多种实现形式。

(1) 社会资本控股的股份制经济。

以股份制为资本组织形式的混合所有制经济不仅包括公有资本和私有资本混合参股的企业,还包括各类无法区分公有和私有性质的企业法人资本、基金和其他形式的社会资本相互参股形成的企业。①

第一类是社会资本组成的基金投资控股的企业。例如,某些依法设立的公益基金,其最终受益人是退休职工、伤残工人、失业者等特殊劳动者。由于这种基金的最终受益权与财产支配权(或者初始委托权)是分离的,因而很难辨认其所有者结构。② 虽然它具有社会主义公有制性质,但是它属哪种类型很难清楚划分。事实上,在发达国家,这种由公共基金、公益基金参股的混合所有制企业高达全部混合所有制企业的一半以上。③ 因此,我们亟须推进马克思主义所有制构想及其当代形式的探索研究。

马克思、恩格斯在关于股份公司的论述中提出了"社会资本"的概念:"股份公司的成立。由此……那种本身建立在社会生产方式的基础上并以生产资料和劳动力的社会集中为前提的资本,在这里直接取得了社会资本(即那些直接联合起来的个人的资本)的形式。"④ 社会资本是与私

---

① 齐桂珍. 中国所有制理论博弈与演进——1978—2015 年从公有制到混合所有制 [M]. 北京: 知识产权出版社, 2015.
② 荣兆梓, 等. 公有制实现形式多样化通论 [M]. 北京: 经济科学出版社, 2001.
③ 齐桂珍. 中国所有制理论博弈与演进——1978—2015 年从公有制到混合所有制 [M]. 北京: 知识产权出版社, 2015.
④ 马克思. 资本论(第三卷)[M]. 中共中央马克思恩格斯列宁斯大林著作编译局, 译. 北京: 人民出版社, 2018.

人资本相对立的。社会资本的企业表现形式为社会企业，与私人企业相对立，"是作为私人财产的资本在资本主义生产方式本身范围内的扬弃"①。同时，马克思认为，股份制企业是"由资本主义生产方式转化为联合的生产方式的过渡形式"②，因为股份制本身"并没有克服财富作为社会财富的性质和作为私人财富的性质之间的对立"③。只有在股份制经过社会主义改造后，劳动才能被视为商品价值和企业经济效益的源泉，股份制以劳动关系制约货币关系，因而成为社会主义的企业组织形式。④

第二类是社会公众通过购买股份直接投资的企业或通过基金公司或社会保险机构等社会组织间接投资的企业。除了资本来源和收益归属社会化，社会资本控股的股份制经济组织的投资社会化程度突破了资本私有，实现了资本的社会化联合，其既通过适应社会化大生产对资本的需要而促进了生产力发展，又减弱了资本逐利性。⑤ 因而，这种社会联合投资的生产组织形式是在社会主义初级阶段公有制向未来社会"社会所有制"过渡过程中出现的重要形式。

（2）合作制经济。

合作思想来源于空想社会主义思潮，但是合作制始终没有成为普遍或是占主导的企业组织和经营模式，这是因为"合作制"本身是一个较模糊的概念。在我国，合作制经济是集体所有制的新的实现形式，是更加适应市场经济下生产要素流动性要求的新形式。合作制经济具有四个基本原则：

---

① 马克思. 资本论（第三卷）[M]. 中共中央马克思恩格斯列宁斯大林著作编译局，译. 北京：人民出版社，2018.

② 同上。

③ 同上。

④ 方竹兰. 重建劳动者个人所有制论[M]. 北京：生活·读书·新知三联书店，1997.

⑤ 贾后明，丁长青. 公有制、社会所有制和公众所有制的关系辨析[J]. 理论探索，2009（2）.

资本所有者与劳动者角色一体化原则；允许个人股存在基础上的公共积累原则；限制资本收入原则；民主管理原则，采取一人一票的决策方式。①

目前对合作制经济的理解偏差主要源于"人民公社"的经验教训。回看从农村初级合作社、高级合作社变质为在生产资料占有、劳动方式、分配环节和消费方式等方面都消灭劳动者个人利益的"人民公社"，应当反思的是，多方对合作制经济的认识不全面、对社会主义本质认识的不彻底和不深刻。20世纪80年代初期，学术界、理论界开始讨论"合作制经济"的重要地位和作用。唐宗焜（1986）指出，合作经济的概念大于集体所有制的概念，它包括私有制基础上的、部分公有和部分私有的以及全部公有制基础上的合作经济。②章恒忠（1981）将"农工商联合经营"视为"实现社会主义基本经济规律的新形式"。③于光远（1986）认为，发展合作制经济使农民感到自己是经济组织中"不可分离的一员"，有利于缓解城乡人口就业困难，更重要的是有利于克服国营经济与其他所有制形式和其他经济成分的分离甚至对立。④刘玉勇、高建华（1985）强调，"新合作经济"的作用不可替代，它与国营经济是社会主义经济建设的两个"主动轮"。⑤在社会主义初级阶段，由于存在劳动者的个人利益的相对独立性，以及社会利益的多层次性、多序列性，不同能力的劳动者之间的合作能够兼顾劳动者个人利益和社会利益的双重目标。这种以劳动者个人之间合作的形式实现局部的、初级的联合也可以成为社会所有制的当代实现形式。

---

① 王祖强. 社会主义所有制理论的创新与发展［M］. 北京：中国经济出版社，2005.
② 唐宗焜. 所有制结构改革目标选择的几点思考［J］. 经济学动态，1986（1）.
③ 章恒忠. 试论社会主义基本经济规律在集体经济中的作用和形式［J］. 经济研究，1981（5）.
④ 于光远. 浅议社会主义所有制的改革［J］. 经济学动态，1986（1）.
⑤ 刘玉勇，高建华. 新型合作经济的形式、性质和地位［J］. 经济研究，1985（5）.

一方面，从劳动者主观能动性来看，由于在合作制经济中，国家的角色仅仅是货币资本的提供者，所以劳动者有更大的风险承担能力和创新精神。另一方面，从合作制经济的特征和作用来看，合作制经济更具广泛的适应性和发展可伸缩性。不论是劳动密集型、资本密集型行业还是技术密集型行业，尤其是投资规模较小、技术水平较低的第三产业，都可以根据社会经济的客观需要将合作制经济快速高效组织起来。[①] 随着生产力的发展和分工程度的加深，合作制经济将逐渐取代劳动者个人独立进行生产活动的形式，换言之，劳动者个人利益与社会利益之间的重合部分将不断扩大，其作为联合体将吸纳更多的劳动者。由此，从前凌驾于个人利益之上的社会利益也将被联合利益所代替。实际上，这个重合部分不断扩大的过程就是自由人联合体实现的过程。

如果说国有经济是对超越个人利益的社会利益的保护，那么社会经济就是利用劳动者之间的合作，促进了个人利益与社会利益的结合。社会利益随着劳动者对个人利益的追求而同步增长；劳动者个人的处境随着社会经济环境、政治环境、公共产品的改善而改善，劳动者个人的发展状况和实践能力逐渐符合"自由人联合体"的要求。因此，合作制经济并不是需要改造为国有经济的"落后形式"，而是通往社会所有制的"中间形式"，是适应社会主义初级阶段生产力水平、推动实现共同富裕的所有制形式。

（3）股份合作制经济。

20世纪50年代，资本主义国家盛行的"人民资本主义思潮"使股份制企业开始推行"职工持股计划"。这种股份制经济中的合作化倾向，反映了股份合作制在运行机制、决策方式和收益分配等方面的优势对缓解劳资矛盾有极大帮助。

---

① 方竹兰．重建劳动者个人所有制［M］．北京：生活·读书·新知三联书店，1997．

20世纪八九十年代,股份合作制开始在我国城乡兴起,主要有两方面的原因:一方面,私营经济扩大规模的需求与集体经济的融资需求相结合,既使私营经济找到集体经济作为"保护伞",享受集体经济的优惠政策,又使集体经济获得资金支持和业务发展。另一方面,在集体企业改革进程中,集体财产的分割、养老和医疗领域的改革等因受意识形态的束缚而难以一步到位,所以它们只能设立集体股、企业股、公共积累股,于是形成了折中的股份合作制企业。[1] 1993年,党的十四届三中全会明确提出,城镇集体企业和小型国有企业"可以改组为股份合作制"企业。1998年,在全国股份合作制理论与政策研讨会上,国家体改委生产体制司李雄提出,股份合作制企业中,职工联合进行生产经营活动,个人投资的形式服务于劳动联合,从资本联合服务于劳动联合这个角度看,股份合作制是集体经济性质。[2]

首先,股份合作制不是股份制与合作制的简单相加,而是社会主义市场经济发展实践中的制度创新。股份合作制是我国特定历史阶段下、经济体制改革过程中、人民群众在实践中发挥创造性的产物,是适应我国社会主义初级阶段的基本国情——劳动力过剩但资金和技术匮乏——而发展起来的所有制实现形式。其次,股份合作制是劳动联合与资本联合的有机统一,集体控股与个人参股的有机统一,一人一票制与一股一票制的有机统一,按劳分配与按股分红的有机统一。股份合作制使劳动者作为股东直接参与企业管理,个人利益与企业利益紧密结合起来,一方面增强了劳动者的主动性和创造性、归属感和责任感,另一方面增强了企业资方尊重和维

---

[1] 齐桂珍. 中国所有制理论博弈与演进——1978—2015年从公有制到混合所有制 [M]. 北京:知识产权出版社,2015.

[2] 钟培华. 全国股份合作制理论与政策研讨会概述 [J]. 经济学动态,1998 (3).

护职工参与权的财产基础。① 随着不断发展，股份合作制企业将计提存量资产并将其折成股份量化到个人，这样能够极大增强劳动者作为主人翁的责任感和凝聚力，调动集体成员的积极性；并且，这一部分不可分割的公共积累规模将逐渐扩大，使共有财产不断增加。因此，股份合作制成为公有制的一种实现形式。

（4）合伙制。

在欧洲，合伙制起源于公元前 800—前 600 年的家族共有制。中国自春秋时期便形成了管仲与鲍叔牙"同贾南阳"的合伙制，战国秦汉时期开始发展为资本与资本、资本与劳动两种形式的合伙制。本质上，随着商品货币经济的发展，剩余产品和营利性出现之后，带有合作性质的"共买""领本经营""合钱凿井"等共同体关系便开始转化为合伙制。② 在合伙制出现的早期阶段，采用合伙制经济形式主要是为了解决个人资源有限与抗风险能力不足的问题。随着公司制取代合伙制成为主流企业形态，分工深化使得两类群体应运而生：一类是职业经理人，另一类是人力资本和知识较密集的专业化服务机构。这样也就产生了"共同出资、合伙经营、共享收益、共担风险"的专业合伙制。当前，知识经济、创新经济、网络经济、共享经济的发展使人的价值更充分释放出来，这必然推动传统公司制向合伙制的融合、转化。

在特定人力资本投资对企业效益起关键作用的法律、会计、咨询、建筑设计等行业，合伙制比一般的契约手段更能有效防止人才流失。③ 合伙制能够成为促进不同技能水平的劳动者自愿合作的"机会推介平

---

① 王祖强. 社会主义所有制理论的创新与发展［M］. 北京：中国经济出版社，2005.

② 刘秋根，黄登峰. 中国古代合伙制的起源及初步发展——由战国至隋唐五代［J］. 河北大学学报（哲学社会科学版），2007（3）.

③ Cai H. A Theory of Joint Asset Ownership［J］. *The RAND Journal of Economics*，2003，34（1）.

台"。① 合伙制能够使团队成员自我激励、互相监督，从而实现更高的企业效率。② 当市场监管不足时，合伙制企业的内在风险控制机制能有效保障公司信誉，因而合伙制相对于公司制具有优势。③ 总之，作为一种相对稳定的产业组织形式，合伙制对于市场经济体制高效运行、中产阶级的壮大、社会两极分化的抑制以及社会稳定具有重要意义。④

以华为、阿里、海尔、万科等为代表的标杆企业都在以不同形式、不同程度进行合伙化的管理创新与变革。概括而言，它们主要是通过四个方面的变革向合伙制经济融合的：一是人才合伙化，例如阿里的"合伙人委员会"、万科的"事业合伙人"，不仅从制度上为"合伙人"提供控制权，还在企业文化和价值观建设中鼓励培养合伙人精神；二是价值共享化，例如华为强调劳动雇用资本的"获取分享制"（股权性收入和劳动性收入控制在1∶3）、万科的"项目跟投机制"，贯彻"既要共创，更要共担，然后才是共享"的合伙制理念；三是战略生态化，华为只整合设备、基础设施、管道和解决方案，并不做内容和数据，以合伙制的理念和方式对待产业生态中的其他组织主体，实现战略业务的生态化关联；四是组织有机化，例如阿里的"插件式团队"、海尔的"人单合一"。企业通过打通组织边界，使员工自发地根据具体任务、专项工作跨部门组成团队，高效协同，攻克难关。⑤

---

① Garicano L. Santos T. Referrals [J]. *American Economic Review*, 2004, 94 (3).

② Putterman L. On Some Recent Explanations of Why Capital Hires Labor [J]. *American Economic Inquiry*, 1984, 22 (2).

③ Levin, Tadelis. Profit Sharing and the Role of Professional Partnerships [J]. *The Quarterly Journal of Economics*, 2005, 120 (1).

④ 刘广灵. 合伙制理论研究最新进展 [J]. 经济学动态, 2009 (12).

⑤ 周禹. 新合伙主义管理论：共生共享时代的企业制度升级 [J]. 中国人力资源开发, 2016 (24).

合伙制能够体现社会主义的价值观点和价值理想[①],有利于缩小收入差距,使中等收入者增加而促进"纺锤形"社会结构的形成,实现社会从"食利者社会"到"经理人社会"[②]再到"合伙人社会"的转型。因此,兼具劳动联合与收益分享性质的合伙制经济理所当然成为通向"自由人联合体"和"社会所有制"的当代形式。

2. 深化国资国企改革

针对国有经济"大而不强""大而不优"的问题,应当深化国有企业制度和国有资产体制改革。

其一,要完善国有企业分类改革。2015年出台的《关于国有企业功能界定与分类的指导意见》将国有企业划分为商业类和公益类。商业类国有企业的主要目标是在市场化、商业化运作下,增强国有经济活力、放大国有资本功能、实现国有资产保值增值。而公益类国有企业的主要目标是保障民生、提供公共产品等。虽然分类改革的思路是促进国有资本更好服务于其功能定位的重大突破,但是党的十八大以来改革进展缓慢,主要原因是"分类"流于形式,我国没有再进一步在治理机制层面对不同类型的企业进行分类治理。[③] 其二,国有资本布局应当进行优化调整,以更好地服务于国家战略和经济高质量发展;国有资本布局应当进行战略性调整,并在创新型国家建设、"一带一路"建设、双循环新发展格局构建等国家整体战略层面明确国有经济的功能定位。一方面,我们应对产能过剩的产业进行结构调整,使国有资本投资到新兴科技产业中,同时使国有资本布

---

① 周文,刘少阳. 马克思的社会所有制构想及其当代形式探讨[J]. 马克思主义与现实,2020(6).
② 托马斯·皮凯蒂. 21世纪资本论[M]. 巴曙松,等,译. 北京:中信出版社,2014.
③ 中国社会科学院经济研究所课题组,黄群慧. "十四五"时期我国所有制结构的变化趋势及优化政策研究[J]. 经济学动态,2020(3).

局更加合理，能在践行国家战略和国家使命中更好地发挥关键作用。另一方面，国有企业通过"走出去"，与"一带一路"共建国家寻求技术、产能和资源的合作，能更好地发挥前瞻性、引领性作用。其三，国有企业在改革中还应当注重公司治理结构的完善。具体而言，在治理主体方面，应建立更为科学有效的结构；在治理权责方面，应避免党委会、董事会与经理层的权责交叉、问责机制混乱等问题；在治理机制和治理能力方面，要增强管理队伍专业化程度，由行政化管理方式转向现代公司治理方式，提高公司治理的政策和制度落地的效率。

3. 发展民营经济

针对民营经济发展问题，应当优化营商环境，为民营经济发展创造条件，使其不断发展壮大。

发展壮大民营经济是习近平经济思想的重要组成部分。习近平在任浙江省委书记时提出，民营经济是"民本经济"，是"老百姓经济"，指出"具有先天市场属性"的民营经济是浙江经济的重要支柱，"为构建一个以中等收入群体为主体的和谐社会的结构提供了有利条件"，是国企改革的重要动力来源。[①] 此后这一系列说法进一步深化发展为"民营经济基础论"。在 2018 年民营企业座谈会上，习近平从民营经济对税收、国内生产总值、技术创新成果、城镇劳动就业和企业数量的贡献上总结其具有"五六七八九"的特征，同时强调"民营经济是我国经济制度的内在要素，民营企业和民营企业家是我们自己人"。[②] 这在极大程度上肯定了发展民营经济是社会主义初级阶段大力发展生产力的内在要求，是实现共同富裕目标的必然选择。

---

① 习近平. 干在实处 走在前列 [M]. 北京：中共中央党校出版社，2006.
② 习近平：在民营企业座谈会上的讲话 [OL]. 新华网，2018－11－01.

民营经济与公有制经济并不是绝对对立、泾渭分明的两个封闭体系，而是可以成为你中有我、我中有你、相互依赖和促进、共同服务于推进共同富裕目标实现的"社会经济"。首先，民营经济本质上是在社会主义市场经济体制下，广大人民群众动员起来重新组合人员、资本及其他资源而实现的"社会化"的经济组织形式和企业经营方式。[①] 曹立（2004）指出，民营经济的主体成分蕴含着公有制的因素、孕育着公有制实现形式的萌芽。[②] 其次，民营企业的企业主和员工在社会主义市场经济条件下既是企业劳动者，又是社会主义公有制生产资料共同主人，因此成为利益共同体，他们在企业发展壮大过程中一起走向更富裕的生活状态。[③] 小微企业规模小、门槛低、灵活度高、劳动密集度高，广泛化发展小微企业成为推动分配方式转变的重要手段。[④] 再次，中国的民营经济不仅仅是企业家个人的财富，更是社会财富的基础，是带动后富群体迈向共同富裕的"带头人"。党的十八大、十九大都强调增加居民财产收入，而民营经济中鼓励资本、技术产权、数据资源的要素贡献者分享的企业收入部分，便是民营企业员工重要的非劳动收入，即财产收入。最后，在推进实现共同富裕过程中，按劳分配收入的节余和之前积累的储蓄转变为资本的部分也将逐步增加，因此，民营经济也将"遍地开花"。

发展民营经济是解放和发展生产力的必要手段、客观要求，因而也是发展中国特色社会主义经济的内在要求。民营经济是社会主义市场经济的

---

① 曹立. 混合所有制研究——兼论社会主义市场经济的体制基础 [M]. 广州：广东人民出版社，2004.

② 同上。

③ 杨小勇，余乾申. 新时代共同富裕实现与民营经济发展协同研究 [J]. 上海财经大学学报，2022（1）.

④ 魏杰，施成杰. "市场决定论"与混合所有制经济——什么样的产权安排能够促进共同富裕 [J]. 社会科学辑刊，2014（4）.

重要组成部分。其一，民营经济是推动经济增长的重要力量。发展民营经济，可以扩大国家税收来源，增加国家财富积累；其二，民营经济是吸纳就业、扩大中等收入群体的主要渠道；其三，民营经济是推动市场经济体制不断完善的重要力量，也是社会主义市场经济重要主体和活力所在；其四，民营经济是创新驱动发展的主力军；其五，民营经济是国有企业改革，解决"人往哪里走""钱从哪里来"的重要依托。只有国有企业的"举国体制"和民营企业创造社会财富的"支撑体制"相互促进，社会主义市场经济才能实现"国民共进"的良序运行。[①]

回顾过去，民营经济从无到有、从小到大、从弱到强的发展历程呈现螺旋式上升的特点，而其中每次波折和迟滞，都与思想观念和理论认识出现错误密切相关，理论上产生的认识误区会不可避免地带来政策的摇摆和实践的阻滞。因此，将非公有性质和混合所有制性质的民营经济纳入社会经济的范畴，是以理论创新推动民营经济发展的关键。应转变把民营经济看作"私有制"的传统理念，从"社会主义市场经济"的概念出发，让民营经济成为扎实推动共同富裕的重要市场主体。总之，必须跳出简单的民营经济自身发展与市场竞争的传统视野，而应放眼于立足新发展阶段、贯彻新发展理念、构建新发展格局的时代背景，大力推进和不断壮大发展民营经济。

---

① 周文，司婧雯. 当前民营经济认识的误区与辨析 [J]. 学术研究，2021（5）.

三、我国实体经济转型升级与所有制结构变化

实体经济是中国式现代化最重要的物质基础,发展和壮大实体经济是建设社会主义现代化强国的必由之路。发展和壮大实体经济,推进实体经济转型升级究竟需要什么样的所有制实现形式?我们需要立足中国实践,提炼中国经验,形成中国理论,不断推进当代中国政治经济学发展创新。就实体经济转型升级与所有制结构变化的关系而言,协调推进所有制结构优化与实体经济转型升级实质上是生产关系与生产力相适应的动态过程。

(一)实体经济转型升级与所有制结构相关性

实体经济是指物质资料生产、销售,以及直接为此提供劳务所形成的经济活动。一般来说,它包括农业、工业、建筑业、交通运输业和邮电通信业等产业部门,还包括教育、文化、艺术、体育等精神产品的生产和服务部门。针对2016年末的"实体经济与虚拟经济之争",2017年3月5日,李克强在十二届全国人大五次会议开幕会上做政府工作报告时指出,以创新引领实体经济转型升级,实体经济从来都是我国发展的根基,[①]

[①] 李克强说,以创新引领实体经济转型升级[OL]. 中国政府网,2017-03-05.

"以创新引领实体经济转型升级"在此次政府工作报告中被列为2017年九大重点工作任务之一。《中华人民共和国国民经济和社会发展第十四个五年规划和2035年远景目标纲要》强调,构建实体经济、科技创新、现代金融、人力资源协同发展的现代产业体系。习近平强调,推动经济高质量发展,要把重点放在推动产业结构转型升级上,把实体经济做实做强做优。① 由此可见,所有制结构改革与实体经济转型升级具有相关性。

关于所有制结构的研究。有研究发现,从纵向来看,马克思主义所有制理论研究呈现渐进式、阶段性特征,研究重点大体上经历了"基本制度(1949—1978年)—经营机制(1978—1992年)—企业制度(1992—1997年)—所有制结构(1997—2002年)—实现形式(2002—2012年)—实现形式2.0(2012年至今)"的演进过程;从横向来看,其围绕所有制问题的争论性领域和关键性议题初步形成了"一体三翼"的研究格局,即"基础理论、性质结构、实现形式、生产效率"四个方面。② 关于实体经济转型升级的路径研究,主要涉及五个方面:一是核心(即处理政府与市场的关系,具体表现在产业结构调整与产业政策制定),二是所有制结构方面,三是收入分配体制方面,四是国内改革方面(即供给侧结构性改革),五是国际战略方面(即深入推动新型全球化)。

整体来看,直接针对实体经济转型升级与所有制结构变化关系的研究不多,且多以分析我国所有制结构变化与经济增长(经济发展)的关系呈现。这一方向的研究成果主要涉及微观、中观和宏观三个层面。在微观层面,主要针对企业,讨论国企改革(胡一帆等,2006;刘伟,1999),所

---

① 推动高质量发展,习近平强调这些实招[OL].人民日报客户端,2019-12-12.
② 包炜杰,周文.新中国70年来我国所有制理论发展演进与进一步研究的几个问题[J].人文杂志,2019(9).

有制改革与企业绩效的关系（刘小玄，2000），非公经济对企业技术效率的影响（姚洋，1998），等等。在中观层面，主要针对产业和区域经济，讨论所有制结构调整与产业发展（郭宛京、于琛，1997；郭克莎，1998；俞建国，1998；邬义钧，2003；安烨、李秀敏，2005），分析所有制结构变化对区域经济的影响（刘宇，2010；郭宛京、于琛，1997；田卫民、景维民，2008；徐建英，2012；杨建文、周冯琦，2000）。在宏观层面，侧重经济增长和市场经济。有学者提出，所有制结构是我国经济增长变量（乔传福，2000）；也有学者认为，地区国有工业比重与地区经济增长呈负相关（丁永健、刘培阳，2011）；还有一些学者通过论证提出，非国有经济的比重和地区经济发展水平呈正相关（苏晓红，2003）。另外，对市场经济与所有制结构关系的讨论也是很重要的内容（苏东斌，1998；都兴才，1994）。值得一提的是，近几年学界出现了关于所有制调整能够有效抑制实体经济"脱实向虚"的实证研究（赵晓阳、衣长军，2021；钱爱民等，2022），对相关问题研究具有一定推进作用。

　　新中国成立以来，我国学者针对社会主义经济伟大实践，在所有制结构这一研究领域贡献了大量研究成果，为我国社会主义经济制度建设提供了丰富理论素材，为后续的社会主义基本经济制度研究夯实了理论基础，但研究尚存不足：一是以实体经济为研究对象的很少，已有成果主要分布在工业和国有企业两个方面，呈现碎片化，缺乏对实体经济的系统性讨论，对我国实体经济转型升级的参考和借鉴价值有限。二是缺少关于实体经济转型升级与发展中国特色社会主义政治经济学的主题研究和系统分析。现有部分研究已经意识到了实体经济的重要性及其转型升级的必要性，但多数是从产业政策的角度提出具体相对应的意见或建议，少有从政治经济学角度进行系统把握的。三是缺乏关于实体经济转型升级与发展所有制理论的相关系统研究。实体经济转型升级的已有相关研究集中在产业政策调整这一具体实务上,然而,实体经济转型升级与我国的所有制结构是密不可分的。如何发挥公有制经济尤其是国有企业对实体经济转型升级的带动引领作用,这一方面的研究显然是不够的,需要深化。应将实体经济转型升级与所有制结构改革关系作为重要课题加以系统研究。我国要在新发展阶段的高质量发展中扎实推动共同富裕,实现实体经济转型升级,不能仅依靠产业政策、企业家品质等具体的产业相关因素,经济的现实发展归根结底是由生产关系决定的,所以必须通过全面深化改革推动实体经济发展与所有制结构改革。

我国所有制结构改革与实体经济转型升级的协调推进,是新发展阶段社会主义市场经济体制下对经济发展的重大探索,必将构成中国特色社会主义政治经济学的重要理论内容。伴随着改革开放的历史进程,我国社会主义初级阶段的所有制结构也经历了一系列的变化和发展,既发挥了社会主义制度的优势,又激发了市场经济的活力。当前,如何从经济制度层面对所有制结构加以讨论分析,进而深化以国有企业改革为核心的公有制改革,以推动实体经济转型升级,无疑需要深入研究。

(二)所有制结构变化对实体经济转型升级的深刻影响

实体经济转型升级必须以所有制结构优化调整为根基,培育发展实体经济的内在驱动力。随着所有制改革的不断深入,必将推动社会生产要素在更广泛的领域和更高层次进行优化配置和组合,同时使每一个资产所有者都担负起产业升级的责任,这样就能为经济结构的优化提供可靠的体制保证和机制动力。① 实体经济转型升级要求实现产业结构优化升级。一是

---

① 达平.以所有制结构调整推动经济结构优化——三论进一步解放思想[J].群众,1998(1).

基于我国经济发展现状，实体经济转型升级的基础是产业结构优化升级。我国经济体量大，经济规模位居世界第二位，人均国民总收入高于中等偏上收入国家平均水平。因此，当前我国经济发展的重点已经转变为实现优化升级产业发展模式，弥补经济发展过程中的产业结构短板。二是基于互联网技术革命，推动传统实体企业实现"互联网+"转型升级，提升我国实体企业的核心竞争力，从而助推我国顺利进入高收入国家行列。三是我国产业发展仍需以制造业发展为根基，以技术创新为内在动力，从而实现实体企业发展提质增效。四是我国目前正处于工业化转型的关键时期，距离工业强国还有一定的差距。因此，我国要重视补齐实体制造业技术、工艺、关键零部件及元器件以及高技术装备等的短板，强化基础研究和科技创新，助力产业结构的优化升级。五是政府要多措并举，贯彻落实降成本策略，通过简政放权、精简审批程序、降低银行服务费用、引导银行开展信用贷款等方式降低实体企业生产经营成本，鼓励实体企业加快产业结构优化升级。

所有制结构变化影响生产要素效率发挥，对经济增长起着至关重要的作用。改革开放以来，我国制度变迁的一个显著特征，就是国有经济比重下降而非国有经济比重上升。非国有经济已成为经济增长的主力，体现在要素效率上，便是非国有经济比重的提高提升了全社会劳动和资本的效率，尤其是资本的效率。此外，做强做优做大国有企业有助于实体经济转型升级。经济关系深刻影响经济效率和产业形态，因此在所有制结构上，我国以公有制为主体的制度安排要求做强做优做大国企，推进混合所有制改革。一方面是由于国有资本、集体资本、非公有资本等交叉持股、相互融合；另一方面是需要突出强调发挥国企在实体经济转型升级中的引领作用。丰富和发展公有制经济理论，是发展中国特色社会主义政治经济学的重要内容，也是形成区别于其他经济学制度特征的重要支撑。正如习近平强调，现在，各种经济学理论五花八门，但我们政治经济学的根本只能是马克思主义政治经济学，而不能是别的什么经济理论。①

通过所有制结构改革能有效抑制实体经济"脱实向虚"的不良倾向。近年来，越来越多的实体企业将大量资金投资于金融市场而非主体产业，使我国经济呈现出一定的"脱实向虚"迹象。如何抑制实体经济的金融化倾向、引导企业"脱虚返实"，对于防范系统性金融风险、促进经济高质量增长至关重要。

有学者聚焦于民营企业混合所有制能否促进实体经济"脱虚返实"这一重大议题，通过研究发现，国有资本参股显著降低了民营企业金融化投资水平，且上述结果在国有股东为地方国有企业时、经济政策不确定性较强的时期和市场地位低的企业中更加显著。

他们进一步分析发现，国有股权通过降低代理成本、扩大银行信贷融资以及促进固定资产投资的机制有效抑制了金融化投资水平。并且，国有资本参股显著弱化了民营企业金融化投资对创新研发支出的负面影响。总之，在抑制实体民营企业过度金融化这一问题上，混合所有制是卓有成效的。② 一些学者通过实证研究证明，通过所有制结构调整能在一定程度上有效缓解"脱实向虚"的不良倾向；研究发现：国有企业中，引入非国有参股股东可以显著降低企业金融化水平。在机制上，非国有参股股东主要通过提升主业业绩、增加创新投入的途径，降低企业金融化水平。他们进一步研究表明，当非国有参股股东为经营型股东或参与董事会治理时，企业金融化水平降低的效果会更显著，且降低的主要是长期金融资产的配

---

① 习近平. 不断开拓当代中国马克思主义政治经济学新境界［J］. 求是，2020（16）.
② 钱爱民，吴春天，朱大鹏. 民营企业混合所有制能促进实体经济"脱虚返实"吗？［J］. 南开管理评论，2023（1）.

置。在经济后果上，国企金融化水平与企业价值显著负相关，而引入非国有参股股东可在一定程度上缓解这一负面作用。① 赵晓阳、衣长军（2021）基于民营企业参与混合所有制改革视角，以2014—2019年民营制造业上市公司为样本，分析了国有资本介入但非控股民营企业对企业金融化的影响及作用机制，并从外部制度环境视角出发，考察了亲清政商关系对国有持股与企业金融化两者关系的调节作用。研究结果表明，国有资本持股有助于抑制民营企业金融化，有效缓解"脱实向虚"困境；混合所有制改革在融资约束高、控制链延长的民营企业中发挥的改革效应更明显；城市层面政商关系亲清健康指数的提高有助于增强国有资本持股对民营企业金融化的抑制效应。②

（三）实体经济转型升级对所有制结构变化的重要作用

自中华人民共和国成立以来，围绕着"所有制结构"的改革先后经历了"从实行多种经济成分共同发展到建立单一公有制经济，再到确立和完善公有制为主体、多种所有制经济共同发展的基本经济制度"的过程。③ 这个曲折的变革历程的基本经验之一，就是要不断地解放思想，动态地根据我们的国情从"理论哲学"回归"实践哲学"，在实践哲学的道路上不断动态调整我们的所有制结构。④ 同时，从国际共产主义运动时期、20世纪80年代以来两个阶段东西方主要国家的所有制结构变迁的历史趋势来

---

① 狄灵瑜，步丹璐. 非国有股东参股与国有企业金融化——基于混合所有制改革的制度背景［J］. 山西财经大学学报，2021（3）.

② 赵晓阳，衣长军. 国资介入能否抑制实体企业的脱实向虚？——兼论亲清政商关系的调节作用［J］. 经济管理，2021（7）.

③ 周文，肖玉飞. 中国共产党百年经济实践探索与中国奇迹［J］. 政治经济学评论，2021（4）.

④ 常修泽. 中国混合所有制经济论纲［J］. 学术界，2017（10）.

看，所有制结构并不是一个一成不变的系统，而是一个具有一定周期性、动态性、混合性的不断变革的体系。当今世界有三大潮流，也有三股逆流，两者正在博弈：一是经济全球化的潮流，以及其与"逆全球化"的博弈；二是新技术革命的潮流，以及其与"科技黑战"的博弈；三是人本主义潮流，以及其与"权贵主义+民粹主义"的博弈。在上述三大历史潮流，特别是全球化和新技术革命驱动下，中国必须实行创新战略。当前，经济全球化和新技术革命，一方面，为中国的经济和社会发展赢得了国际资源和广阔空间，特别是，为中国赢得了在世界事务中的主动权；另一方面，也倒逼中国必须变革传统的僵化的体制结构，特别是所有制结构，在微观体制上寻求新的制度支撑。

实体经济是物质产品、精神产品及服务的生产和流通活动，主要涉及农业、工业、通信、商业服务和建筑等领域，还涉及教育、文化、信息、艺术、体育等领域。实体经济作为国家的经济支柱，对我国社会经济的健康发展具有十分重要的意义。实体经济作为我国社会发展的基础，直接关系到市场经济的稳定运行和实体企业的良好发展。目前，我国处于经济结构改革的关键时期，实体经济的稳定发展对于维护经济秩序具有十分重要的意义。实体经济转型升级从经济发展的现实层面拉动所有制结构改革，包括夯实所有制结构改革的阶段性成果，依据经济现实发展对所有制结构改革提出更具实效性的改革目标等。

在中国经济的总体发展态势下，作为一个经济规模位居世界第二的经济体，新时代中国在经济发展上的关键在于发展实体经济。习近平强调，实体经济是一国经济的立身之本，是财富创造的根本源泉，是国家强盛的重要支柱。[1] 发展实体经济离不开制造业，更需要创新驱动。推动

---

[1] 习近平. 习近平谈治国理政（第三卷）[M]. 北京：外文出版社，2020.

实体经济转型升级，既是促进我国经济发展的支点，也是当前我国进行经济政策调整的重点。

（四）协调推进所有制结构优化与实体经济转型升级

根据马克思主义关于生产力决定生产关系和生产关系在一定条件下反作用于生产力的基本原理，产业结构的优化和实体经济的发展是基础，它们必然会相应地引发所有制结构的调整，而所有制结构的调整和完善又必然促进和推动产业结构的调整和实体经济转型升级。

实体经济转型升级与所有制结构改革，两者各有侧重，在不同方面影响中国经济的发展。实体经济转型升级，主要影响产业结构、经济规模和发展质量；而所有制结构的改革主要影响生产要素的生产效率，与各要素生产活力的发挥直接相关。但两者密切联系，统一于中国经济发展之中。事实上，所有制结构变动直接决定了实体经济发展质量，不同经济成分增长速度决定了我国所有制结构的变化。而反过来，所有制结构变化也对工业增长产生影响，工业领域所有制结构变化明显地促进了我国的工业增长和工业生产率的提高。

协调推进所有制结构优化与实体经济转型升级，有助于加快构建现代化经济体系。改革开放之后，我们对现代化的认识逐渐扩展，从以经济建设为主，逐步过渡到形成"五位一体"的现代化总体布局。中国的"五位一体""四个全面"协调推进的现代化已经超越了以经济现代化、物质现代化为标志的西方现代化，也为发展中国家创新和实现全面现代化提供了重要的可借鉴的经验。首先，中国现代化经济体系超越现代西方经济学理论；其次，中国现代化经济体系不同于西方现代化经济体系；第三，中国现代化经济体系是生产力与生产关系良性互动的经济体系；第四，中国现代化经济体系是国家治理体系现代化的经济体系。① 建设现代化经济体系需要生产力与生产关系良性互动。这就要求我国不断深化改革，不断推进经济体制改革，使经济体系不断适应社会主义生产力的发展。如邓小平所说："现在，我们国内条件具备，国际环境有利，再加上发挥社会主义制度能够集中力量办大事的优势，在今后的现代化建设长过程中，出现若干个发展速度比较快、效益比较好的阶段，是必要的，也是能够办到的。"② 现代化经济体系对我国未来经济的发展必然起到助推的作用。

协调推进所有制结构优化与实体经济转型升级，引领经济高质量发展。"高质量发展是物质资料生产方式顺应时代潮流的伟大转变，是生产力发展与生产关系变革的统一。高质量发展一方面要求解决生产力内部要素的矛盾，以推进生产力自身的发展；另一方面要求通过深化改革调整生产关系以适应生产力的发展，促进生产力进一步解放和发展。"③ 高质量发展的重中之重是推进以制造业为核心的实体经济发展。西方主流经济学片面强调以资本为中心，以利润最大化为原则，不但导致资本日益趋向选择利润率更高的金融业或高端制造业，还导致低端制造业向外转移，去工业化现象增多。以英美为代表的发达国家在走上去工业化道路后更加频繁爆发的周期性金融危机足以表明，谋求高质量发展的产业选择仅凭利润量的比较是不够的，它们即使保留了高端产业，但没有中、低端完整产业链做支撑，将会出现实体经济内部的结构断层，最终失去产业协同发展的契机。

实际上，长期以来，西方主流经济学只注重研究经济活动的"量"，

---

① 周文. 建设现代化经济体系的几个重要理论问题 [J]. 中国经济问题，2019（5）.
② 邓小平. 邓小平文选（第二卷）[M]. 北京：人民出版社，1983.
③ 周文，李思思. 高质量发展的政治经济学阐释 [J]. 政治经济学评论，2019（4）.

而忽视对"质"的研究。比如，比较不同产业利润量的前提是假设这些产业都是同"质"的。正是西方主流经济理论在"质"上研究的不足，迫使我们探寻高质量发展"质"的着力点。党的十九大提出，我国经济已由高速增长阶段转向高质量发展阶段，建设现代化经济体系，必须把发展经济的着力点放在实体经济上，把提高供给体系质量作为主攻方向，显著增强我国经济质量优势。这一论断坚持了实践逻辑和理论逻辑相统一的原则。显然，高质量发展的着力点就是以制造业为核心的实体经济，而不是利润率更高的虚拟经济。

四、所有制理论发展创新：破除实体经济转型升级障碍

近年来，我国一再强调实体经济的重要性，党的十八大明确提出，"牢牢把握住发展实体经济这一坚实基础"；2015 年两会明确了"中国制造 2025"的宏大计划；2016 年中央经济工作会议也明确地指出，当前阶段我国经济发展要着力于振兴实体经济；党的十九大再次提出，以创新发展振兴实体经济。《中华人民共和国国民经济和社会发展第十四个五年规划和 2035 年远景目标纲要》强调，构建实体经济、科技创新、现代金融、人力资源协同发展的现代产业体系。其中，实体经济被排在第一位，这突出了国家壮大实体经济的鲜明导向。实体经济是我国国民经济的重要支柱，是推动我国经济持续稳定发展的基石，也是我国应对外部危机的重要保障。党的二十大明确提出，高质量发展是全面建设社会主义现代化国家的首要任务，为此我们要更加坚定不移地振兴实体经济。实体经济是我国经济强盛和社会长治久安的基础，现阶段我国经济体系内部呈现出诸多问题，如结构失衡、创新能力不强、产品附加值低、生产经营成本过高等，应该引起高度重视。

习近平曾在 2001 年提出，要"突出抓好体制改革，为产业结构调整

优化注入动力和活力",并强调"改革是促进产业优化升级和产业结构调整的动力和活力所在,只有用改革的办法,才能不断消除制约产业结构调整优化的体制性障碍"。① 因此,应优化实体经济发展的体制,从内生层面为我国实体经济发展增强活力和动力。依据现实生产的客观情况,调整优化所有制结构,推动经济发展方式转变,充分释放各种经济形式活力,让各种生产要素充分涌流,促进实体经济转型升级,是实现经济平稳健康发展的根本途径。

(一) 我国实体经济转型升级的障碍

当前,中国实体经济发展面临许多问题,主要有:内需基础弱化,外需力度下降,生产成本上涨,税负偏重和投资收益率降低,以及企业家投资实体经济意愿下降等。

第一,从产业现象来看,有学者认为,经济增速放缓明显、产能过剩加剧、发展模式粗放、出口增长乏力、主动性增长动力缺失、空心化倾向明显等是中国实体经济存在的主要问题(丁兆庆,2013)。

第二,从产业发展来看,主要存在产能过剩、产业技术结构不合理、产业集中度低、企业缺乏自主创新能力、企业盲目竞争、第三产业供给不足等问题(张秀生、王鹏,2015)。

第三,从产业质量来看,中国制造业面临的最大问题是有"数量"无"质量",大而不强,在全球价值链中处于"微笑曲线"的底端,产品通常是低附加值、低技术含量、低单价的"三低"产品(吴福象,2017)。

第四,从产业环境来看,首先,生产率增速下降已经成为当前及未来中国制造业发展面临的最为严峻的问题;其次,技术学习的难度不断加

---

① 习近平. 福建省产业结构调整优化研究 [J]. 管理世界,2001 (5).

大；最后，"第三次工业革命"将对中国传统比较优势形成根本性的冲击（黄群慧等，2015）。

从根本上来看，我国经济增长出现严重的失衡：一是经济增长趋缓但滞涨压力增大，二是结构性失衡趋缓但升级动力不足，三是承载失衡能力上升但宏观政策的局限性日显突出，四是政策调控适度但调控方式转变艰难（刘伟，2014）。

另外，近年来，随着电商经济的快速发展，经济结构调整深入推进，我国实体经济遭遇前所未有的挑战，集中体现在实体经济利润下滑、债务风险高、管理成本高等方面，这些导致拉动内需的内生动力不足，经济发展下行压力增大。

中国 GDP 增速进入回落期，经济学界给出多重解释，其一是"中等收入陷阱"论，其二为"三种红利消失"说（许小年，2013；哈继铭，2014），其三曰"反腐风暴"对实体经济的影响。主流观点认为，经过 40 多年的要素驱动式发展，我国经济增长的要素禀赋结构发生了新的变化，长期支撑中国经济增长的体制转轨红利、人口红利、自然资源红利等都在逐步消退，最为突出的是劳动力成本上升。2016 年中央经济工作会议指出，我国经济运行面临的突出矛盾和问题，虽然有周期性、总量性因素，但根源是重大结构性失衡，导致经济循环不畅。

基于此，有学者提出结构性问题中矛盾的主要方面在供给侧（周文，2017；蔡昉，2016）。蔡昉从造成中国经济潜在增长率下降的若干因素入手，论证 2012 年以来的增长减速，不是需求侧冲击造成的，而是人口结构转变从而经济发展阶段变化的结果，原因包括劳动力供给不足、人力资本改善速度放慢、投资收益率下降、资源重新配置空间缩小以至于全要素生产率增长率下降等。

当然，实体经济发展困境还有许多原因。总的来看，既有外部因素又有内部因素。具体包括：一是全球经济陷入低迷、外需拉动力不足，国际国内有效需求不足；二是包括传统制造业甚至部分战略性新兴产业在内的许多行业出现了产能过剩，行业平均利润率显著下降；三是包括原材料、劳动力、融资等方面成本在内的企业综合经营成本大幅上升；四是产业结构不合理、竞争力不足等（黄益平，苟琴，蔡昉，2013；赵昌文，2012；丁兆庆，2013）。此外，也有部分学者从投机资本和环境约束等角度进行阐发，如王少梅（2014）认为，中国实体经济增幅回落的内在因素是投机泡沫的消失，投机资本与投资资本失衡或者说在政治肃贪、要素红利消失的外力作用下，过分投机带来的红利消失，绑架了中国实体经济。李廉水等人（2015）认为，环境约束和自主创新能力不强已经成为中国制造业发展面临的主要瓶颈。

综合来看，党的十八大以来中国实体经济取得了巨大成就，我国已经发展成为一个世界性的实体经济大国且地位不断上升。但是，实体经济发展也存在严重的结构失衡问题，当前我国实体经济发展面临的主要障碍可概括为以下三个方面：

第一，实体经济结构性供需失衡。其主要体现为中低端和无效供给过剩、高端和有效供给不足的结构性失衡。第二产业中制造业自主创新能力相对较差，产品质量提升能力较弱，精益制造体系尚未构建，与需求侧消费结构升级的重大变化态势相脱节，造成了需求侧结构的优化升级效应无法传导到对供给侧结构优化升级的促进方面，导致中国经济新结构形成滞后，经济新动力形成机制性障碍。

中国制造业中，钢铁、石化、建材等行业的低水平产能过剩问题突出并长期存在，"去产能"成为供给侧结构性改革的主攻方向之一；传统资源加工和资本密集型产业占比还比较高，高新技术产业占比还比较低。从产业组织结构看，制造业产业组织合理化程度有待提升，优质企业数量不够，尤其是世界一流制造业企业还很少。从产品结构看，产品档次偏低，可靠性不高，高品质、个性化、高复杂性、高附加值产品的供给能力不足，高端品牌培育不够。制造业低端产品过剩、高端产品不足的结构性矛盾突出。当前我国制造业还是以钢铁、石化、建材等传统高耗能产业，以及服装、食品等低附加值、技术含量低的劳动密集型产业为主，装备制造业、交通运输工具制造业企业的水平参差不齐，航空航天、信息技术、生物工程等高附加值、高技术含量的产业多处于起步阶段，市场竞争力还比较低，在制造业中占比过低，制约了实体经济的健康可持续发展。

发展实体经济的核心目标是提高制造业供给体系质量，围绕提高制造业供给体系质量深化供给侧结构性改革，化解制造业供需结构失衡，具体可以从产品、企业和产业三个层面入手。一是在产品层面，以提高产品附加值和提升产品质量为基本目标，以激发企业家精神与培育现代工匠精神为着力点，全面加强技术创新和质量管理。二是在企业层面，以提高企业综合水平为目标，降低制造业企业成本，深化国有企业改革，完善企业创新发展环境，培育世界一流企业。三是在产业层面，以提高制造业创新能力和促进制造业产业结构高级化为目标，积极实施"中国制造 2025"计划，提高制造业智能化、绿色化、高端化、服务化水平，建设现代制造业产业体系。

第二，虚拟经济和实体经济失衡。近年来，实体经济的固定资产投资占全社会固定资产投资总额的比例增速下滑，工业增加值在 GDP 中比重下降，而虚拟经济在 GDP 中比重上升，金融证券业发展势头过猛，说明实体经济"脱实向虚"的趋势明显。劳动力成本提高、落后产业产能过剩、烦冗的税费等因素使实体经济盈利空间受挤压，是导致实体经济出现"脱实向虚"趋势的重要原因。实体经济"脱实向虚"会对社会财富分配、国家经济平衡发展和社会稳定带来巨大的危害，所以必须正确处理实体经济与虚拟经济的关系，采取有力措施振兴我国实体经济。①

金融证券业的过度发展是我国实体经济"脱实向虚"的重要表现之一。近几年我国金融证券业快速崛起，但有势头过猛趋势。越来越多的人企图通过金融市场的投机活动而不是发展实业获取利润，金融证券业虚拟化衍生品过度发展，大量资金在金融体系内空转，不仅没有做到反哺实体经济，而且还不断从实体经济吸取资金，客观上导致我国实体经济"脱实向虚"现象不断发生，若不加以有效监管，便有可能造成实体经济"空心化"。实体经济"脱实向虚"会带来巨大危害。

首先，实体经济"脱实向虚"会引起社会资金供求失衡。物质资料生产是人类社会生存和发展的基础，是实体经济的基础，而实体经济是国民经济的基础。马克思指出，产业工人创造剩余价值，"商业工人不直接生产剩余价值"②，商业工人参与剩余价值的实现，两者之间的协作，共同促进了商品经济的发展。也就是说，社会财富是产业工人所在的实体经济部门创造的，而虚拟经济部门不创造社会财富，只是参与价值的实现和整个社会财富的分配。

其次，虚拟经济的投机性加大了政府监管难度，易引发金融危机。金融证券业是虚拟经济的主要组成部分，具有资本密集程度高、收益高、风险大、监管难度大、影响范围广、风险危害程度高等特征。我国金融市场发展起步晚，金融市场体系不健全，金融监管机制尚不完善，缺乏应对金融危机的经验和抵御风险的能力。

再次，房地产业证券化促使房价过度上涨，人们的生活负担加重。房

---

① 舒展，程建华. 我国实体经济"脱实向虚"现象解析及应对策略［J］. 贵州社会科学，2017（8）.

② 马克思. 资本论（第三卷）［M］. 中共中央马克思恩格斯列宁斯大林著作编译局，译. 北京：人民出版社，2018.

地产业证券化是实体经济"脱实向虚"的一个典型表现，其一方面将整个国民经济的发展重心拖向虚拟经济，致使社会财富虚拟化，实体经济被削弱，房地产泡沫越积越大；另一方面导致房价虚高严重，加剧国内财富分配悬殊，不利于社会和谐稳定。

最后，实体经济"脱实向虚"会导致失业人口增加，不利于社会稳定。实体经济部门能够吸纳大量的社会劳动人员，创造众多的就业岗位。虚拟经济部门具有劳动力需求量小、职业技能素质要求高等特点。而我国当前劳动者不仅数量庞大，而且普遍知识和技能水平较低，虚拟经济部门能创造的就业岗位十分有限。因此，实体经济"脱实向虚"将会造成大量企业倒闭，许多工人失业，这将严重影响我国经济和社会的发展。

第三，实体经济"大而不强"，受限于对传统经济发展方式的依赖。我国实体经济发展"大而不强"的一个突出表征即是实体企业自主创新不足。一方面，企业普遍缺乏创新动力。由于我国知识产权保护意识与力度都比较薄弱，所以实体企业进行原创性研发的意愿不强。另一方面，企业的创新能力不足。当前很多企业面临着人才严重短缺、研发投入不够的现状。中美贸易战也会加剧企业的创新难度，2018年5月，美国白宫发表声明，将加强对获取美国工业重大技术的中国个人和实体实施出口管制，并采取具体投资限制。此外，美国加强对人才到中国的流动限制，还对所学专业属于机器人、航空等高新技术制造领域的部分中国学生签证进行管制，将签证期限由原来的5年缩短至1年，这在一定程度上会阻碍中国企业的创新与技术进步。

中国高度重视实体经济发展，积累了巨大的实体经济财富和强大的生产供给能力。但是，中国虽然具有庞大的实体经济供给规模，但供给质量不高，无法满足产业层面的消费结构转型升级和人民消费水平提高的需要，结构性供需失衡问题依然存在。中国是一个实体经济大国而非实体经济强国，这可以被认为是一个"基本国情"。基于这一国情，我们必须高度重视：正确处理实体经济与虚拟经济的关系，金融要回归本源真实服务实体经济，以及通过创新驱动实体经济结构优化。

尤其是，在经济增速趋缓的经济新常态的背景下，实体经济如何实现从大到强的转变，不仅是实体经济转型升级的自身发展问题，而且是中国重大的经济结构调整问题，更是当前中国经济高质量发展需要解决的核心问题。推进以创新为核心要义的供给侧结构性改革、优化调整我国的所有制结构，是化解实体经济结构性供需失衡、虚拟经济和实体经济失衡，实现实体经济由大向强转变的根本路径，也是经济新常态下培育经济增长新动能、实现动能转换的必然要求。

我国实体经济发展需要考虑多方面因素，我们只有从本质上揭示实体经济运行规律，才能有效地促进实体经济的发展。在传统工业化道路和出口导向型经济的双重作用下，我国的经济发展方式已经形成某种难以摆脱的路径依赖。这表现在对高投资、高资源消耗、高出口增长和巨大国际市场四个方面的依赖，而这些依赖的根本还在于对政府采取行政手段干预经济的强烈依赖。在这种发展路径的依赖中，我国经济表现出日趋严重的内部失衡和外部失衡，同时也增加了被国际市场绑架的风险。因此，应以优化调整我国所有制结构为契机，从体制机制层面彻底扫除实体经济转型升级的障碍因素，进一步推动我国实体经济高质量发展。

（二）推动实体经济转型升级

中国多年来的经济发展实践表明，毫不动摇巩固和发展公有制经济，毫不动摇鼓励、支持和引导非公有制经济发展，坚持和完善"公有制为主体，多种所有制经济共同发展"的社会主义基本经济制度，是中国创造经济增长奇迹的重要经验。总之，我国所有制结构从单纯公有制经济格局转变为公有制为主体、多种所有制共同发展的混合所有制经济格局，是一个以不断深化国有企业改革为核心、毫不动摇巩固和发展公有制经济的过程，也是一个在党的政策支持鼓励和引导下非公有制经济实现了从无到有、由小变大、从弱到强的发展过程，更是我们党不断探索和巩固社会主义初级阶段基本经济制度的过程。① 有学者认为，坚持"两个毫不动摇"是所有制结构改革的基本国策。这种国策和社会主义基本经济制度本身就体现出一种动态的所有制适度结构理念。②

"十四五"时期中国经济从高速增长转向高质量发展。为与高质量发展相适应，围绕着所有制结构变化的重大政策也要进行相应调整。相关重大政策思路包括三个层面：一是市场政策，涉及公有制经济和非公有制经济之间的公平竞争关系，需要正确处理产业政策和竞争政策的关系；二是国资国企改革政策，涉及国有经济战略性重组、混合所有制改革政策、国有资产管理体制和治理结构完善等内容；三是非公有制经济发展政策，涉及营商环境完善、政府体制改革、法律制度完善、金融信贷制度完善等方面。这三个层面的政策思路是新时期对"两个毫不动摇"基本原则的坚持深化，这样有助于优化调整所有制结构，从体制机制层面切实推进实体经济转型升级。

创造多种所有制经济平等竞争、共同发展的社会环境，是进一步完善我国所有制结构，创造多种所有制经济成分平等竞争、共同发展的社会生态环境的重要一环。成熟市场运行机制可以保证实体企业利润大体平均化，短期投机虽然可以获得丰厚利润，但并不会真正助力社会经济的发展。按照党的十九大精神和社会主义市场经济的客观要求，应不断健全和

---

① 中国社会科学院经济研究所课题组，黄群慧．"十四五"时期我国所有制结构的变化趋势及优化政策研究［J］．经济学动态，2020（3）．

② 杨春学，杨新铭．所有制适度结构：理论分析、推断与经验事实［J］．中国社会科学，2020（4）．

完善各种相关政策和法律规范，消除对非公有制经济在价格、税收、金融市场准入等方面的偏见与歧视，营造平等竞争的营商环境。在一般性竞争领域，应充分发挥各种所有制经济成分的优势和各种资产组合方式的优点，实现各种不同所有制形式在微观层面上的融合。应积极鼓励集体经济的发展，正确引导个体经济、私营经济等其他经济成分的健康发展，使各种所有制经济成分在国家法规的统一指导下，平等竞争、共同发展，共同繁荣社会主义市场经济。①

在实体经济转型升级过程中，需要把握好公有制经济与非公有制经济之间的关系，需要发挥公有制经济的主导作用，具体表现在"国有经济在整个国民经济中的控制力，保证国民经济的持续协调健康发展"。因此，在实体经济转型升级过程中，应保持必要数量的国有企业，坚持抓大放小，放大国有资本的能力，优化国有经济的布局，完善国有企业的管理体制等。发挥国有企业在国民经济中的带动引领作用，是党中央对经济体制改革的一项重要判断。习近平强调，国有企业是壮大国家综合实力、保障人民共同利益的重要力量，必须理直气壮做强做优做大，不断增强活力、影响力、抗风险能力，实现国有资产保值增值。②

毫不动摇地鼓励、支持和引导非公有制经济发展，为我国实体经济转型升级提供源源不断的创造活力。周文、司婧雯（2021）曾指出："改革开放40多年来，中国创造了经济发展的奇迹，民营经济功不可没。在民营经济蓬勃发展的当今，关于民营经济的理论和认识还很不充分，有明显的理论与实践脱节的现象，人们对民营经济的理解存在误区，甚至是偏见。我们通过对民营经济概念、私营经济与个体经济、资本主义经济、私

---

① 刘国光，董志凯. 新中国50年所有制结构的变迁［J］. 中南财经大学学报，2000（1）.
② 总书记一锤定音，关于民企的无谓争论可休矣［N］. 人民日报，2018 - 09 - 28.

有化问题、个人财富问题、民营经济与国有经济关系、是否是社会主义初级阶段发展权宜之计等八个方面认识误区进行剖析，主张优化民营经济发展环境，促进非公有制经济健康发展。"① 第一，进一步完善营商环境。总体而言，我国的营商环境近些年在各个方面都有持续改善，目前其改善中遇到的主要障碍集中在金融和财税的法律制度建设上。从长期看，要努力逐步建立竞争中性的市场环境；从短期看，要适时出台灵活的补偿机制，以实质性改变民营经济的营商环境。第二，进一步推进政府"放管服"改革。发展非公有制经济，尤其是改善营商环境，关键在政府。目前来看，促进非公有制经济发展的政府体制改革可以从优化政府职责体系和充分调动地方政府积极性两方面着手。第三，创造支持非公有制经济健康发展的完善法律制度。完善促进非公有制经济发展的法律制度，最重要的是维护公平竞争和保护产权。第四，进一步完善支持非公有制经济发展的金融体系。从金融去杠杆到金融供给侧结构性改革，正体现了这方面的思路变化。完善金融体系不仅仅是压缩规模，更重要的是要优化供给结构，使金融能够更好地服务实体经济。

（三）深化国企改革推动实体经济转型升级

党中央、国务院对发展混合所有制经济或者说推进混合所有制改革十分重视。党的十八届三中全会强调"积极发展混合所有制经济"，2016年的中央经济工作会议强调"混合所有制改革是国有企业改革的重要突破口"，党的十九大在论述深化国有企业改革时突出强调了"发展混合所有制经济"，2018年的中央经济工作会议强调"积极推进混合所有制改革"，2019年的政府工作报告强调"积极稳妥推进混合所有制改革"。发展混合

---

① 周文，司婧雯. 当前民营经济认识的误区与辨析［J］. 学术研究，2021（5）.

所有制经济的现实意义和实践价值在于：混合所有制经济是我国基本经济制度的重要实现形式，是现代企业制度的重要基础，是深化国有企业改革的重要突破口，是增强国有企业与民营企业活力的重要动力，是竞争性市场结构形成的助推力量。[①]

发展混合所有制经济既能增强国有企业的竞争力，又能促进民营企业发展，从而推动经济高质量增长。[②] 非公有资本入股国有企业，可以改善国有企业的股权结构，降低内部人控制造成的效率损失，形成有利于创新的治理结构，提高企业经营效益。国有资本入股民营企业，可以充实民营企业的资本金，增强民营企业抗风险能力，为民营企业大胆创新提供坚实后盾。国有企业通过吸收、引入非公有资本，扩大了生产经营规模，增强了市场竞争优势，从而能更好地发挥主导经济发展的作用。民营企业通过入股国有企业，打破了原有的行业壁垒，扩大了经营范围，补齐自身在行业和技术方面的短板，增强自身发展的可持续性和抗风险能力。国有企业和民营企业通过股权混合，可以形成在治理结构、资产配置、技术创新等方面协同互补的新的竞争优势。国有企业在关系国家安全、国民经济命脉的重要行业和关键领域加快技术创新、增强竞争实力，民营企业在普通民用领域满足市场多样化需求、提高经济运行效率，两者相互结合将使我国企业国际竞争力和经济发展质量显著提高，更好地服务于国家的战略方针。

所有制结构是马克思主义政治经济学的重要内容。实体经济的转型升级也必然涉及对所有制结构的制度要求，实体经济转型升级同样要求国有经济发挥带动引领作用。经济关系深刻影响经济效率和产业形态，因此，

---

① 季晓南. 论混合所有制经济的内涵、意义及发展路径 [J]. 北京交通大学学报（社会科学版），2019（4）.

② 周文，代红豆. 马克思社会所有制及其当代形式再探讨 [J]. 复旦学报（社会科学版），2022（2）.

在所有制结构上，我国以公有制为主体的制度安排需要做强做优做大国企，推进混合所有制改革。具体来说，一方面需要推动国有资本、集体资本、非公有资本等交叉持股、相互融合，另一方面需要突出强调发挥国企在实体经济转型升级中的引领作用。① 我们要丰富公有制经济理论，丰富和发展中国特色社会主义政治经济学理论，形成区别于其他经济学的制度特征。混合所有制与国企改革相辅相成。"混合所有制既增强了国有企业的竞争力，又扩大了民营企业的经营范围。混合所有制与我国国有企业的分类改革是相辅相成的。"② 国有资本布局和混合所有制改革要以创造公平竞争环境为导向，服务于整体经济高质量发展。

国有经济的发展要继续沿着发展实体经济、优化布局、探索公有制实现形式、推进混合所有制改革、做强做优做大国有企业的方向，不断提升国有经济的竞争力，持续发挥国有经济的导向作用。中国是一个大国，必须始终高度重视发展壮大实体经济，不能走单一发展、"脱实向虚"的路子。国有经济是发展实体经济的生力军和主力军。③ 制造业是实体经济的重要组成部分，也是国有经济分布的重要行业。国有经济有能力、有实力成为我国实体经济攻坚克难和打硬仗的主力。

搞好实体经济关键在于持续不断创新。要实现从工业大国向工业强国的转变、实现从高速增长向高质量发展的转变，必须靠创新驱动转型升级，还须靠技术创新、产业创新，促使产业链由中低端迈向中高端。国有经济作为重要创新力量，要坚持把发展基点放在创新上，切实提高自主创新能力，特别是提高关键核心技术创新能力，破解"卡脖子"难题，不断

---

① 周文，何雨晴. 社会主义基本经济制度与国家治理现代化［J］. 经济纵横，2020（9）.
② 葛扬，尹紫翔. 70 年所有制改革：实践历程、理论基础与未来方向［J］. 经济纵横，2019（10）.
③ 杨新铭. 新时代国有经济的理论创新、发展原则与发展方向［J］. 经济纵横，2021（8）.

优化创新机制，努力赢得全球科技竞争主动权，推动我国科技跨越发展、产业优化升级、生产力整体跃升。国有企业应依据自身资本密集特点，尽可能布局技术密集型产业，抢占研发和技术进步先机，突破制约我国经济长远发展的"卡脖子"环节。唯有如此，才能更好地带动全产业链上各类企业技术水平共同提高。

国企改革也应以引领实体经济的转型升级为重要导向进行布局。从战略上调整国有经济布局，实质上是一个所有制结构的调整和完善的问题。因此，从战略上调整国有经济布局，要将产业结构的优化升级和所有制结构的调整完善结合起来，坚持有进有退，有所为有所不为。在市场经济条件下产业结构的调整变化，必然呈现出这样一种动态过程：资产的流动和重组，资源的分配和使用，职工的失业和再就业，企业的进入和退出，企业的破产和新生，从而使整个社会资源（包括物质资源、人力资源、信息资源）在产业（行业）、地区、部门之间不断地流动和重组。这些变化最终必然都反映到所有制结构中各种经济成分的变动上。因为任何一种资源的流动都是产权的流动。而伴随着产权流动所引起的所有制结构的变化，经济关系的调整和完善，必将在技术进步推动下，促使产业结构优化升级，从而使社会生产力沿着优化资源配置与提高经济效率的方向发展。①

作为巩固社会主义基本经济制度的重要途径，混合所有制改革并不应仅限于将国有企业作为主体，国有资本参与民营企业的"反向混改"同样举足轻重。应注意做到：第一，全面贯彻落实民营企业参与混合所有制改革的各项举措，完善民营企业监督治理机制。鼓励国有资本通过产权融合、战略合作等形式充分发挥国有资本的监督治理效应，专注于长远发

---

① 邬义钧. 论产业结构优化升级与所有制结构调整[J]. 中南财经政法大学学报，2003(3).

展。第二，从融资和投资两方面增加民营企业的准入机会和获利渠道，真正发挥国有股权的资源效应。通过对投融资双向把握使民营企业专注于实业发展，实现"1+1>2"的效率资源整合。第三，加强对企业金融投资结构、期限及获利渠道的关注，建立健全企业金融化评价体系。具体来看，在金融资产配置期限上，短期的交易类金融资产往往类似于现金发挥着"蓄水池效应"，对企业整体资产配置效率影响不大。而难以转换和变现的投资性房地产、与主业相关度低的股权投资以及近年来兴起的长期的理财型信托类金融产品才是吸收企业主业发展资金的主要金融资产类别。因此，要综合考虑企业金融资产投资多维度特征指标，完善企业金融化评价体系，对企业金融投资实施分类管理，实现中央"稳金融""稳投资"的预期目标，防止实体经济"脱实向虚"。

（四）以所有制结构调整推进经济优化发展

协调推进所有制结构优化与实体经济转型升级，本质上是生产关系与生产力相适应的动态过程。

经济结构的战略性调整不仅包括产业结构调整，还包括地区结构、城乡结构和所有制结构的调整。产业结构与地区结构、城乡结构和所有制结构作为经济结构的重要组成部分，彼此之间是一种互相贯通、互相影响的辩证统一关系。要扎实有效地推进产业结构调整优化，必须将产业结构调整与所有制结构调整紧密结合起来。产业结构调整必然涉及所有制结构调整，而多种所有制经济成分的介入则能够有力地推动产业结构调整的顺利进行。要大胆探索公有制的有效实现形式，推进国有经济的战略性重组，提高国有资本集中度，发挥国有资本对国民经济和产业升级的先导作用。要继续加大非公有制经济的发展力度，促进更多企业关注和参与产业结构调整，特别是要大力支持民营高科技企业的发展，不断加快产业结构调整优化的进程。①

以所有制结构调整推进经济结构优化，关键在于将两者有效结合起来。结合所有制结构改革的历史来看：从单一的公有制经济到多元所有制经济成分并存，从泾渭分明的多元经济成分并存再到企业层面的多元混合，每一次重要的变革都体现着经济规律的内在力量。对各种所有制经济成分一视同仁，着力营造平等竞争的环境，应当是我国今后所有制政策的重要内容。产业结构调整的任务也不再可能依靠国有经济自身的改组来完成，而必须与所有制结构的调整相配套。要加快企业特别是国有企业改革进程，以建立现代企业制度为目标，大胆推行股份制、股份合作制等多样化的公有制实现形式，强化企业动力机制，使企业真正成为自主经营、自负盈亏、自我约束、自我发展的经营实体和市场竞争主体，真正以市场为导向决定生产什么、生产多少和怎样生产，要从机制上消除"边生产、边积压"赖以生存的微观基础。

要加快市场体系特别是生产要素市场的培育，打破各种分割、部门垄断、地区封锁，使资金、技术、劳动力、生产资料能够根据市场供求，在不同行业、不同地区、不同所有制企业之间流动，为资源的合理配置、结构的合理调整创造良好的市场环境。要实现政企分开、深化投资体制改革，确立企业是竞争性项目的投资主体，政府主要负责投资活动的宏观管理和监督。要加快发展非公有制经济，特别是放手发展个体、私营经济。私营企业尤其是民营科技企业由于有强大的内在利益驱动力，在技术进步和产品升级方面往往很快，由它们与公有经济相互参股形成的混合所有制企业，亦在加快产业升级方面较具优势。

---

① 习近平. 福建省产业结构调整优化研究［J］. 管理世界，2001（5）.

第三章
强国的分配理论：做大实体经济与深化分配体制改革

分配理论是政治经济学经典理论的核心内容。分配关系是社会物质利益关系的集中体现，分配制度和方式及其变革是理解中国特色社会主义经济制度和体制的发展逻辑的一条重要理论线索。分配制度是促进共同富裕的基础性制度，是社会主义基本经济制度的主要内容。分配问题既是影响实体经济发展的重要因素，也是中国特色社会主义政治经济学的重要组成部分。分配理论也需要及时回应新时代的新问题，本章围绕做大实体经济与分配体制改革的关系，提出从分配体制改革视角来把握实体经济转型升级，厘清实体经济与虚拟经济的关系。深化分配体制改革，既是实体经济转型升级的需要，也是发展中国特色社会主义政治经济学的需要。

一、收入分配理论演进及对收入差距的考察

中国特色社会主义收入分配理论是中国特色社会主义政治经济学理论体系的重要组成部分。中国特色社会主义收入分配理论以马克思主义为指导，是推进收入分配体制机制改革和收入分配体系完善、缩小收入差距和促进共同富裕的理论指南。健全完善收入分配体系是现代化经济体系建设的重要内容和主要任务。收入差距不断扩大会阻碍实体经济的发展，并且可能是实体经济与虚拟经济发展失衡的先导因素。

（一）收入分配的理论演进

收入分配理论是政治经济学的重要内容，也是社会主义市场经济理论体系的重要组成部分。生产方式决定分配方式，"分配的结构完全决定于生产的结构"[1]。也就是说，随着我国所有制结构调整和市场化经济体制改革的深入，分配原则和分配关系必然需要做相应调整。中国共产党在马克思按劳分配理论指导下创新和发展了社会主义收入分配理论，形成了具

---

[1] 马克思, 恩格斯. 马克思恩格斯选集（第二卷）[M]. 中共中央马克思恩格斯列宁斯大林著作编译局, 译. 北京：人民出版社, 2012.

有中国特色的收入分配制度。随着社会主义市场经济实践的不断发展，收入分配理论内涵不断丰富和完善，特别是在处理公平与效率关系、共享发展、减少收入差距、实现公平正义等关键性问题上取得了突破性进展，这对进一步深化收入分配制度改革，实现经济持续稳定增长和共同富裕具有重要意义。

1. 马克思对收入分配问题的理论研究

马克思按劳分配理论是在批判地继承空想社会主义按劳取酬思想基础上创立的，其在1875年发表的《哥达纲领批判》中完整地阐释了对未来社会收入分配的设想，即："每一个生产者，在作了各项扣除以后，从社会领回的，正好是他给予社会的。他给予社会的，就是他个人的劳动量。"① 也就是说，在社会总产品完成了各项扣除后，生产者按照所付出的一定劳动量从中获得一部分消费资料，即："他以一种形式给予社会的劳动量，又以另一种形式领回来。"②

首先，劳动价值论是马克思收入分配理论的基石。马克思认为，"生产者的权利是同他们提供的劳动成比例的，平等就在于以同一的尺度——劳动——来计量"③。马克思坚决否定了拉萨尔提出的以所谓"公平"的方式将劳动成果"不折不扣"④ 地分配给一切社会成员的不正确思想，甚至认为这是一种空想。他认为对生产资料的占有最终决定消费资料的分配，由于资本家占有生产资料，从而分配过程和分配结果都更有

---

① 马克思，恩格斯．马克思恩格斯选集（第二卷）[M]．中共中央马克思恩格斯列宁斯大林著作编译局，译．北京：人民出版社，2012．
② 马克思，恩格斯．马克思恩格斯选集（第三卷）[M]．中共中央马克思恩格斯列宁斯大林著作编译局，译．北京：人民出版社，2012．
③ 同上。
④ 同上。

利于资本家。

其次,生产关系与分配关系密切相关,两者在本质上是统一的。一方面,在社会生产过程中,生产力决定生产关系,作为生产关系一个重要环节的分配关系,与其密切相关的分配方式和原则自然受生产结构及生产力发展水平的制约。同时,马克思认为公平正义作为按劳分配的基本价值取向和原则是由生产力的客观发展水平决定的。另一方面,生产资料占有关系决定分配关系,即"这种分配包含在生产过程本身中并且决定生产的结构"[①]。生产资料所有制性质和结构形式决定着生产关系的性质,进而决定分配方式和原则。同时,不平等的占有关系和不同等的分配关系会相互强化。马克思关于收入分配的经典论述为我国处理好资本与劳动关系、大力发展生产力和解决收入差距提供了理论指导。

再次,马克思具体阐述了不同阶段的分配方式和分配内容。所谓按劳分配就是在消灭资本主义私有制前提下、在建立共同所有制基础上等量劳动领取等量报酬的个人消费品分配制度,劳动者以"劳动券"——一种"劳动凭证"——从社会储存中领取与之劳动量相当的消费资料,"这里通行的是调节商品交换(就它是等价的交换而言)的同一原则"[②]。也就是说,共产主义社会第一阶段个人消费品的分配原则就是后来所说的按劳分配。由于这一阶段还带有"旧社会的痕迹",所以马克思明确反对平均主义分配方式,他在《资本论》中提出个人消费品分配的份额是由劳动时间决定的,劳动时间是计量尺度。马克思还认为,共产主义社会第一阶段实行的按劳分配方式只是形式上的平等,必须经过生产力的极大发展和物

[①] 马克思,恩格斯. 马克思恩格斯选集(第二卷)[M]. 中共中央马克思恩格斯列宁斯大林著作编译局,译. 北京:人民出版社,2012.

[②] 马克思,恩格斯. 马克思恩格斯文集(第三卷)[M]. 中共中央马克思恩格斯列宁斯大林著作编译局,译. 北京:人民出版社,2009.

质财富的极大提高，到了共产主义社会的高级阶段，分配方式才能由按劳分配转变为事实上的平等分配，即"各尽所能、按需分配"①。

最后，马克思关于按要素分配的理论。马克思在分析价值分配和价值创造两个不同理论内涵的基础上，也分析了资本、土地等非劳动生产要素创造财富及参与收入分配的原理。马克思认为，所有制及其法律层面的产权关系是非劳动生产要素参与分配的依据。马克思指出，在资本主义生产中，生产资料首先表现为资本家的私有财产，"这些资本家是资产阶级社会的受托人，但是他们会把从这种委托中得到的全部果实装进私囊"。② 马克思在《哥达纲领批判》中严厉批判了"劳动是财富的唯一源泉"的错误观点，旗帜鲜明地提出："劳动不是一切财富的源泉。自然界同劳动一样也是使用价值（而物质财富就是由使用价值构成的！）的源泉。"③ 这为我们党提出与市场经济体制相适应的"生产要素按贡献参与分配"的原则奠定了理论基础。

2. 中国改革开放前对马克思收入分配理论的完善与实践探索

作为世界上第一个社会主义国家苏联（1922年底成立）的主要缔造者，列宁继承发展了马克思的按劳分配理论，并根据苏联经济建设实践发展不断探索与本国实际情况相适应的按劳分配原则及实现形式。列宁在领导苏联社会主义经济建设实践中把马克思的按劳分配理论转化成社会制度，并将其总结为"不劳动者不得食"和"对等量劳动给予等量产品"两条原则，提出按劳动量分配产品，强调对劳动量和消费量进行严格统计

---

① 马克思，恩格斯. 马克思恩格斯文集（第三卷）[M]. 中共中央马克思恩格斯列宁斯大林著作编译局，译. 北京：人民出版社，2009.

② 马克思，恩格斯. 马克思恩格斯文集（第七卷）[M]. 中共中央马克思恩格斯列宁斯大林著作编译局，译. 北京：人民出版社，2009.

③ 马克思，恩格斯. 马克思恩格斯文集（第三卷）[M]. 中共中央马克思恩格斯列宁斯大林著作编译局，译. 北京：人民出版社，2009.

核算及监督管理的重要性。然而，在战时共产主义时期，由于存在特殊发展环境，此时的苏俄政府在内部实行劳动义务制和主要消费品的配售制度，并没有完全遵循马克思按劳分配思想。

苏俄直到1921年进入新经济政策时期，开始根据劳动贡献的大小鼓励多劳多得，并实行八小时工作制；还实施了征收粮食税、多种所有制经济成分并存、国家利益同个人利益相结合、租让制、建立合作社等贯彻按劳分配制度的政策措施。列宁逝世后，斯大林认为列宁的新经济政策不过是特殊情况下战略上的退却，是权宜之计。他坚持城市经济国有化、农村经济集体化以及更高形态的公有制经济，强调有计划按比例的高度集权的计划管理体制。同时，由于历史发展水平的限制，斯大林在个人消费品分配上强调"按劳分配"，并提出劳动者以"劳动的数量和质量"[1]为尺度"领取工作报酬"[2]，并坚决反对平均主义的思想观点，改革工资制度为八级工资制，并逐步扩大工业部门的工资差距，斯大林的这一思想对中国的收入分配实践产生了重大影响。

新中国成立后，中国共产党以马克思按劳分配理论为指导并借鉴苏联已有的按劳分配实践，在分配上严格执行按劳取酬，并将这一制度看作社会主义制度不同于其他社会制度的本质特征。党的八届六中全会区分了社会主义和共产主义两个不同阶段的分配原则，提出社会主义建设初期应实行"各尽所能、按劳分配"的分配原则。按劳分配是与当时经济发展阶段相适应的分配方式，但这一方式会不可避免地产生收入差距等弊端，毛泽

---

[1] 斯大林. 斯大林文选（1934—1952）（上）[M]. 中共中央马克思恩格斯列宁斯大林著作编译局, 译. 北京：人民出版社, 1962.

[2] 斯大林. 斯大林全集（第十二卷）[M]. 中共中央马克思恩格斯列宁斯大林著作编译局, 译. 北京：人民出版社, 1955.

东强调要"既反对平均主义,也反对过分悬殊"①。

3. 改革开放以来我国收入分配体制的创新发展

改革开放以来,中国共产党对社会主义收入分配问题的探索和认识不断演进,为中国特色社会主义分配理论的形成和发展做出了突出贡献,极大丰富和创新发展了马克思按劳分配理论。我们党立足社会主义初级阶段,不断探索更加符合中国国情的收入分配方式,形成了一系列有关社会主义收入分配的理论创新,从根本上贯彻了马克思按劳分配理论原则,实现了对马克思按劳分配理论的重大突破。从理论上来看,多种所有制结构与多样化的分配方式相对应,社会主义市场经济条件下资源配置方式的市场化也必然要求按劳分配与按生产要素分配相结合。改革开放以来,中国共产党对社会主义分配理论的创新发展不仅体现在对按劳分配的本质和实现形式的理论突破上,分配制度从单一的平均主义按劳分配发展到多种分配方式并存,还体现在对按生产要素参与分配的认识调整上,按生产要素参与分配从"不允许"到"允许"再到"鼓励"的过程,本身就是马克思按劳分配理论的丰富和发展。另外,按生产要素参与分配使社会主义初级阶段收入分配制度进一步深化,而且已成为社会主义基本经济制度的重要组成部分。

改革开放初期,随着"拨乱反正"的逐步深入,从党内到经济理论界对此前僵化的按劳分配原则展开了激烈讨论,为全面贯彻和落实按劳分配原则提供了理论基础和政策保障。邓小平十分重视分配问题。1978年3月,邓小平在一次同国务院政治研究室负责人谈话时强调:"要坚持按劳分配的社会主义原则。按劳分配就是按劳动的数量和质量进行分配。评定职工工资级别时,主要是看他的劳动好坏、技术高低、贡献大小政治态度

---

① 中共中央文献研究室. 毛泽东文集(第八卷)[M]. 北京:人民出版社,1999.

也要看，处理分配问题如果主要不是看劳动，而是看政治，那就不是按劳分配。"① 党的十一届三中全会明确提出反对平均主义，肯定物质激励和物质利益，尽管仍未摆脱公有制和计划经济体制框架的约束，但它为党进一步探索分配体制改革打开了缺口。1978年12月，邓小平在党的十一届三中全会闭幕会上提出，在经济政策上，要允许一部分地区、一部分企业、一部分工人农民，由于辛勤努力成绩大而收入先多一些，生活先好起来。② 随后，1984年党的十二届三中全会和1986年党的十二届六中全会都强调要贯彻落实按劳分配原则，鼓励一部分人先富起来。通过允许收入差别、一部分人先富起来，打破了平均主义分配，我们党为后来实施多元化的收入分配制度打下了改革的基础。

随着我国生产资料所有制改革的深入和多种所有制经济成分的形成，按劳分配的实践形式与时俱进，呈现多样化的特征。1987年党的十三大提出了社会主义初级阶段理论，并提出这一阶段的按劳分配原则不是单一的，明确了其他多种分配方式的补充地位，党中央尽管没有明确"按生产要素分配"，但对"多种分配方式"的肯定实际上就是承认了现实中按生产要素分配实践的积极作用。党深刻认识并反思了平均主义的严重影响，初步提出"在促进效率提高的前提下体现公平"的收入分配指导原则。1992年党的十四大重申了党的十三大提出的收入分配原则，并明确指出要"兼顾效率与公平"，实现了理论上的重大突破。党的十四届三中全会强调，个人收入分配要坚持以按劳分配为主体、多种分配方式并存的制度，体现效率优先、兼顾公平的原则。这一新认识从"制度"层面保障了按劳分配的主体地位，提升了多种分配方式的地位和重要性。

---

① 邓小平. 邓小平文选（第二卷）[M]. 北京：人民出版社，1983.
② 同上.

另外，党的十四届三中全会提出，国家依法保护法人和居民的一切合法收入和财产，鼓励城乡居民储蓄和投资，允许属于个人的资本等生产要素参与收益分配。这将极大地调动劳动者生产和投资的积极性，特别是这里隐含的"按生产要素分配"，是对马克思按劳分配理论的重大突破，为我国接下来收入分配制度改革和实践创新提供了理论指导。总的来看，党提出"兼顾效率与公平"的原则，一方面是为了打破平均主义，引入竞争机制，提高效率，促进经济增长；另一方面是坚持共同富裕的方向，防止贫富悬殊和收入差距扩大。然而，现实中也出现了过多关注效率、忽视公平的情况。因此，20世纪90年代以来，在实际执行这一原则过程中，我国不可避免地出现了收入差距持续扩大的现象和问题。

4. 建立与社会主义市场经济体制适应的收入分配制度

党的十四届三中全会制定了建立社会主义市场经济体制的总体规划和基本框架。为此，须建立与社会主义市场经济发展运行相契合的收入分配制度。1997年党的十五大首次提出把按劳分配与按生产要素分配相结合的原则，参与收益分配的生产要素包括资本和技术等，其进一步具体明确了党的十四大提出的"多种分配方式并存"的实践路径，并强调两者的结合应坚持"效率优先、兼顾公平"原则。党创造性提出的按生产要素参与分配的原则是由与多种所有制经济共同发展的所有制结构决定的，是生产要素私人所有者在利益分配上的体现，同时承认了非劳动要素所有权在产权关系上的独立性。正如马克思所指出的："消费资料的任何一种分配，都不过是生产条件本身分配的结果。"[1] 我们党把具有内在统一性的所有制结构与分配方式结合起来的探索，是对马克思收入分配理论的继承和发展。

---

[1] 马克思,恩格斯. 马克思恩格斯文集（第三卷）[M]. 中共中央马克思恩格斯列宁斯大林著作编译局,译. 北京：人民出版社,2009.

随着改革开放的实践发展，为了进一步适应个体私营经济的飞速发展和要素市场化改革的深化，党在坚持按劳分配为主体的基础上，不断调整分配方式多元化的具体实现形式，扩展了"多种分配方式"的理论内涵。2002年党的十六大进一步将"管理"要素纳入按贡献参与分配的范畴并从制度上明确规定"劳动"作为首要生产要素的地位，不仅扩大了参与分配的生产要素的范围，也明确了参与分配的原则是"按贡献"，这些都极大丰富发展了马克思收入分配理论。同时，正式提出要保护"合法的非劳动收入"，"要扩大中等收入者比重，提高低收入者收入水平"。

针对我国贫富差距不断扩大的事实，在"让一部分人先富起来"政策成效显著的基础上，党的十六大立足初次分配和再分配两个环节进行顶层设计和具体谋划，强调它们在不同分配领域应发挥不同的作用，即初次分配注重效率，发挥市场调节作用，再分配注重公平，发挥政府的调节作用，这等于把公平和效率置于同等重要的位置，而不是简单地把效率置于公平前面。2007年党的十七大在延续党的十六大相关提法的基础上，首次明确把提高效率与促进社会公平结合起来，即初次分配和再分配都要处理好效率与公平的关系，而且更加强调"公平"在再分配中的重要性，也就是强化政府调节收入分配的公平性。同时，提出"健全劳动、资本、技术、管理等生产要素按贡献参与分配的制度"。按生产要素分配从"原则"到"制度"的演变，丰富了马克思按劳分配的理论内涵，具有重大的理论和政策意义。

随着党对社会主义初级阶段分配实践的探索和理论认识上的新突破，党的十八大把分配制度改革与实现共享发展和共同富裕统一起来，明确提出分配领域"两个同步"和"两个提高"的发展目标，这一新提法充分体现了社会主义共享发展和共同富裕的本质要求，"两个同步"是收入分配制度改革的手段，赋予分配制度和分配关系动态发展的特征，使其既具有制度层面的顶层设计功能，又有政策层面的实操性[1]；"两个提高"是收入分配制度改革的目标，强调收入分配制度改革的目的是提高劳动报酬比重和劳动者收入比重，着力提高人民群众的收入水平，巩固按劳分配的主体地位，以解决好"收入差距过大与收入分配不公"这两大问题。

中国特色社会主义进入新时代，以习近平同志为核心的党中央提出"共享"的发展理念和促进共同富裕的收入分配体制改革，即要重点处理好效率与公平统一协调问题，这彰显了党"人民至上"的价值追求。党中央关于收入分配的理论贡献主要在于把实现"人民共享"发展作为新时代收入分配体制改革的核心内容，正确认识了社会主要矛盾转化背景下发展和分配的关系，多次强调做大分好"蛋糕"与通过高质量发展解决发展不平衡和收入差距问题的重要性。

总的来说，党高度重视社会主义分配制度改革和分配关系的完善，以实现共同富裕为价值追求。正如习近平强调，"必须把促进全体人民共同富裕摆在更加重要的位置"[2]。这将"坚持共同富裕方向"提升到了经济社会发展必须遵循的原则高度。在高质量发展中逐步推进共同富裕迈出坚实步伐、取得更为明显的实质性进展，赋予了共同富裕更加丰富的时代内涵。党的十九届四中全会把分配制度提升至基本经济制度重要组成部分的高度，一方面，体现了生产和分配的辩证统一，所有制和分配制度相互影响、相互依存，在本质上具有一致性；另一方面，反映了既符合社会主义市场经济要求又坚持按劳分配社会主义本质的收入分配制度，不仅是解决

---

[1] 王军旗. 社会主义市场经济理论与实践（第五版）[M]. 北京：中国人民大学出版社，2021.

[2] 习近平关于《中共中央关于制定国民经济和社会发展第十四个五年规划和二〇三五年远景目标的建议》的说明 [N]. 人民日报，2020－11－04.

收入差距特别是财产差距日趋扩大问题的制度基础,也是科学社会主义的内在要求,它为推动经济高质量发展提供了制度保障。

(二) 我国收入差距的扩大及其原因

改革开放以来,随着我国经济体制改革的不断深化,我国在经济发展上取得了巨大的成就,社会财富不断增加,人民生活水平得到显著提高。但是在体制变革释放巨大生产力的同时,经济发展中出现了经济高速增长与生态资源过度消耗、经济总量增长与社会阶层分化等一系列矛盾现象。城乡之间、不同地区之间、不同行业之间、不同群体之间的收入差距逐渐扩大,分配格局出现不平衡状态,财富逐渐向少数人手中集中。收入分配的不平等会对建设社会主义现代化强国产生不利影响。

一百余年来,一代又一代中国共产党人不忘初心使命,始终以实现共同富裕为矢志不渝的奋斗目标,在探索适合我国国情的收入分配体制方面取得了重大进展,我国经济社会发展水平、综合国力、人民生活水平都得到极大提升。我国居民的人均可支配收入从 1978 年的 171 元持续增加至 2020 年的 32 189 元。2020 年,我国 GDP 首次突破 100 万亿元,占世界经济比重达到 17%,人均 GDP 站稳 1 万美元。但是,中国经济社会发展仍存在不平衡不充分的问题,当前收入差距扩大已然成为我国实现共同富裕面临的重大挑战。2013 年 11 月 3 日,习近平首次提出"精准扶贫"重要思想。[1] 我国到 2020 年底整体消除了绝对贫困。尽管如此,我们还是要认识到,我国居民间收入差距问题依然较为突出,仍需要重视。

1. 当前我国收入差距过大的表现形式

改革开放之前,由于实行计划经济体制下的分配平均主义、"吃大锅

---

[1] 总书记带领我们"精准脱贫"[N].人民日报,2018 - 10 - 05.

饭",居民收入几乎不存在差距。改革开放后,由于逐渐允许劳动致富和居民有财产性收入、实行社会主义市场经济、允许多种分配方式并存等原因,社会成员之间总体收入差距拉大。中国基尼系数 1994 年首次超过了 0.4,达到 0.434 的高水平。① 根据国家统计局公布的数据,2001 年之后,其均超过 0.45,2008 年达到 0.491 的高点,随后逐渐下降到 2015 年的 0.462,之后又出现反弹,2016 年、2017 年、2018 年、2019 年分别为 0.465、0.467、0.468、0.465,仍在国际警戒线(0.4)之上高位徘徊。

更重要的是,当前我国的城乡区域发展差距仍然较大,特别是城镇、农村的收入差距和消费差距扩大化现象十分突出。我国城乡发展差距长期处于高位且具有不断扩大态势,是我国发展过程中特有的经济现象。② 中国社会主义市场经济体制改革在带来经济高速增长、人民生活水平极大提高的同时,由于市场经济体制不完善以及权力寻租、行政垄断等多种非市场因素介入,也面临城乡居民收入差距扩大长期得不到根本解决问题,而较大的城乡居民收入差距又是导致国家整体收入差距较大的重要原因。③ 如图 3-1 所示,我国城乡居民人均可支配收入的差距自 1990 年以来一直处于扩大的趋势,城乡居民收入水平之比从 1990 年的 2.20 上升到 2002 年的 3.03,2002—2009 年期间,城乡居民收入水平之比一直高于 3.00。

自 2009 年以来,我国城乡居民收入水平之比和消费水平之比逐年下降,这也从某种程度上反映了党和国家在完善收入分配体系、脱贫攻坚、城乡协调发展等方面的政策举措对于改善收入分配格局的积极作用。但

---

① 李强,洪大用,宋时歌. 我国社会各阶层收入差距的分析 [J]. 科学导报,1995(11).
② 李实. 中国特色社会主义收入分配问题 [J]. 政治经济学评论,2020(11).
③ 杨灿明,孙群力. 中国居民财富分布及差距分解——基于中国居民收入与财富调查的数据分析 [J]. 财政研究,2019(3).

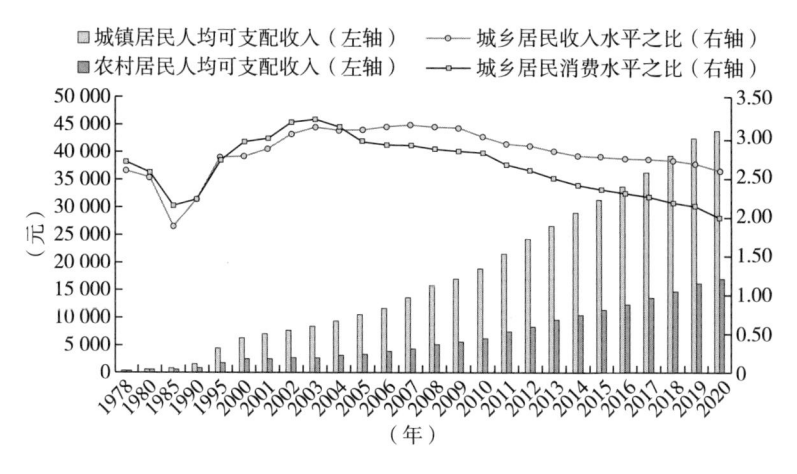

图 3-1　全国城乡居民收入水平和消费水平的变化趋势（1978—2020 年）
资料来源：《中国经济社会发展年鉴数据》（2021）。

是，城乡居民收入差距和消费差距仍然较大，2020 年城乡居民收入水平之比仍高达 2.56；而且，从图 3-1 可以发现，城乡居民人均可支配收入差距的绝对值持续扩大，从 1978 年的 209.8 元迅速扩大到 2020 年的 26 702.3 元，约扩大了 126 倍，年均增长超过 10%。城乡居民消费水平之比自 2003 年达到最高点 3.21 之后也在持续下降，2019 年已下降至 2.11，但仍处于高位。

从人均工资性收入和人均财产净收入来看，2020 年，城镇居民分别为 26 380.7 元、4 626.5 元，农村居民分别为 6 973.9 元、418.8 元，前者约为后者的 3.78 倍和 11.05 倍（见表 3-1）。如果说工资性收入指标是从流量维度来衡量一定时期内城乡居民的收入分配结果，那么财产净收入指标就是存量维度。当前城镇居民的人均可支配财产净收入仍然是农村居民的十多倍，且城乡居民的财产差距扩大化态势十分明显。衡量居民财产差距的多个基尼系数指标从 2002 年以来居高不下，因为拥有较多财产的高收入人群获得更多的财产性收入，会进一步扩大收入差距。

表3-1 2013—2020年全国（城镇、农村）居民人均可支配收入

单位：元

指标	2013年	2014年	2015年	2016年	2017年	2018年	2019年	2020年
全国居民人均可支配收入	18 310.9	20 167.2	21 966.1	23 821	25 973.8	28 228	30 732.9	32 188.9
1. 工资性收入	10 410.8	11 420.6	12 459	13 455.2	14 620.3	15 829	17 186.2	17 917.4
2. 经营净收入	3 434.7	3 732	3 955.6	4 217.7	4 501.8	4 852.4	5 247.3	5 306.8
3. 财产净收入	1 423.3	1 587.8	1 739.6	1 889	2 107.4	2 378.5	2 619.1	2 791.5
4. 转移净收入	3 042.1	3 426.8	3 811.9	4 259.1	4 744.3	5 168.1	5 680.3	6 173.2
城镇居民人均可支配收入	26 467	28 843.8	31 194.8	33 616.2	36 396.1	39 250.8	42 358.8	43 833.8
1. 工资性收入	16 617.4	17 936.8	19 337.1	20 665	22 200.9	23 792.2	25 564.8	26 380.7
2. 经营净收入	2 975.3	3 279	3 476.1	3 770.1	4 064.7	4 442.6	4 840.4	4 710.8
3. 财产净收入	2 551.5	2 812.1	3 041.9	3 271.3	3 606.9	4 027.7	4 390.6	4 626.5
4. 转移净收入	4 322.8	4 815.9	5 339.7	5 909.8	6 523.6	6 988.3	7 563	8 115.8
农村居民人均可支配收入	9 429.5	10 488.9	11 421.7	12 363.4	13 432.4	14 617.1	16 020.8	17 131.4
1. 工资性收入	3 652.5	4 152.2	4 600.3	5 021.8	5 498.4	5 996.1	6 583.5	6 973.9
2. 经营净收入	3 934.8	4 237.4	4 503.6	4 741.3	5 027.8	5 358.4	5 762.2	6 077.4
3. 财产净收入	194.7	222.1	251.5	272.1	303	342.1	377.3	418.8
4. 转移净收入	1 647.5	1 877.2	2 066.3	2 328.2	2 603.2	2 920.5	3 297.8	3 661.3

数据来源：《中国经济社会发展年鉴数据》（2021），《2018年中国统计摘要》。

从地区收入差距看，各地区历史积淀、自然禀赋、国家政策等导致的发展不平衡问题也是当前影响推进共同富裕目标实现的重大现实问题。改革开放以来，东部沿海地区借助优惠政策先富裕起来，财富迅速集中到东部沿海地区的发达城市，加上由于"胡焕庸线"两侧经济发展环境客观上存在差异，所以不同地区间居民人均可支配收入差距仍然较大。例如，根据国家统计局公布的数据，2021年东部地区、中部地区、西部地区、东北地区人均可支配收入分别为44 980元、29 650元、27 798元、30 518元，东部地区远远高于中部、西部（简称"中西部"）地区。其中，居民人均可支配收入超过全国平均水平的省市（共8个）全在东部。2013—2020年，上海的人均可支配收入由42 173.6元上升到72 232.4

元，甘肃的人均可支配收入由10 954.4元上升到20 335.1元，两地居民人均可支配收入之比在2013年达到3.85，之后尽管略有下降，2020年仍高达3.55。较大的就业环境和工资收入差异使得中西部地区的人才、资金等要素进一步向东部发达地区转移，由此又进一步拉大了区域间的经济发展差距。

从国际比较来看，发达国家如英国、加拿大的城乡居民收入比接近1；发展中国家印度2011年的城乡居民收入比将近1.9；即便是非洲的低收入国家，如乌干达2005年的城乡收入比最高也只有2.34。但是根据国家统计局的数据，2020年我国（除港澳台地区）的城乡居民收入比却高达2.56（见表3-2）。可见我国城乡居民收入差距在世界范围内都是偏高的。此外，从城乡居民收入差距对全国居民收入差距的贡献程度来看，我国城乡居民收入差距的贡献占到了27%左右，而发达国家如瑞士、芬兰、加拿大等国不到10%，发展中国家如菲律宾和印度也不超过20%。因此，城乡居民收入差距是我国城乡发展不平衡的一个重要表现。[1]

表3-2 城乡居民收入比的国际比较

国家	城乡居民收入比	数据年份	数据来源
美国	1.33	2015	美国农业部网站
加拿大	1.11—1.2	2006	文献（Wilso等）
英国	1.03	2019	英国环境、食品和乡村事务部网站
印度	1.88	2011	文献（Azam）
越南	1.47	2014	文献（Benjamin等）
尼日利亚	1.36—1.49	2003	文献（Brauw等）
乌干达	2.03—2.34	2005	文献（Brauw等）
肯尼亚	1.92—2.74	2005	文献（Brauw等）
中国（除港澳台地区）	2.56	2020	国家统计局网站

注：国际组织数据库普遍缺乏城乡居民收入差距统计，因此此表选取几个典型文献中或官方机构曾发布数据的国家进行对比。

---

[1] 李实，陈基平，滕阳川. 共同富裕路上的乡村振兴：问题、挑战与建议[J]. 兰州大学学报（社会科学版），2021（3）.

不仅是城乡差距，农村内部的居民收入差距也在不断扩大，尽管我国已经全面建成小康社会，消除了绝对贫困问题，但农村低收入人口规模依然庞大、农村相对贫困发生率也在不断上升（见图3-2）。如果按照全国居民人均收入中位数40%的标准计算，2018年，农村有8 000万左右的人口处于相对贫困状态，相对贫困发生率约为14%。[1] 值得注意的是，当前来自政府补贴的转移性收入占农村贫困家庭收入的42%，[2] 已经脱贫的人口仍面临较大的返贫风险和可持续发展问题。此外，不平衡问题的另一面是基本公共服务均等化程度较低问题。

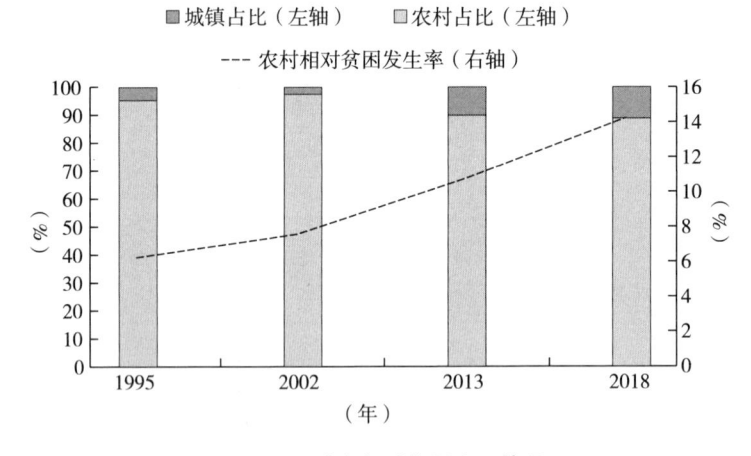

图3-2 城乡相对贫困人口情况

注：(1) 相对贫困标准采用全国居民人均收入中位数的40%，城镇样本包括农民工；(2) 为了统一收入口径，统一了不同年份的收入定义，因此图中数据与沈扬扬等计算的2018年农村相对贫困发生率略有差别。

资料来源：沈扬扬，李实. 如何确定相对贫困标准？——兼论"城乡统筹"相对贫困的可行方案[J]. 华南师范大学学报（社会科学版），2020（2）；CHIP（中国居民家庭收入调查）1995，CHIP2002，CHIP2013，CHIP2018.

---

[1] 李实，陈基平，滕阳川. 共同富裕路上的乡村振兴：问题、挑战与建议[J]. 兰州大学学报（社会科学版），2021（3）.

[2] 岳希明，种聪. 我国社会保障支出的收入分配和减贫效应研究——基于全面建成小康社会的视角[J]. 中国经济学人，2020（4）.

2. 当前我国收入差距过大的主要原因

改革开放之前，尽管我国实行的是高度平均的收入分配政策，但这样一个人民普遍贫穷的社会并非一个平等的社会，它通过职务级别拉大人们之间实物和货币收入差距，极少数人享有特权，造成了社会的不平等。[①] 改革开放以后，党深刻反思并吸取了传统计划经济时期在分配上过度平均主义的教训，强调效率优先、兼顾公平，让一部分人先富起来，实行不平衡的发展战略。但是，社会主义市场经济体制改革实践过程中，收入差距扩大问题日渐严重。市场参与者交换能力或者机遇的不同，都可能导致劳动者的收入差别。从一般意义上看，我国社会主义市场经济体现为市场在资源配置中起"决定性"作用，市场基于产权或所有权的"优先决定"原则，赋予市场参与者等价交换的自由。然而，在劳动过程中，由于劳动力发展不平衡，在自由竞争的市场环境下优胜劣汰必然产生，进而加剧贫富分化。正如有学者指出："总体上，分配是不会考虑周到的，也没有被计算从而实现公共利益或者共同受益这样的目标。"[②]

当前，我国正处于社会主义初级阶段，市场经济体制仍不够完善，比如，部分垄断行业竞争不充分，其凭借在市场上的特殊地位攫取垄断经营利润，导致垄断部门员工收入水平极高；社会保障体系不健全甚至缺失使得一部分人的基本生活没有保障；市场监督管理体制不完善，存在各种偷税漏税、假冒伪劣等市场失灵现象。劳动者报酬在国民总收入中的比重不断下降，普通劳动者特别是农民阶层从改革中获得的利益甚少，生活水平

[①] 杨奎松. 从供给制到职务等级工资制——新中国建立前后党政人员收入分配制度的演变 [J]. 历史研究, 2007 (4).

[②] C.E. 林德布鲁姆. 市场体制的秘密 [M]. 耿修林, 译. 南京: 江苏人民出版社, 2002.

改善缓慢,再加上通货膨胀造成货币贬值,普通工薪阶层的生活受到严重影响。值得注意的是,政府职能转变不到位,少数掌握资源支配权力的政府官员手中仍有很大的审批权力,导致权力寻租、权钱交易现象不断,从而使政府中的贪官污吏或者有寻租门道的人通过公权力掠夺人民利益,迅速积累巨额财富。①

---

① 吴敬琏. 中国经济改革进程 [M]. 北京:中国大百科全书出版社,2018.

二、收入差距扩大对经济增长的影响

合理且适度的收入差距有利于加速社会经济资源的集中,克服平均主义,保护一切有利于人民和社会的劳动。收入差距过大会导致人们产生一种普遍的经济不安全及社会不稳定的感觉,削弱大多数经济主体的信心,进而破坏社会信用以及各经济主体之间的合作关系,增加市场交易成本,使各利益主体在相互博弈中陷入"囚徒困境",并因此造成资源的浪费和效率的低下。收入差距的影响是具有两面性的,适度、合理范围内的收入差距对促进效率和推动经济社会发展具有有利的一面。但是,过大的收入差距既不符合社会主义的本质要求,也不利于社会经济发展。因此,应该及时、有效、高效地处理好收入差距过大的棘手问题,积极推进收入分配体制的合理改革,从而更好地推动我国社会主义经济发展。

基尼系数是国际上用来综合考察居民内部收入差异状况的一个重要分析指标,它可以反映收入分配的不平等程度。改革开放初期,我国经济发展水平和居民人均收入水平较低,且城市居民和农村居民的收入都高度平均。根据杨小凯的测算,1981年湖北全省的基尼系数为0.133 2。[1] 据世

---

[1] 杨小凯. 社会经济发展的重要指标——基尼系数 [J]. 武汉大学学报, 1982 (6).

界银行估计，1980年中国城市基尼系数为0.16。随着深入贯彻"效率优先"原则，激励生产效率提升，我国的经济发展水平有了大幅的提升。但与此同时，收入分配格局不合理，收入差距拉大和不公平现象并存。

近年来，我国基尼系数长期保持在0.46以上，超过国际公认的警戒线（0.4），特别是低收入群体依然庞大，有6亿人每个月的收入也就1 000元。与世界上其他国家比较，我国基尼系数仍处于较高水平。除北美洲和南美洲的多数国家基尼系数均超过0.40外，欧洲的多数国家收入差距相对较小，基尼系数处于0.30左右，亚洲和非洲的多数国家基尼系数处于0.35—0.40。① 这些数据都表明我国基尼系数处于较高水平。因此，我国面临经济增速放缓和居民收入差距拉大的双重挑战，在全面建成小康社会、推动实现共同富裕初步实现的初期阶段，需要更加注重经济发展的公平性，使我国收入分配政策导向从"效率优先、兼顾公平"向"促进效率、体现公平"转变。

（一）平均主义收入分配体制对经济增长的影响

改革开放前，我国收入分配政策受到了马克思按劳分配原则和"苏联模式"的深刻影响。一方面，马克思在《哥达纲领批判》一文把社会主义的分配原则划分为按劳分配和按需分配，它们分别适用于共产主义社会第一阶段和共产主义社会高级阶段。收入分配原则从"形式上的平等"到"事实上的平等"的转变，体现了社会主义社会收入分配制度的阶段性演进。另一方面，我国在"苏联模式"的影响下，强调按劳分配是社会主义经济规律，根据劳动的数量和质量进行物质财富和劳务费的分配，采取计

---

① 孙豪，曹肖烨. 收入分配制度协调与促进共同富裕路径［J］. 数量经济技术经济研究，2022（4）.

件工资制和计时工资制相结合。为防止收入差距扩大，可利用社会基金来分配消费品，这样有利于缓解收入差距过大的局面。①

1949 年新中国成立，我国实行新民主主义经济体制下的多种分配方式并存，强调"以公私兼顾、劳资两利、城乡互助、内外交流的政策"②发展经济。通过没收官僚资本和土地改革运动，消灭了封建剥削制度，大大缩小了旧中国留下的贫富差距。随着三大改造的完成，公有制的比例不断增加，我国建立起以国有经济和集体经济为主的高度集中的计划经济体制，收入分配方面也转变为采用单一的按劳分配制度。在农村，经过农业合作化运动，国家对分配有严格统一的标准，实行"死订活评"等③方法计算"劳动日"，均等化程度高；在城市，实行以"工资分"为工资计算单位的八级工资制。1956 年，国务院取消工资分制度，实行职务等级工资制度。④ 随着"大跃进"和人民公社化运动开展，国家更加强调平均主义分配政策。1960 年，中央开始降低十七级以上党员干部的工资标准并逐步取消计件工资制，明确提出职工工资标准三五年不提高的方针。⑤ 新中国成立后这一时期，职工工资只是进行了四次微小的调整，长期冻结。⑥

马克思曾指出，刚刚从资本主义社会中产生出来的共产主义社会，

---

① 苏联科学院经济研究所. 政治经济学教科书（增订第四版）[M]. 北京：中国人民大学出版社，1964.
② 参见 1949 年 9 月 29 日通过的《中国人民政治协商会议共同纲领》。
③ 参见 1953 年 12 月 16 日通过的《中国共产党中央委员会关于发展农业生产合作社的决议》。
④ 参见 1956 年 6 月 16 日发布的《国务院关于工资改革的决定》。
⑤ 参见 1960 年 9 月 26 日发布的《中共中央转发国家计委党组、劳动部党组〈关于当前劳动力安排和职工工资问题的报告〉的指示》。
⑥ 戴园晨，黎汉明. 工资侵蚀利润——中国经济体制改革中的潜在危险 [J]. 经济研究，1988（6）.

"平等的权利按照原则仍然是资产阶级的法权"①。随着分配政策调整的冒进和政治意识形态的影响，我国出现了"按劳分配是不是资产阶级法权以及是否应该坚持按劳分配"的大争论。其中影响最大的是1958年10月张春桥发表的《破除资产阶级的法权思想》一文，将极"左"路线的分配政策推向高潮。特别是"文化大革命"时期，这篇文章被重新提出，许多人再次将按劳分配作为资产阶级法权进行批判，助长了"干多干少、干好干坏一个样"的大锅饭性质的平均主义分配状况，不利于劳动者积极性的提高和国民经济的健康发展，该时期按劳分配被认为是新的资产阶级的根源。总的来说，改革开放前，我国实践中主要实行低水平的平均主义性质的分配形式。

平均主义按劳分配原则的确立，使得我国居民收入差距下降至低水平。在"文革"前的1965年，反映居民收入差距的基尼系数降低为0.3左右；"文革"期间的1975年，基尼系数降至0.27左右。但1952—1978年这段时期城乡居民收入水平并没有得到显著提高。有统计数据显示，1952—1978年中国经济的年均增长率为6.7%，而居民人均收入的年均增长率不足2%；即使扣除人口增长的因素，居民收入增长率也比经济增长率低3—4个百分点，这说明改革开放前那些年的经济增长并没有显著提高居民收入水平，老百姓并没有从经济增长中获得相应的发展成果。②

（二）多元化的收入分配体制对经济增长的影响

"文革"结束后，我国进入"拨乱反正"的历史新时期，当时围绕社

---

① 马克思，恩格斯. 马克思恩格斯选集（第三卷）[M]. 中共中央马克思恩格斯列宁斯大林著作编译局，译. 北京：人民出版社，1972. 2012年版的《马克思恩格斯选集（第三卷）》将该表述中的"法权"改为了"权利"。——编者注

② 李实. 中国收入分配制度改革四十年 [J]. 中国经济学人，2018（4）.

会主义按劳分配原则展开了讨论。1977年8月，党的十一大提出，在经济政策上要坚持实行各尽所能、按劳分配的社会主义原则。1978年5月5日，由国务院政治研究室撰写的《贯彻执行按劳分配的社会主义原则》一文，在《人民日报》刊发，标志着按劳分配原则得以正式"平反"。紧接着，1978年12月邓小平提出，在经济政策上，要允许一部分地区、一部分企业、一部分工人农民，由于辛勤努力成绩大而收入先多一些，生活先好起来。① 打破平均主义"大锅饭"，为我国实施多元化的收入分配原则奠定了基础。

1. 关于效率与公平的关系问题

20世纪80—90年代的按劳分配理论探索主要关注效率与公平的关系以及按劳分配和按生产要素参与分配的关系问题。1987年党的十三大强调，社会主义初级阶段的分配原则是坚持以按劳分配为主体，其他分配方式为补充。这体现出党中央认识到了我国分配方式存在"吃大锅饭"和平均主义倾向，要既让一部分人先富起来，提高劳动者的积极性，又兼顾公平，防止贫富悬殊。同时，也体现出我国既承认了其他分配方式存在的合法性，也初步提出了效率优先、兼顾公平的收入分配指导原则。② 1992年党的十四大提出"兼顾效率与公平"。党的十四届三中全会指出"建立以按劳分配为主体，效率优先、兼顾公平的收入分配制度，鼓励一部分地区一部分人先富起来，走共同富裕的道路"。党的十五大和党的十六大都强调了"效率优先、兼顾公平"的原则。将效率摆在首位有利于促进经济增长，但实际执行过程中我国却出现了过度考虑效率、很少兼顾公平的情

---

① 邓小平. 邓小平文选（第二卷）[M]. 北京：人民出版社，1983.
② 魏众，王琼. 按劳分配原则中国化的探索历程——经济思想史视角的分析[J]. 经济研究，2016（11）.

况，造成居民收入差距进一步扩大。①

在1981—1996年间，随着"效率优先、兼顾公平"收入分配体制改革深化和实践发展，虽然城乡居民收入水平不断提高，但收入差距也在不断扩大（见图3-3）。在1984年前的改革开放初期，由于农村率先开启了家庭联产承包责任制，农村居民的收入水平提高很快，而城镇居民的收入增长极为有限，由此城乡居民的收入差距不断缩小，城乡居民收入之比由1981年的2.93下降到了1984年的2.15，GDP增长率也由1981年的5.2%上升到了1984年的15.2%，出现了收入差距缩小和经济高速增长同时并存的现象。1985年以后，我国城镇居民的收入水平实现了较大幅度提高。综合来看，在1981—1996年间，中国GDP达到了平均年化10%以上的高速增长。因此，适当的收入差距能够有效地促进经济增长，两者在特定阶段呈正相关关系。

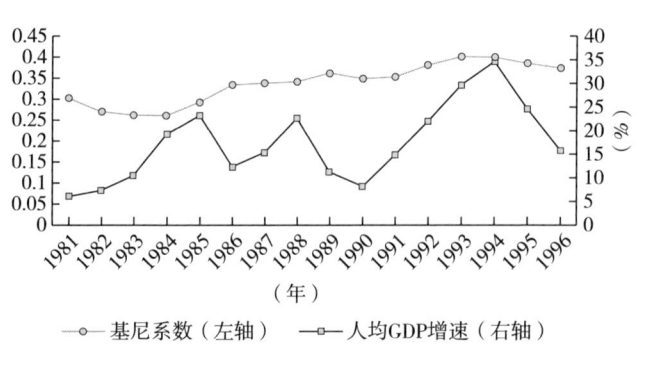

图3-3 1981—1996年我国基尼系数和人均GDP变化情况

2. 按劳分配和按生产要素参与分配

随着社会主义市场经济体制的正式确立，1997年党的十五大允许个人资本等生产要素参与收益分配，明确把"其他分配方式为补充"改为

---

① 周文，刘少阳. 新中国70年成就的政治经济学考察［J］. 天府新论，2019（6）.

"多种分配方式并存"。2002年党的十六大和2007年党的十七大都指出按劳动、技术、资本和管理等生产要素的贡献参与分配。不同的是,把按生产要素的贡献分配从2002年作为一种分配原则演变为2007年的"制度",具有重大的政策意义。这一段时期,收入不公问题引起社会关注。

党的十七大注意到收入差距扩大的趋势,不再提"效率优先,兼顾公平"的说法,而是强调"再分配更加注重公平"的指导方针,重新界定了收入分配改革方向。一方面,我国处于经济转轨时期,社会主义市场经济体制初步建立。收入分配政策根据要素贡献以及劳动力质量进行适度调整,以适应市场化需求,使收入差距相应扩大。[1] 另一方面,体制机制等顶层设计存在较多的制度漏洞,导致大量非法和灰色收入产生;政策不完善带来的问题如城乡二元结构,也是导致收入差距进一步扩大的原因。而且,计划内系统仍然存在平均主义的现象,计划外系统则有收入差距拉大的趋势。[2]

特别是伴随经济社会的发展,我国正处于库兹涅茨"倒U形"曲线的上升部分,市场有效配置资源和要素禀赋的差异不可避免地使收入分配出现失衡,如管理层和脑力劳动者工资上升。[3] 值得注意的是,收入差距扩大受多种因素的影响,市场化本身不必然导致收入差距扩大,很多因素是人为可以改变的。[4] 未来通过加强顶层设计,不断完善市场经济体制,我国居民的收入差距会不断减小。

---

[1] 赵人伟,李实.中国居民收入差距的扩大及其原因[J].经济研究,1997(9).
[2] 赵人伟.我国转型期中收入分配的一些特殊现象[J].经济研究,1992(1).
[3] 周云波.城市化、城乡差距以及全国居民总体收入差距的变动——收入差距倒U型假说的实证检验[J].经济学(季刊),2009(4).
[4] 王小鲁,樊纲.中国收入差距的走势和影响因素分析[J].经济研究,2005(10).

3. 收入分配关系的变化带来了收入差距的拉大

我国收入差距扩大并在高位徘徊，此现状所带来的负面效应已开始显现。从图3-4可以看出，从2004年开始，我国基尼系数一直维持在0.46以上的水平，超过国际公认的警戒线（0.4），低收入群体规模庞大。2008年我国基尼系数达到峰值0.491，尽管从2009年开始它有所下降，但2012年仍然高达0.474。收入差距的拉大无疑影响着经济社会的可持续发展，不利于全面建成小康社会和社会主义共同富裕目标的实现。[①] 从城乡之间居民收入差距来看，其在2000年至2009年期间出现了明显扩大，城乡居民收入之比从2.78上升到了3.33（2009年达到历史最高水平），即使到了2013年，城乡居民收入之比仍高达3。但1997年到2013年，中国GDP年均增长率为9.4%，低于1949年到1956年和1978年到1996年两个阶段的年均增长率，2007年以来，经济增长放缓趋势逐渐清晰。由此

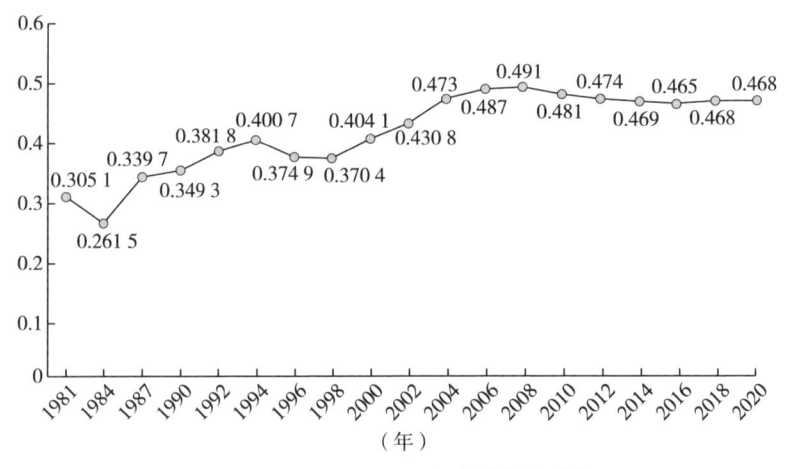

图3-4 1981—2020年中国基尼系数

资料来源：郭冠清. 社会主义的分配理论与实现共同富裕的路径探索［J］. 扬州大学学报（人文社会科学版），2022（1）.

[①] 周文，刘少阳. 社会主义基本经济制度、治理效能与国家治理现代化［J］. 中国经济问题，2020（5）.

可见,1997—2013 年,中国 GDP 年均增长率虽处于较高的水平,但却低于过去其他重要阶段,这反映出中国经济已出现明显的增长放缓迹象。中国 GDP 增长率到 2013 年已经由 1997 年的 13% 下滑至 7.7%,因此,较大的收入差距抑制了经济增长。①

(三) 共同富裕目标下收入分配体制对经济增长的影响

共享发展是马克思科学社会主义理论的核心价值,是马克思批判资本主义两极分化式发展的对立面,是"真正的共同体"概念。② 习近平指出:"共享理念实质就是坚持以人民为中心的发展思想,体现的是逐步实现共同富裕的要求。"③

1. 共同富裕是收入分配体制的核心要义

党的十八大以来,以习近平同志为核心的党中央继续深化对共同富裕问题的理论认识和实践探索,创造性地提出"以人民为中心"的发展思想,着力解决发展的不平衡不充分问题,在扎实推进全体人民共同富裕的道路上做出"一个也不能少"的庄严承诺和提出"取得更为明显的实质性进展"的目标。党对共同富裕理论内涵和目标要求的认识更加深入,强调"共同富裕是社会主义的本质要求,是中国式现代化的重要特征"④。党中央更加深刻地阐释了共同富裕的核心要义和实践路径,提出了精准扶贫、以人民为中心的发展思想、共享发展新理念、高质量发展等创新理

---

① 李子联. 中国收入分配制度的演变及其绩效 (1949—2013) [J]. 南京大学学报 (哲学·人文科学·社会科学), 2015 (1).

② 刘灿. 共享发展理念与中国特色社会主义的实践探索 [J]. 政治经济学评论, 2018 (6).

③ 习近平在省部级主要领导干部学习贯彻党的十八届五中全会精神专题研讨班上的讲话 [OL]. 共产党员网, 2016-05-10.

④ 习近平. 扎实推动共同富裕 [J]. 求是, 2021 (20).

论，这些都是对共同富裕理论内涵的进一步丰富和发展。习近平指出："共同富裕是社会主义的本质要求，是人民群众的共同期盼。我们推动经济社会发展，归根结底是要实现全体人民共同富裕。"① 党中央立足新发展阶段的需要，提出共同富裕的发展目标，其主要目的就是要更加充分地实现生产力的解放和发展，解决发展不平衡不充分的主要矛盾，回应时代和人民关切，从而更好地满足人民对美好生活的需要。②

随着以人民为中心的发展思想的深入贯彻以及一系列促进全民共享的收入分配政策的实施，按劳分配主体地位得到巩固，收入分配公平性和人民福祉得到进一步增进，精准扶贫政策得到执行，历史性实现全面建成小康社会，共同富裕这一中国特色社会主义根本原则得到充分彰显。

2. 收入分配影响经济增长

党的十九届四中全会将按劳分配为主体、多种分配方式并存的收入分配制度上升为社会主义基本经济制度的重要组成部分，社会主义基本经济制度的显著优势更加凸显。根据国家统计局统计数据，2014 年到 2019 年，全国居民人均收入增速始终保持在 6% 以上，基本实现与经济增长同步。在人民生活水平层面，城乡居民消费水平和人均 GDP 两个指标均呈现持续增长趋势，全体居民生活水平得到极大改善（参见图 3－5）。从城乡居民消费水平对比来看（参见图 3－1），1995—2012 年，城乡居民消费水平之比一直处于 2.57—3.21。进入新时代，党采取的一系列促进农村居民收入增加的政策效果开始显现，城乡居民消费水平之比不断下降，从 2013 年的 2.47 逐渐下降到 2020 年的 1.97。根据国家统计局发布的数据，农村贫困人口也从

---

① 习近平关于《中共中央关于制定国民经济和社会发展第十四个五年规划和二〇三五年远景目标的建议》的说明 [N]. 人民日报，2020 - 11 - 04.
② 周文，施炫伶. 共同富裕的内涵特征与实践路径 [J]. 政治经济学评论，2022（3）.

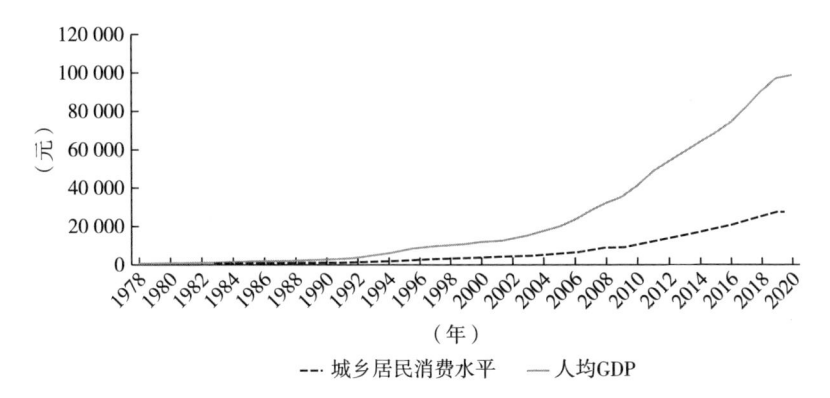

图 3-5 1978—2020 年我国城乡居民消费水平和人均 GDP 变化

1978 年的 77 039 万减少到 2019 年的 551 万，贫困发生率从 97.5%下降到 0.6%，中国到 2020 年底实现全面消除绝对贫困。但应该注意的是，反映居民收入差距的基尼系数在 2018 年仍达到 0.468，相对于 2008 年最高点的 0.491，仅仅下降了 2.3 个百分点，这意味着缩小城乡居民收入差距任重而道远。

总的来看，我国收入分配关系的变化和收入分配制度的形成，在一定程度上促进了经济社会的发展，特别是带来了改革开放以来经济的高速增长和人民收入的普遍增长。收入分配政策及其实施结果与经济增长之间的这一关系虽然与库兹涅茨所提出的"倒 U 形"曲线具有一致性——"倒 U 形"曲线描绘了收入差距随着经济发展呈现出先扩大后缩小的规律，但与其所提出的"经济发展过程中收入分配先恶化后改善"观点不符。

随着收入分配不平等的持续，我国经济增长表现为先加快后放缓的趋势。这主要是由于改革开放后，党中央为了克服平均主义，激励生产效率提升，逐渐提出"发展才是硬道理""允许一部分人先富起来"的思想，这些政策促使市场在配置资源中的地位不断提升，市场配置资源的基础性作用得以充分发挥，经济市场化程度和对外开放程度提高，经济效率逐渐提升，推动了经济保持高速增长。

经过长时期的经济高速增长，以要素的高投入、能源的高消耗和环境的高污染为代价的粗放型增长，在要素、能源和环境面临多重约束的情况下，会导致以收入分配不平等及其加剧为代价释放的"活力"消失殆尽，经济增长因面临结构性、周期性、外生性三重因素叠加影响将被迫放缓。同时，收入分配不平等程度在高位徘徊，收入差距、财富差距过大成为制约经济高质量发展的桎梏。因此，以收入分配不平等推动经济增长这一模式并不具有可持续性。

三、收入差距过大对实体经济从业者就业、创业与生活的影响

改革开放以来我国创造了举世瞩目的发展成就，发展奇迹震撼世界，人民生活水平显著提高，然而随着市场经济的不断发展，市场机制塑造的收入分配体制所导致的收入差距也逐渐显现，不同地区、不同行业、城乡之间居民收入差距显著扩大，全社会收入分配格局发生结构性变化，收入分配体制的市场化以及虚拟经济的快速发展正在对实体经济从业者的就业、创业与生活产生重要影响，从而影响我国实体经济的转型升级。

（一）影响实体经济就业选择

1. 行业收入差距过大促使实体经济逐渐金融化

金融是实体经济发展的产物，实体经济是金融发展的基础，没有实体经济的发展，就没有金融的繁荣，金融是现代经济的核心。改革开放以来我国金融行业与实体经济呈现显著的行业收入差距，金融行业利润远超实体经济利润，金融行业逐渐呈现对实体经济的主导趋势，产业资本日益服从于金融垄断资本。因此，金融行业与实体经济的利润率差异使得实体经济领域企业若想获取最大化利润，就要逐步放弃传统的产品生产和商品贸

易，尝试依靠金融化手段获得更多利润，这导致大量生产性资本脱离产业资本形式并转移到金融行业，进而进行投机冒险或资本空转以实现自我增殖。

大卫·哈维指出：金融运作都已经被内化到公司内部当中，看上去已经和生产统一起来变成不可分割的整体，然而这种表面统一其实是欺骗性的。① 因此实体经济企业借助金融手段看似获得了企业资产的膨胀与规模的扩大，然而却有可能将原本用于企业生产经营、扩大再生产的资金，投入金融市场和房地产行业，这不仅加剧了实体企业的经营风险，也更加助长了虚拟经济的膨胀。

截至 2017 年底，我国 78.84% 的制造业上市公司持有金融资产，40.54% 的制造业上市公司持有投资性房地产，2009—2017 年，我国制造业上市公司固定资产规模增长率始终低于金融资产和投资性房地产增长率，并且呈现下降趋势，同时实体性生产经营活动的收益占利润总额的比例也呈现逐步降低趋势，从 2009 年的 58.97% 下降到 2016 年的 33.88%；金融投机行为获得的资产收益占利润总额的比例逐步增大，从 2009 年的 22.57% 上升到 2016 年的 34.65%。② 2008 年全球金融危机之后，我国实体企业将大量资本投入非生产性的金融行业，企业生产模式从实体性生产经营转向非生产性投机获利，企业利润质量和资产结构也产生相应变化，制造业企业偏离实体性生产主业，实体经济金融化趋势明显。

2. 数字技术应用正在拉大收入差距，冲击劳动就业领域

当前世界正在兴起新一轮科学技术革命和产业变革，以人工智能、大

---

① 大卫·哈维. 资本的限度 [M]. 张寅, 译. 北京：中信出版社，2017.
② 刘晓欣, 田恒. 中国经济从"脱实向虚"到"脱虚向实"——基于马克思主义政治经济学的分析视角 [J]. 社会科学战线，2020（8）.

数据、智能机器人为代表的数字技术推动数字经济蓬勃发展。信息技术和人工智能等数字技术虽然目前无法做到真正完全智能，但它们在本质上是人类部分类型脑力劳动的自动化，正在发挥对人类简单脑力和体力劳动的替代作用。因此，数字技术正在发挥对就业的促进效应和替代效应双重作用。数字技术有助于更大范围地将人从枯燥烦琐的简单劳动中解放出来，从而提高劳动生产率；数字平台也能通过成本低廉、灵活方便的数字技术吸引和聚集大批农村剩余劳动力、城乡残疾人、返乡创业青年等，降低了就业门槛和就业隐形壁垒；网上零售平台和短视频平台都通过信息技术创造了大量新产业、新业态、新模式，为普通劳动者实现自主就业、灵活就业、多重就业提供了便利。

与此同时，数字技术应用也会导致部分普通劳动者从事的劳动岗位被取代，结果是市场减少对只拥有简单劳动技能的普通劳动者的需求，只拥有替代性强的简单劳动技能的低收入者将会面临就业冲击。数字技术加剧了收入分配不平等对普通劳动者的冲击和影响，甚至会导致部分劳动密集型行业出现大规模失业现象，制造业成为就业岗位流失最为严重的传统行业。传统的石油化工、矿产采掘、电子器件制造、食品加工等行业由于自动化技术和人工智能的应用，已经大大减少了用工需求；信息技术和数字平台也在不断冲击部分劳动密集型行业；无人零售技术、无人驾驶技术等都在挤占普通劳动者的就业空间；我国发达的电子商务行业甚至引发了线下传统商品交易市场的萎缩。

数字经济对劳动者综合素质提出更高要求。数字经济创造出的大量新岗位将会要求就业者拥有更丰富的知识和更高的技术技能，数字技术的快速更新迭代要求劳动者具备更加灵活适应变化的能力和更强的综合素质。这将加速冲击和淘汰低技能和低综合素质就业人员，叠加新的就业门槛和就业壁垒加剧收入分配不平等，就业市场的结构性矛盾将更加突出，这将更加冲击低收入者的就业机会,甚至强化不公平的收入分配格局。因此,尽管长期而言,数字经济将会创造更多新产业、新业态、新模式,创造更多的就业机会和就业岗位,然而也必须承认,短期之内,数字经济的就业替代效应更加明显,不容忽视。当前我国劳动就业群体素质和结构与数字经济发展要求差距不小,劳动就业群体很大一部分受教育程度低,初中文化程度就业人员占比最高,超过40%,接受过专科及以上教育就业人员占比约20%,劳动者素质明显难以适应数字经济的快速发展。

3. 收入分配不平等正在加速制造业就业人员流失

据统计,中国制造业占GDP的比重从2011年开始逐年下降,2011年我国制造业占比为32.06%,到2020年已经下降到只有26.18%了。我国制造业用工规模呈现持续下降趋势,国家统计局相关数据显示:2015—2020年,我国规模以上制造企业平均用工人数由8 711万下滑至6 550万,下降幅度远高于同期营业收入3%水平的降幅。2022年3月,全国人大代表、小康集团董事长张兴海指出,2020年,中国制造业人才缺口达到2 200万左右,近几年平均每年有150万人离开制造业,而形成鲜明对比的是,2019年我国快递业从业人数已突破1 000万,外卖配送人员超过700万,2020年新冠疫情期间,两个月内新增外卖配送人员里面超过40%之前是制造业工人。

2022年2月22日,人社部发布的《2021年第四季度全国招聘大于求职"最缺工"的100个职业排行》显示,生产制造业严重缺人,年轻劳动者正在远离制造业,制造业出现明显的招工难问题。由于收入分配不平等加剧制造业就业人员流失,制造业从业人员待遇普遍偏低、工作条件相对较差、劳动权益较难得到有力保障、职业前景与上升通道较为狭隘,再加上人口老龄化加速、出生人口增速放缓、适龄劳动力下滑等因素影响,我国制造业从业人员人数将会呈现持续下滑趋势,制造业招工难形势不容乐观。

优化收入分配制度，健全就业服务体系，推动实体经济发展。就业是最大的民生，而实体经济是就业的蓄水池。2020年后百年变局与新冠疫情交织叠加，更使得我国实体企业生产经营受到较大冲击，中小微企业生产经营困难，社会各界要求金融向实体经济让利呼声渐高。短期而言，要引导金融机构进一步向企业合理让利，助力稳住经济基本盘，还要使货币政策更加灵活适度，加大减费让利力度，为实体经济提供更精准的金融服务，确保新增金融资金主要流向制造业、一般服务业尤其是这类行业中的中小微企业，促进金融资源更多流向经济和社会发展的重点领域和薄弱环节。长期而言，要健全工资合理增长机制，合理调整最低工资标准，提高劳动报酬及其在初次分配中的比重，要在经济增长的同时实现居民收入同步增长，在劳动生产率提高的同时实现劳动报酬同步提高，多措并举促进城乡居民增收，缩小收入差距，扩大中等收入群体。

习近平强调，必须完善收入分配制度，坚持按劳分配为主体、多种分配方式并存的制度，把按劳分配和按生产要素分配结合起来，处理好政府、企业、居民三者分配关系。[①] 与此同时，还必须健全就业公共服务体系，它对扩大就业规模、改善就业结构具有重要意义。要深入实施就业优先战略，继续把就业摆在经济社会发展和宏观政策优先位置，将其作为保障和改善民生头等大事，稳定和扩大就业岗位，用好资金补贴、税收减免等政策杠杆，促进劳动密集型产业发展，激励更多中小微企业等吸纳就业，紧紧围绕制造业转型升级，开展重点群体重点行业专项培训，为经济高质量发展、产业转型升级提供技能人才支撑。要优化劳动者就业环境，提升劳动者收入和权益保障水平，加快发展智能制造，推动我国制造业产

---

① 习近平. 习近平谈治国理政（第二卷）[M]. 北京：外文出版社，2017.

业模式和企业形态转变，使得我国制造业既保持合理规模，又稳步推进产业结构优化升级，发挥我国产业结构的优势，不断挖掘我国产业结构的潜力，推动实体经济转型升级。

（二）影响实体经济创业意愿

我国快速的经济增长带来金融行业的蓬勃发展，特别是2008年全球金融危机爆发之后，我国成为世界经济复苏的发动机，金融行业得到快速扩张，银行业总资产从2007年底的54.1万亿元增加到2012年底的133.6万亿元，再到2022年的344.8万亿元，我国银行业目前已经成为全球最大的银行市场。[①]

1. 金融行业快速扩张膨胀，挤占实体经济空间

金融行业属于服务业，本身并不会像农业部门及工业部门那样生产和制造实体产品、创造具体的物质财富，金融行业的主要功能就在于提升实体经济运转效率，促进实体经济发展，为实体经济服务。金融行业本身并不直接产生价值，然而却优先分配利润，因此金融行业平均利润率远超实体经济平均利润率，实体经济利润率低、回报期长。我国金融行业利润占比从2004年的15%快速上升到2018年的60%，2018年金融行业就业人员数量占比也上升到6%左右，2019年金融行业就业人数超过1300万，占城镇就业人口总数的7.8%，然而与此同时，以制造业为主的第二产业与除金融行业外的第三产业占比却均下降明显。[②] 根据2021年上市银行利润相关统计数据，2021年末我国59家上市银行总资产合计238.22万亿

[①] 李世美，狄振鹏，郭福良. 虚拟经济繁荣与实体经济放缓：金融化的分层解释与治理[J]. 金融发展研究，2022（1）.

[②] 张成思，贾翔夫. 中国经济的金融化趋势[J]. 深圳社会科学，2021（5）.

元，该年共实现营收 6.05 万亿元，有 13 家银行营业收入超过 1 500 亿元；2021 年末六大国有行资产合计 145.47 万亿元，该年归母净利润合计 1.27 万亿元，总营收合计 3.68 万亿元，平均单日净赚 34.86 亿元。

社会资本大量进入金融领域，经济"脱实向虚"趋势强烈。国民经济的重心开始从原有的以制造业为主的实体经济生产部门，转向包含银行业、股票证券业和房地产投资在内的虚拟经济金融部门，金融行业越来越占据重要地位，攫取越来越多的经济剩余，大量社会精英被吸引到金融行业。金融行业疯狂增长、金融规模大肆扩张，一夜暴富的金融神话将会极大地腐蚀我们民族宝贵的实业精神。实体经济融资难现象突出，大量经营困难的中小企业难以得到金融部门的金融支持；特别是大量中小企业财务制度不健全、受经济周期影响经营波动性大，往往难以从正规金融机构获得信贷支持。

2. 收入差距抑制智能制造行业创新创业

行业收入差距叠加智能制造较高的行业门槛与行业壁垒，形成对创新创业的抑制作用。信息技术与制造业的智能融合推动着智能制造的崛起，制造业未来发展方向将会是智能制造，智能制造是巩固和提升我国实体经济发展水平的必然途径，是我国实现制造业转型升级的关键，也是我国从制造大国走向制造强国的必由之路。

我国智能制造行业呈现出明显的周期性、区域性与季节性特点，智能制造行业发展的周期性与季节性在于受到下游行业的周期性和季节性影响，该行业发展与下游行业发展形势及景气程度息息相关。智能制造行业的区域性主要表现为智能制造企业主要集中分布于我国工业基础较为发达的沿海地区。我国长三角、珠三角、京津冀以及中西部等地区正在加速产业集聚以形成产业集群，打造产业集聚区。

智能制造行业属于技术密集型行业，具有较高的技术壁垒，智能制造行业是涉及多学科多领域的系统集成，产品更新迭代快速，对创新研发能力及设计研发实力要求较高。智能制造行业也存在人才壁垒，既需要信息技术与装备制造等领域跨学科、多技能的高素质专业技术人才，也需要专业技术人员组成专业团队协调配合。智能制造行业还存在资本壁垒，技术研发、产品生产以及市场销售都需要较高的资金投入，只有资金实力较强的企业才具备较高的抗风险能力。因此，智能制造较高的行业门槛与行业壁垒将会使得该领域对创新创业的要求更高，叠加行业收入差距，会进一步对实体经济创新创业起到抑制作用。

3. 推进创新创业服务优化升级，助力实体经济转型升级

创新创业是国家赢得未来的基础和关键。发展中国家产业结构优化升级的主要路径在于由传统劳动密集型产业逐步转型升级为技术密集型和资本密集型产业。自主创新是发展中国家产业转型升级的必然选择和根本途径。创新是引领发展的第一动力，始终是推动国家和民族向前发展的重要力量。习近平强调，创新是社会进步的灵魂，创业是推动经济社会发展、改善民生的重要途径。[①] 实体企业创新发展遇到的种种问题，虽然表面而言似乎是企业转型升级缓慢等问题，然而实际却反映了实体企业创新发展环境及企业保护培育机制等方面的问题。

因此，要推动实体经济发展、产业结构优化升级，就必须推进创新创业服务优化升级，建立面向中小微企业的创新创业体系，通过加快制定中小微企业科技创新配套政策，建立科技创新社会化服务平台，培育更多中小微企业创新创业载体，提升中小微企业创新能力和专业化水平，构建支持中小微企业创新创业的多层次金融体系，搭建政企银对接平台，解决中

---

① 易炼红. 以干部创先激发全社会创新创业活力（深入学习贯彻习近平新时代中国特色社会主义思想）[N]. 人民日报，2022－04－25.

小微企业融资需求,为中小微企业创新创业营造良好发展环境,保驾护航。完善创新驱动型创业服务体系,顺应新一轮科技革命和产业变革趋势,通过搭建公共技术服务平台,为企业创新发展提供技术支持和专业化服务,推动形成涵盖企业创新创业各个环节的全链条公共服务平台体系,强化初创科技企业、科研机构和科技人才创新创业综合服务,帮助企业规避技术风险、降低开发成本等,加快企业创新发展,加强对企业创新支持力度,培育更多具有自主知识产权和核心竞争力的创新型企业。

(三)影响实体经济从业者的生活水平

收入差距过大直接影响劳动者生活水平进而影响消费升级进程。宏观层面,社会居民收入占GDP比重偏低,甚至还上下波动并整体呈现下降趋势。改革开放以来,我国居民收入占比(即居民收入占GDP的比重)长期徘徊于40%—50%区间,特别是在2003年上升到47%的高点后,就呈现波动下降趋势;2010年,我国GDP超越日本成为世界第二大经济体,然而2011年我国居民收入占比却下降到41%。党的十八大后居民收入占比有所回升,然而自2015年后居民收入占比波动下降趋势明显,2018年下降到43.4%,2020年回升到44.4%,和发达国家相比仍然有较大差距,美国1990—2008年期间居民收入占据GDP比重平均每年达到84%。[1]

1. 收入差距过大影响有效需求

长期以来,我国居民收入的增长速度落后于经济增长速度,虽然自2000年后我国居民收入实现了大幅增长,但居民劳动报酬占GDP比重整体偏低。自1996年开始我国居民劳动报酬占GDP比重呈现逐年下降趋势,直到2012年才开始扭转这一趋势,从2012年45.59%的占比逐步上

---

[1] 龚六堂. 年中观察:2021年中国经济形势分析与研判[J]. 人民论坛, 2021 (21).

升至 2015 年的 47.89%，随后经历波动回升至 47.51%。① 而同期初次分配中资本所得占比和政府生产税净额占比小幅上升。长期以来，我国的资本要素收益率过高，1978—2013 年我国 15.63% 的税后（生产税后）名义资本平均收益率远高于同期国民经济的年度平均增速。②

收入差距过大将会影响社会总需求和总供给，大量低收入群体虽然具有购买欲望和消费需求，然而由于缺乏支付能力，需求无法转化为有效需求，同时由于人们收入增长速度有限，所以会强化储蓄意愿。过大的收入差距也会使得中等收入群体为应对不确定性和危机感而进行"预防性储蓄"，降低消费倾向，高收入群体边际消费倾向递减，最后将会导致社会总需求不振、市场疲软。因此，收入差距过大将会导致社会有效需求不足。

社会保障体系的不完善直接影响着劳动者生活水平。改革开放以来，我国社会保障支出的绝对值和占财政支出的比例都比较低。虽然社会保障制度体系逐步形成和完善、社会保障支出规模快速增长，然而目前社会保障财政投入总量不足、社会保障调节居民收入分配效果不理想，我国社会保障支出规模不仅低于发达国家水平，甚至与我国情况大致相同的发展中国家相比也偏低。社会保障支出过于集中在少数群体，即主要以退休金和养老金形式集中于行政事业单位离退休人员和企业退休职工，而数量庞大的农村人口领取的政府转移性收入微乎其微。③ 2021 年我国社会保障支出占财政支出比重为 13.2%，远低于发达国家水平。

微观层面，我国居民收入分配结构向高收入群体倾斜，中低收入群体

---

① 吴凯，范从来. 劳动收入份额的驱动因素研究——基于 1993 年至 2017 年数据的 LMDI 分解 [J]. 世界经济与政治论坛，2019（1）.
② 白重恩，张琼. 中国的资本回报率及其影响因素分析 [J]. 世界经济，2014（10）.
③ 岳希明，范小海. 共同富裕：不同的收入分配目标需要不同施策 [J]. 国际税收，2022（1）.

收入不足，缺乏消费动力。社会公共服务方面的政府缺位和社会保障体系的不完善使得广大民众自行承担多方面支出，他们为抵御风险强化储蓄意愿，从而压抑消费需求、克制消费欲望。作为重要的统计指标，恩格尔系数可以用来反映居民消费结构、贫困深度以及经济发展水平，是衡量一个国家和地区居民生活水平的重要参考指标。根据国家统计局公布的数据，改革开放以来，我国恩格尔系数总体下降趋势明显，1978 年，我国城镇居民恩格尔系数为 57.5%、农村居民为 67.7%；到 2017 年，我国城乡居民恩格尔系数首次低于 30%，然而新冠疫情又使得 2020 年我国城乡居民恩格尔系数小幅上升到 30.2%。总体而言，虽然目前我国恩格尔系数已经下降到 30% 以下区间，然而距离高收入国家 20% 以下的水平还存在着差距。城乡内部高收入群体的收入增长速度大大快于低收入群体，农村居民收入不平等情况比城镇更为严重，不管是农村内部还是城镇内部，收入差距都仍在保持扩大趋势。

我国收入分配结构和收入分配格局有利于投资增长，而不利于消费持续增长。虽然我国政府主导的投资性增长促进经济增长和政府财政收入的增加，然而却并未带来居民收入的相应增长。我国居民消费占 GDP 比重（居民消费率）明显偏低，2000—2010 年呈现显著下降趋势，尽管从 2010 年开始回升，2016 年更上升到 39% 的高点，然而随后就止步不前。居民消费率停滞的背后是居民可支配收入占比、劳动报酬占比以及基尼系数都相对应地出现停滞趋势。[①] 所以长期以来，我国在宏观层面和微观层面已经历史性地形成有利于投资而非消费的收入分配体制和收入分配格局，要扭转局面，打破系统性障碍和长期路径依赖，需要不断改革完善收入分配

---

① 白重恩，张琼. 中国居民消费和收入分配变化趋势及其政策含义 [J]. 当代中国与世界，2021 (3).

体制、优化收入分配格局。

2. 深化收入分配体制改革，推动实体经济转型升级

国家强，经济体系也要强，实体经济更要强。世界经济发展历史表明：真正的经济强国一定是以国内需求和国内市场为主体的，没有一个大国仅凭外部需求和国际市场就能成为经济强国，外部需求和国际市场只是作为国内需求和国内市场的延伸。当前逆全球化浪潮迭起，全球经济形势阴云笼罩，外部需求明显回落与不足。我国已经迈入新时代、步入高质量发展阶段，社会主要矛盾已经转化为人民日益增长的美好生活需要和不平衡不充分的发展之间的矛盾，我国正处在转变发展方式、优化经济结构、转换增长动力的攻关期。

顺应世界经济发展形势和我国经济社会发展要求，坚持扩大内需战略、加快培育完整内需体系，既是满足人民日益增长的美好生活的需要，也是我国经济社会健康发展的内在需要。所以我们要深化收入分配制度改革，把发挥市场决定作用与更好发挥政府作用有机结合起来，努力提高居民收入在国民收入分配中的比重，提高劳动报酬在初次分配中的比重；进一步规范收入分配秩序，着力提高低收入群体的收入，扩大中等收入群体，推动形成公平合理的收入分配格局；切实提升社会整体消费意愿和能力，增强消费对经济发展的基础性作用。

3. 完善社会保障制度，消除消费升级后顾之忧

作为现代经济发展的产物，社会保障既是改善国民生存质量、提高社会成员福利、促进社会公平的社会政策，也是提升民众消费意愿、扩大国民消费需求的有效工具。社会保障关乎人民最关心最直接最现实的利益问题。习近平强调：社会保障是保障和改善民生、维护社会公平、增进人民福祉的基本制度保障，是促进经济社会发展、实现广大人民群众共享改革发展成果的重要制度安排，发挥着民生保障安全网、收入分配调节器、经

济运行减震器的作用，是治国安邦的大问题。① 经过几十年的发展，我国社会保障覆盖面越来越广，社会保障力度不断提升，社会保障种类更加丰富，社会保障制度体系不断完善，我国社会保障体制建设取得突出成就。特别是党的十八大以来，党中央把社会保障体系建设摆在更加突出的位置，推动我国社会保障体系建设进入快车道。

当前我国以社会保险为主体，包括社会救助、社会福利、社会优抚等制度在内，功能完备的社会保障体系基本建成，基本医疗保险覆盖13.6亿人，基本养老保险覆盖近10亿人，它是世界上规模最大的社会保障体系。然而更要清醒地认识到：随着我国社会主要矛盾发生变化和城镇化、人口老龄化、就业方式多样化加快，我国社会保障体系仍存在不足，特别是城乡、不同区域、不同群体之间待遇差异不尽合理；社会保障公共服务能力同人民群众的需求还存在一定差距，社会保障支出占GDP的比重低，社会保障体系再分配力度弱，可持续性不强。② 因此，要不断优化和健全社会保障制度，持续加大再分配力度和政府公共投入，着力缩小城乡之间、不同区域之间与不同群体之间的社会保障待遇差距，构建更加完善的社会保障制度体系，切实营造安全稳定的社会保障预期，有效消除民众消费需求顾虑，改善消费预期和消费结构，提升社会总需求，扩大内需，推动消费升级。

---

① 习近平.促进我国社会保障事业高质量发展、可持续发展［J］.求是，2022（8）.
② 郑功成.共同富裕与社会保障的逻辑关系及福利中国建设实践［J］.社会保障评论，2022，6（1）.

四、收入差距扩大的政治与社会影响

（一）收入差距扩大的政治影响

1. 收入分配不公将会严重威胁党的执政基础

实现共同富裕是中国共产党矢志不渝的奋斗目标。"过去的一切行动都是少数人的，或者为少数人谋利益的运动。无产阶级的运动是绝大多数人的，为绝大多数人谋利益的独立的行动。"[①] 无产阶级是为绝大多数人谋福利、为全人类谋幸福的。马克思主义政党致力于实现最广大人民的根本利益，中国共产党自成立之日起，就把实现共同富裕作为矢志不渝的奋斗目标，将为中国人民谋幸福、为中华民族谋复兴作为初心使命，以让人民群众过上更加幸福的好日子。人民立场是中国共产党的根本立场，是马克思主义政党区别于其他政党的显著标志。消除贫困、改善民生、逐步实现共同富裕是社会主义的本质要求，是我们党的重要使命。共同富裕是全体人民根本利益的最集中体现，实现共同富裕是我们党坚持全心全意为人民服务根本宗旨的重要体现，是党和政府的重大责任。中国共产党的百年

---

① 马克思，恩格斯. 马克思恩格斯选集（第一卷）[M]. 中共中央马克思恩格斯列宁斯大林著作编译局，译. 北京：人民出版社，2012.

奋斗史也是一部坚定消除贫困问题、强力推进共同富裕的奋斗史，党团结带领人民完成了新民主主义革命，彻底结束了旧中国半殖民地半封建社会的历史，建立新中国，实现了民族独立和人民解放，为实现国家繁荣富强和人民共同富裕创造了根本社会条件。党团结带领中国人民完成了社会主义革命，确立了社会主义基本制度，推进社会主义建设，实现了中华民族有史以来最广泛最深刻的社会变革，为实现全体人民的共同富裕铺平了道路。改革开放后，我们党深刻总结正反两方面历史经验，认识到贫穷不是社会主义，打破传统体制束缚，允许一部分人、一部分地区先富起来，推动解放和发展社会生产力。

党的十八大以来，以习近平同志为核心的党中央坚持以人民为中心的发展理念，把逐步实现全体人民共同富裕摆在更加重要的位置上，推动区域协调发展，采取有力措施保障和改善民生，打赢脱贫攻坚战，全面建成小康社会，为促进共同富裕创造了良好条件。几代中国共产党人以钢铁意志赓续接力，强力推进脱贫攻坚，铁心实现共同富裕，在革命时期为我们党赢得了稳固的阶级基础，在建设和改革时期为我们党赢得了坚实的执政基础。习近平明确指出，我们推动经济社会发展，归根结底是要实现全体人民共同富裕。① 扎实推动共同富裕是坚持党的性质宗旨、初心使命，不断夯实党长期执政基础的必然要求；是在全面建成小康社会基础上，向着全面建成社会主义现代化强国的第二个百年奋斗目标迈进的必然要求；是适应社会主要矛盾变化，着力解决发展不平衡不充分问题的必然要求。

实现共同富裕不仅是经济问题，而且是关系党的执政基础的重大政治问题。党的十八大以来，党中央把握发展阶段新变化，把逐步实现全体人

---

① 习近平关于《中共中央关于制定国民经济和社会发展第十四个五年规划和二〇三五年远景目标的建议》的说明［N］．人民日报，2020－11－04．

民共同富裕摆在更加重要的位置上,推动区域协调发展,采取有力措施保障和改善民生,打赢脱贫攻坚战,全面建成小康社会,为促进共同富裕创造了良好条件。然而必须清醒认识到,我国发展不平衡不充分问题仍然突出,城乡区域发展和收入差距较大。新一轮科技革命和产业变革有力推动了经济发展,也对就业和收入分配带来深刻影响,其中一些负面影响,需要有效应对和解决。

保持党和国家长治久安,实现党长期安全执政,必须高度警惕和防范收入分配高度不公与社会财富两极分化问题。习近平强调:"当前,全球收入不平等问题突出,一些国家贫富分化、中产阶层塌陷,导致社会撕裂、政治极化、民粹主义泛滥,教训十分深刻!我国必须坚决防止两极分化,促进共同富裕,实现社会和谐安定。"[①] 现在,我国已经进入扎实推动共同富裕的历史阶段,因此,开启全面建设社会主义现代化新征程,向第二个百年奋斗目标进军,适应我国社会主要矛盾的变化,更好满足人民日益增长的美好生活需要,党必须把促进全体人民共同富裕作为为人民谋幸福的着力点,推动共同富裕取得更为明显的实质性进展,以此赢得人民的信任和拥护,不断夯实党长期执政基础。

2. 收入分配不公将会严重威胁我国社会主义国家性质

共同富裕是社会主义的本质要求,是中国式现代化的重要特征。共同富裕,是践行马克思主义的重要目标。马克思预言,在未来的社会主义制度中,"社会生产力的发展将如此迅速,以致生产将以所有人的富裕为目的"[②]。列宁指出:"只有社会主义才可能广泛推行和真正支配根据科学原

---

① 习近平. 扎实推动共同富裕[J]. 求是, 2021 (20).
② 马克思, 恩格斯. 马克思恩格斯选集(第二卷)[M]. 中共中央马克思恩格斯列宁斯大林著作编译局, 译. 北京: 人民出版社, 2012.

则进行的产品的社会生产和分配,以便使所有劳动者过最美好的、最幸福的生活。只有社会主义才能实现这一点。"① 毛泽东强调,"要巩固工农联盟,我们就得领导农民走社会主义道路,使农民群众共同富裕起来"②。邓小平强调:"社会主义不是少数人富起来、大多数穷,不是那个样子。社会主义最大的优越性就是共同富裕,这是体现社会主义本质的一个东西。"③ 还强调:"社会主义有两个非常重要的方面,一是以公有制为主体,二是不搞两极分化。"④ 习近平强调:共同富裕是社会主义的本质要求,是中国式现代化的重要特征。⑤ 中国式现代化是全体人民共同富裕的现代化。共同富裕是全体人民共同富裕,不是一部分人、一部分地区的富裕。共同富裕是必须坚持的社会主义的根本原则。贫穷不是社会主义,收入分配不公、财富两极分化更不是社会主义。资本主义的突出特点就是高度的财富和收入分配不公,在资本主义制度下,经济发展必然导致财富的积累与贫穷的积累,从而出现两极分化。社会主义区别于资本主义的本质所在,就是共同富裕。

收入分配不公严重制约我国社会主义制度优越性的发挥。我国社会主义现代化建设的每一位劳动者,都有权利平等分享改革开放和社会主义现代化建设的劳动成果,都有权利获得公平的收入分配。收入分配不公与社会主义共同富裕的目标、原则相违背。收入分配不公不仅会严重影响改革开放和我国社会主义现代化建设进程,破坏改革开放和社会主义现代化建

---

① 列宁. 列宁选集(第三卷)[M]. 中共中央马克思恩格斯列宁斯大林著作编译局,译. 北京:人民出版社,2012.
② 中共中央文献研究室. 毛泽东年谱(一九四九——一九七六)(第二卷)[M]. 北京:中央文献出版社,2013.
③ 邓小平. 邓小平文选(第三卷)[M]. 北京:人民出版社,1993.
④ 同上。
⑤ 习近平. 扎实推动共同富裕[J]. 求是,2021(20).

设成果，还会动摇我国社会主义的国家性质，威胁社会主义国家政权的稳定。坚持改革开放是决定中国命运的一招。① 在改革开放和社会主义现代化建设过程中，必须高度警惕贫富差距拉大，特别注意避免两极分化。如果导致两极分化，改革就算失败了。② 如果仅仅是少数人富有，那就会落到资本主义去了。③ 巨大的收入差距不仅会影响人民群众的生产积极性与劳动效率，还会使得社会主义市场经济制度受到质疑，使得党的领导和中国特色社会主义遭受质疑，社会主义制度的公正性、合法性与权威性遭受质疑。

正如习近平指出的："我们必须坚持发展为了人民、发展依靠人民、发展成果由人民共享，作出更有效的制度安排，使全体人民朝着共同富裕方向稳步前进，绝不能出现'富者累巨万，而贫者食糟糠'的现象。"④ 因此，必须高度重视收入分配问题，如何处理收入分配问题关系着人民群众的切身利益，关系着我国经济发展和社会稳定，关系着改革开放事业和社会主义现代化进程，关系着社会主义国家政权的稳定与社会主义事业发展。共同富裕是中国特色社会主义的根本原则，必须防止出现收入分配严重不公、社会财富两极分化，社会主义国家绝不能出现收入分配严重不公、社会财富两极分化现象。

3. 收入分配不公将会威胁我国经济转型升级与国家经济安全

经济过度金融化，尤其是金融虚拟化将会引发系统性金融风险，阻碍经济转型升级。当前金融业在国民收入分配中占据绝对优势地位。金融企

---

① 邓小平. 邓小平文选（第三卷）[M]. 北京：人民出版社，1993.

② 同上。

③ 中共中央文献研究室. 邓小平年谱（一九七五——一九九七）（下）[M]. 北京：中央文献出版社，2004.

④ 习近平. 习近平谈治国理政（第二卷）[M]. 北京：外文出版社，2017.

业为了实现利益最大化,更愿意将金融资源留在金融体系内部自我循环,实现金融系统内的资本空转和名义增殖。借助于金融体系内部各种业务机构的层层合作,以各种名目创新的金融产品包括金融衍生品层出不穷,金融资本逐渐无序膨胀,搞摆脱实体依托、纯粹"钱生钱"的金钱游戏,极大地增加了金融系统的风险性、脆弱性与危害性,不断累积的金融风险将会增加引发系统性金融风险的可能性。

2015年我国金融业增加值占GDP比重达到8.5%的历史高峰,位居世界主要国家榜首,不仅高于新兴国家,也高于美国和英国,约为日本、德国、法国等发达国家的2倍。2016年我国金融业全年利润与同期全国国有企业大体相当。当前数字信息技术与金融资本的融合正在深度改变传统金融行业,逐步颠覆工业化时代传统的经济增长方式。数字革命与金融资本结合不仅使得经济金融化与财富金融化,而且使得社会金融化与社会风险化。金融危机已经不再是传统意义的经济危机,防范化解金融风险是金融行业乃至整个经济体系可持续发展的前提,还是经济高质量发展必须跨越的关口。

金融资本无序扩张威胁金融安全和国家经济安全。20世纪70年代西方发达国家爆发滞涨危机,布雷顿森林体系瓦解,美国解除了美元与黄金挂钩,世界进入货币信用时代。西方金融资本复苏,并借助经济全球化力量肆意地在全球扩张,国际金融垄断资本自由流动,美国利用超级大国和美元霸权地位在全世界随意施行美元霸权统治、扩张金融垄断资本,金融垄断资本摆脱资本主义国家的束缚开始逐步形成金融帝国主义世界体系,不仅西方发达国家经济结构出现"高度金融化"和"去工业化",整个世界经济结构由于逐步金融化也开始失去平衡。

西方国家逐渐开始从国家垄断资本主义时代步入国际金融垄断资本主义时代,金融证券行业和房地产领域失去国家的管制和政府的监管从而开始野蛮生长、大肆扩张、高速发展，金融行业越来越占据重要的经济地位。自由流动的、庞大的国际金融垄断资本通过经济渗透，可以严重威胁一国金融主权和国家经济安全。1998 年国际金融垄断资本巨鳄掀起的东南亚金融危机使得东南亚国家经济主权遭受严重冲击，国家经济受到严重破坏；2001 年阿根廷大幅放开资本市场管制并快速实现投资贸易自由化后，国际金融垄断资本便迅速控制了阿根廷银行体系乃至整个金融系统，国家金融主权被迫让予国际金融垄断资本集团。因此，金融资本的野蛮生长、社会财富的高度分化、国际金融资本利益集团的垄断，将会威胁国家金融安全与国家经济主权。

（二）收入差距扩大的社会影响

社会财富高度分配不公将会导致社会心理产生异化，威胁社会秩序稳定与安定团结。社会的稳定实质就是人心的稳定。只有社会成员具有稳定的心态，社会才会有稳定的秩序；只有人们收入合理、财产稳定，人民安居乐业才有保证，人心稳定也才有保证，社会才能安定。过大的收入差距与高度不公的财富分配，不仅不利于激发劳动者的积极性，促进经济发展与社会文明进步，而且将会使社会成员产生不满情绪以及相互之间的隔阂感觉与敌对心理，使大多数人滋生对社会富裕阶层的不满心理，加剧社会的焦虑不安，消减劳动者个体存在的价值与意义，使劳动者消极萎靡的劳动观念蔓延，相对剥夺感加重，削弱社会成员的认同感、归属感与价值感，社会稳定隐患由此产生。

即使作为资本主义自由市场经济理论的奠基人，亚当·斯密在推崇自由市场财富的增加将会改变贫困劳动者生存境况的同时，他也直言财富分配不公的社会影响——财富如果长期为少数人所占有，而多数人处于贫困状态，那么这是不公平的，而且注定这样的社会是不稳定的。社会流动困难与阶层固化将会使得社会产生"仇富"心理、"躺平"心态与"摆烂"行为。孔子有言：不患寡而患不均。"仇富"心理的泛化和失控将会使得社会大众逐步形成对富人群体的仇视，极易引发社会矛盾冲突。"躺平"与"摆烂"现象是指当下劳动者特别是年轻群体面对社会财富分配不公等问题以及来自工作与生活等各个方面激烈竞争压力时，由于不堪重负、无力改变而采取逃避问题、回避矛盾、放弃奋斗的姿态与心理。收入分配不公往往会诱发违法犯罪行为，促使一些社会成员以非法手段改变自身收入分配劣势境况，做出快速获得财富的违法犯罪举动。因此，社会财富高度分配不公将会导致社会心理产生种种异化，极易引发社会矛盾冲突，激化地域矛盾、民族矛盾与阶级矛盾，不利于社会秩序稳定与安定团结。

社会财富高度分配不公将会导致社会思潮产生极化，加速社会分裂。社会财富高度分配不公是民粹主义滋生的社会土壤和经济源头。西方发达资本主义国家的高度金融化与高度财富分配不公，使得社会财富加速向社会顶层转移和聚集，中产阶层规模日益缩小，社会底层民众变得更加贫困，财富分配不公程度有增无减。因此，在财富分配高度不公、社会阶层固化、各阶层向上流动停滞情况下，西方资本主义正在加速向民粹主义转向，资本主义民主正在变得更加极化。特别是2008年由美国次贷危机所引发的国际金融危机，使得西方发达国家中产阶层和社会底层遭受巨大冲击，美国社会中下层民众发起了轰轰烈烈的"占领华尔街运动"和"茶党运动"，左右翼民粹主义浪潮在美国愈演愈烈。特朗普的上台撕开了美国社会贫富高度分化、社会财富高度分配不公所导致的社会分裂的遮羞布，巨大的民粹主义浪潮是对美国贫富分化残酷现实的抗争。

收入分配不公与贫富分化也在加速我国民粹主义的滋生，我国民粹主义思潮背后的"仇富"心态、"仇官"心理和"反智"心理就是最典型的群体极化心理。财富分配不平等的影响深入整个社会，不平等本身往往会导致社会的分裂。因此，财富分配不平等将会使整个社会承受代价。①

（三）丰富和发展中国特色社会主义收入分配理论

1. 丰富和发展收入分配理论

马克思收入分配理论为中国特色社会主义收入分配制度和政策提供理论依据与实践指向。马克思恩格斯创立了科学的收入分配理论体系，这一理论体系涵盖了人类社会生产关系与分配关系及分配方式的一般原理，也阐述了资本主义生产关系与分配方式及其运动规律，更科学预测和设计了未来社会收入分配制度及其方式，《德意志意识形态》、《资本论》、《哥达纲领批判》以及《反杜林论》等著作都阐述了他们的收入分配思想。马克思揭示了分配关系与分配方式的一般原理，即分配关系和分配方式不能单独存在，而是生产决定分配，分配关系和分配方式只是表现为生产要素的背面，分配结构完全决定于生产结构。分配本身是生产的产物，就对象说，能分配的只是生产的成果，就形式说，参与生产的一定方式决定分配的特殊形式，决定参与分配的形式。② 马克思还通过深刻揭示资本主义社会生产方式，将资本主义收入分配问题贯穿于资本主义剩余价值形成和资本主义再生产的全过程，实现了对资本主义生产关系与分配关系的完整呈现与深刻分析，揭示了资本主义剥削的实质、资本主义贫富两极分化原因、资本主义必然灭亡的历史命运。

马克思还彻底批判了资产阶级古典政治经济学错误的收入分配理论，特别是对以萨伊为代表的资产阶级庸俗经济学家"三位一体"要素分配公

---

① 理查德·威尔金森，凯特·皮克特. 不平等的痛苦：收入差距如何导致社会问题 [M]. 安鹏，译. 北京：新华出版社，2010.

② 马克思，恩格斯. 马克思恩格斯选集（第二卷）[M]. 中共中央马克思恩格斯列宁斯大林著作编译局，译. 北京：人民出版社，2012.

式的批判，对大卫·李嘉图所代表的以劳动价值论为基础的分配理论的批判，对约翰·穆勒所代表的折中主义收入分配理论的批判，对拉萨尔主义的小资产阶级分配理论的批判，还有对杜林分配理论的批判。马克思正是在深刻批判资本主义分配关系、揭示资本主义命运的基础上，全面考察了前人收入分配理论，特别是还批判吸收了空想社会主义的合理成分，阐述了有关未来社会收入分配的设想。马克思提出了未来社会实现按劳分配的历史阶段、实现按劳分配的基本条件和原则以及按劳分配的历史局限。马克思关于社会主义分配的基本原理，为中国特色社会主义收入分配制度建立提供了理论依据与实践指向，为分析现实分配关系、解决重大分配问题、推动共同富裕提供了重要的指导。

如前文所述，改革开放以后，我国批判了计划经济时期平均主义倾向的分配制度和分配理论，收入分配理论的发展进入前所未有的新阶段。从改革开放启动到党的十四大，这一阶段我国实行有计划的商品经济，形成了有计划的商品经济探索时期的收入分配理论。这一时期学术界展开批驳"四人帮"对按劳分配的种种歪曲否定，回归马克思收入分配理论，同时依据社会主义商品经济实践的发展推进收入分配理论的创新，提出"按劳分配为主体，其他分配方式为补充"的分配原则，并明确社会主义的本质，是解放生产力，发展生产力，消除两极分化，最终达到共同富裕，还提出了实现共同富裕的途径以及先富带后富的基本政策。这一时期的收入分配理论主要是适应市场经济体制的改革，原有按劳分配理论尚未出现真正的实质性突破。

从党的十四大明确提出建立社会主义市场经济体制到党的十五大明确公有制为主体、多种所有制经济共同发展作为社会主义初级阶段的一项基本经济制度，这一时期是社会主义市场经济体制初步确立时期，政治经济学界围绕社会主义市场经济与按劳分配的兼容性关系、按劳分配和按要素分配相结合、劳动价值论与按劳分配的关系等展开深入讨论与研究，同时深入探讨效率与公平关系，明确效率优先、兼顾公平原则，同时这一时期体制改革的深化和腐败的滋生，以及居民收入差距扩大成为政治经济学界关注的热点问题，也引起了"两极分化论"的相关讨论。因此，这一时期收入分配理论的推进是围绕社会主义市场经济体制展开的。

党的十六大到党的十八大是社会主义市场经济体制不断成熟完善时期，收入分配理论也不断完善、推向纵深发展。这一时期的收入分配理论更加自觉地以马克思劳动价值论为分析范式，探讨社会主义市场经济条件下按劳分配与按要素贡献分配的关系，也更加注重处理好效率与公平关系，明确初次分配和再分配阶段都要处理好效率与公平关系，再分配阶段更加注重公平，并注重研究收入差距持续扩大问题的基本原因、形成机制与负面影响，提出加强收入差距治理、缩小收入差距、优化收入分配格局的理论对策与政策建议。①

2. 改革开放以来中国特色社会主义收入分配理论的突破

改革开放以来，我国收入分配理论的形成和发展始终伴随着改革开放和经济体制改革进程，主要围绕社会主义市场经济条件下按劳分配原则的性质、社会主义按劳分配与按生产要素分配的关系以及社会主义市场经济条件下效率与公平关系三个问题展开了学术争论，社会主义初级阶段按劳分配与按要素分配相结合原则的提出，实现了对马克思收入分配理论及原则的重要突破。② 同时，通过借鉴西方经济学的分析范式和研究方法，关于收入差距扩大问题及其原因的研究也得到了更为具体的说明与实证分

---

① 刘灿，王朝明，李萍，盖凯程，等. 中国特色社会主义收入分配制度研究 [M]. 北京：经济科学出版社，2017.

② 刘伟. 中国特色社会主义收入分配问题的政治经济学探索——改革开放以来的收入分配理论与实践进展 [J]. 北京大学学报（哲学社会科学版），2018（2）.

析。然而这一阶段关于我国收入分配问题的分析更多运用的是西方新古典经济学研究范式,缺乏对马克思主义理论立场、观点和方法的正确运用,对于马克思收入分配理论以及社会主义市场经济的收入分配问题存在着表面认识与片面理解,甚至还存在着将马克思主义政治经济学原理庸俗化解释的倾向,尚未形成体系完整、逻辑严密的分配理论。①

收入分配问题一直未能成为中国特色社会主义政治经济学的中心问题。总体而言,改革开放以来,经济发展一直是我国政治经济学研究的中心课题,我国政治经济学界主要的研究重心在于社会主义市场经济条件下如何实现经济的快速增长与生产力的快速发展,其重点探讨社会主义制度如何与市场经济结合、公有制与市场经济能否兼容、如何建立社会主义市场经济体制等问题。其探讨效率与公平关系问题时长期坚持效率优先、兼顾公平,收入分配并未成为政治经济学研究的核心和重点。与此同时,我国的收入分配问题是随着改革开放进程的不断深入而不断凸显的,改革开放后我国经济的快速增长也弥合了改革开放过程中出现的收入差距,一定程度上掩盖了收入分配问题的重要性。

因此,改革开放初期虽然出现了一定程度的收入差距,然而并没有形成特别重要的社会问题,收入分配问题只是被作为所有制问题中的一部分看待。尽管收入分配问题直接关系着人民群众的切实利益,关于中国特色社会主义的居民收入问题在理论上也有过几次重大发展和创新,并上升为国家重大方针政策,然而这些重大发展和创新并没有得到我国马克思主义政治经济学界充分的讨论和系统的学术论证。有部分学者尝试引用西方主流经济学理论对我国收入分配政策进行分析,对收入分配问题进行研究阐释,但因此形成了错误论断。收入分配问题一直未能成为中国政治经济学

---

① 张俊山. 关于当前我国收入分配理论研究的若干问题思考 [J]. 经济学家, 2012 (12).

界研究的中心课题，缺乏系统的学术研究。① 邓小平同志指出："共同致富，我们从改革一开始就讲，将来总有一天要成为中心课题。"②

3. 收入分配理论与中国特色社会主义政治经济学

改革开放以来我国创造了举世瞩目的经济奇迹，党的十八大以来，党中央把握发展阶段新变化，把逐步实现全体人民共同富裕摆在更加重要的位置上，推动区域协调发展，采取有力措施保障和改善民生，打赢脱贫攻坚战，全面建成小康社会，为促进共同富裕创造了良好条件。我国脱贫攻坚战取得了全面胜利，由此促进全体人民共同富裕就成为发展的重中之重。习近平强调："现在，已经到了扎实推动共同富裕的历史阶段。现在，我们正在向第二个百年奋斗目标迈进。适应我国社会主要矛盾的变化，更好满足人民日益增长的美好生活需要，必须把促进全体人民共同富裕作为为人民谋幸福的着力点，不断夯实党长期执政基础。"③

扎实推动共同富裕，就必须健全体现效率、促进公平的收入分配制度，逐步消除影响共同富裕目标实现的各类障碍，通过深化收入分配制度改革，实现效率与公平的统一，缩小收入差距，提高人民收入水平，最终实现共同富裕。因此，收入分配问题正在成为中国特色社会主义政治经济学的核心课题和研究重点，中国特色社会主义收入分配理论正在不断丰富和发展。

党的十八大以来，以习近平同志为核心的党中央围绕新时代中国特色社会主义经济发展重大理论问题和实践问题，创造性地提出了一系列治国理政的新理念、新思想、新战略，形成了习近平经济思想，成功驾驭了我

---

① 康静萍．以收入分配为研究核心构建中国特色社会主义政治经济学——基于近30年中国政治经济学研究的反思 [J]．河北经贸大学学报，2016（6）.

② 邓小平．邓小平文选（第三卷）[M]．北京：人民出版社，1993.

③ 习近平．扎实推动共同富裕 [J]．求是，2021（20）.

国经济发展大局，推动经济社会发展取得历史性成就、发生历史性变革。中国特色社会主义收入分配理论是习近平经济思想的重要组成部分。通过深刻总结改革开放伟大历史实践中收入分配的实践探索，努力揭示收入分配改革成功经验背后的理论逻辑和实践逻辑，形成完整系统中国特色社会主义收入分配理论，中国特色社会主义政治经济学得以进一步丰富和发展，使得马克思主义政治经济学中国化的新境界得以不断开拓。

坚持以人民为中心的发展思想，将推动全体人民共享发展成果、促进全体人民共同富裕作为收入分配制度的核心内容与价值遵循。习近平强调：只有坚持以人民为中心的发展思想，坚持发展为了人民、发展依靠人民、发展成果由人民共享，才会有正确的发展观、现代化观。① 人民立场是收入分配理论与实践的根本立场与价值导向，共享理念实质就是坚持以人民为中心的发展思想，体现的是逐步实现共同富裕的要求，共享是全体人民的共享，全体人民共享改革发展成果；共享不是简单的经济发展成果的共享，而是全体人民共享经济、政治、文化、社会、生态等各方面发展成果的全面共享；共享是共建共享，是坚持人民主体性、充分发挥人民群众积极性与主动性，人民在共建中各尽其能，在共享中各得其所。

共享不是一蹴而就，而是渐进共享，是通过循序渐进的共享政策和制度安排最终实现全体人民共同富裕。共同富裕是一个总体概念，是相对于两极分化而言的，是着眼全局性、整体性的统筹推进。② 共同富裕是全体人民共同富裕，人民群众物质生活和精神生活都富裕，不是少数人的富裕，也不是整齐划一的平均主义。我们推动经济社会发展，归根结底是要

---

① 以人民为中心贯彻新发展理念［N］. 经济日报，2022-01-10.
② 周文，施炫伶. 共同富裕的内涵特征与实践路径［J］. 政治经济学评论，2022（3）.

实现全体人民共同富裕。① 因此，必须把促进全体人民共同富裕摆在更加重要的位置上，不断促进人的全面发展、全体人民共同富裕。

党的十九届四中全会将按劳分配为主、多种分配方式同时并存上升为社会主义基本经济制度范畴，从而深化对中国特色社会主义基本制度与中国式现代化道路的认识与把握，这既体现了社会主义制度优越性，又同我国社会主义初级阶段社会生产力发展水平相适应。这是首次把收入分配制度列入社会主义基本经济制度的范畴，是中国特色社会主义制度的重大理论创新，有利于推动中国特色社会主义制度更加成熟完善，也有助于将制度优势转化为治理效能。共同富裕是社会主义的本质要求，是中国式现代化的重要特征。将收入分配制度列入中国特色社会主义基本经济制度既显著地呈现出中国式现代化道路与西方资本主义发展道路的区别，也有助于更加确证中国式现代化的道路优势，增强道路自信，加快扎实推进全体人民共同富裕、全面建成社会主义现代化强国的步伐。

4. 收入分配的最终归宿

实现全体人民共同富裕的总体目标，明确了收入分配的最终归宿。习近平明确提出，促进共同富裕总的思路是，"坚持以人民为中心的发展思想，在高质量发展中促进共同富裕，正确处理效率和公平的关系，构建初次分配、再分配、三次分配协调配套的基础性制度安排，加大税收、社保、转移支付等调节力度并提高精准性，扩大中等收入群体比重，增加低收入群体收入，合理调节高收入，取缔非法收入，形成中间大、两头小的橄榄型分配结构，促进社会公平正义，促进人的全面发展，使全体人

---

① 习近平. 论把握新发展阶段、贯彻新发展理念、构建新发展格局 [M]. 北京：中央文献出版社，2021.

民朝着共同富裕目标扎实迈进"。① 要健全工资合理增长机制，合理调整最低工资标准，提高劳动报酬及其在初次分配中的比重；完善按要素分配政策，探索知识、技术、管理、数据等要素价值的实现形式，拓宽城乡居民财产性收入渠道；发挥再分配的调节作用，充分发挥第三次分配作用，建立健全回报社会的激励机制，积极参与和兴办社会公益事业。关于三次分配协调配套的基础性制度安排，是新时代针对收入分配问题、推进收入分配制度改革、优化收入分配格局的重大理论创造，是马克思主义分配理论的重大发展，是中国特色社会主义分配制度的重大创新。

实体经济高质量发展是实现共同富裕的必经之路。共同富裕的前提是社会生产力的发展，足够的社会物质财富得以创造，没有生产力的发展和丰富的物质财富，共同富裕就无法实现，只有做大"蛋糕"，才能分好"蛋糕"。② 实体经济是财富创造的根本源泉，是一国经济的立身之本。如果没有一个强大的富有创新性的制造业体系，以及它所创造的就业机会，那么，任何一个先进的经济体都不可能繁荣发展。③ 我国经济崛起的成功实践超越了西方主流经济学三大产业划分理论，突破了传统产业结构理论局限，通过强调现代化产业体系建设解决经济发展过程中"脱实向虚"问题。④

实体经济高质量发展是实现共同富裕的根本途径。没有实体经济的健康发展，不可能实现全体人民的共同富裕。⑤ 党的十九届五中全会通过的

---

① 习近平. 扎实推进共同富裕 [J]. 求是，2021（20）.
② 周文，何雨晴. 共同富裕的政治经济学理论逻辑 [J]. 经济纵横，2022（5）.
③ 瓦科拉夫·斯米尔. 美国制造：国家繁荣为什么离不开制造业 [M]. 李凤海，刘寅龙，译. 北京：机械工业出版社，2014.
④ 周文. 国家何以兴衰：历史与世界视野中的中国道路 [M]. 北京：中国人民大学出版社，2021.
⑤ 周文，唐教成. 共同富裕的经济制度逻辑论纲 [J]. 福建论坛（人文社会科学版），2022（5）.

关于我国"十四五"规划和 2035 年远景目标的建议就强调,要坚持把发展经济着力点放在实体经济上,坚定不移建设制造强国、质量强国、网络强国、数字中国,推进产业基础高级化、产业链现代化,提高经济质量效益和核心竞争力。[1] 加快发展以实体经济为核心的现代产业体系,要提升产业链供应链现代化水平,保持制造业比重基本稳定,巩固壮大实体经济基础,发展战略性新兴产业,推动互联网、大数据、人工智能等同各产业深度融合,加快发展现代服务业,推动现代服务业同先进制造业、现代农业深度融合,加快数字化发展,推动数字经济和实体经济深度融合,不断推动经济体系优化升级。习近平指明了实现共同富裕的原则:鼓励勤劳创新致富等。[2] 幸福生活都是奋斗出来的,共同富裕要靠勤劳智慧来创造。要坚持在发展中保障和改善民生,把推动高质量发展放在首位,为人民提高受教育程度、增强发展能力创造更加普惠公平的条件,提升全社会人力资本质量和劳动者专业技能,提高劳动者就业创业能力,增强劳动者致富本领。实体经济是就业的容纳器,是就业的蓄水池,不断发展壮大实体经济有助于防止社会阶层固化,畅通各阶层向上流动通道,给更多人创造致富机会,形成人人参与的发展环境。因此,实现共同富裕必须不断发展壮大实体经济。

5. 中国特色收入分配理论超越西方收入分配理论

中国特色社会主义收入分配理论丰富和发展了马克思主义政治经济学,是马克思主义政治经济学时代化中国化的最新成果。改革开放以来,随着中国收入分配实践的发展,中国特色社会主义收入分配理论逐步形

---

[1] 中共中央关于制定国民经济和社会发展第十四个五年规划和二〇三五年远景目标的建议[M]. 北京:人民出版社,2020.

[2] 习近平. 扎实推进共同富裕[J]. 求是,2021(20).

成，已经成为中国特色社会主义政治经济学的重要组成部分。作为基本经济制度的重要组成部分，从计划经济时期单一按劳分配作为公有制的主要实现形式，到按劳分配为主、多种分配方式并存，我国收入分配制度的确立与调整是与生产资料所有制及结构、经济运行机制相适应的，中国特色社会主义收入分配制度，正是我国深入认识社会主义所有制及其实现形式，深化认识市场经济与社会主义市场经济体制而形成的理论与实践创新。社会主义市场经济条件下按劳分配与按要素贡献大小分配相结合，使得按劳分配获得了切实可行的实现方式，丰富和发展了马克思主义分配理论，不断推进马克思主义政治经济学中国化的创新和发展。

中国特色社会主义收入分配理论超越了西方主流经济学收入分配理论，为世界范围探讨解决收入差距问题提供了中国方案和中国智慧。资本主义市场经济条件下，资本家剥削劳动者、劳动与资本的对抗关系既是资本主义社会的发展动力，也是资本主义贫富分化、阶级矛盾尖锐的源头。皮凯蒂的数据已经证实了西方资本主义国家长期以来资本收益率远高于劳动收益率的不公机制，西方主流经济学所谓市场自动均衡假说、收入分配趋同及收敛假说，实质上是推崇自由市场主导一切、最大限度减少国家干预的新自由主义经济学理论，因此注定无法解决收入差距过大、贫富两极分化问题。西方经济学理论和实践解决不了贫困问题，中国减贫的伟大成就超越了西方对中国的认知和判断，中国精准扶贫思想和实践为世界减贫问题提供中国样本，不断为人类社会减贫事业贡献中国方案和中国智慧。[①]

我国社会主义公有制的主体地位使得资本丧失剥削属性而成为重要生产要素，从根本上将资本主义社会资本剥削劳动的对立关系转化为社会主

---

① 周文.中国道路：现代化与世界意义[M].杭州：浙江大学出版社，2021.

义劳动与资本的平等地位，中国特色社会主义收入分配理论就转化为研究解决劳动与资本要素的收入差距问题。① 中国特色社会主义收入分配理论坚持以人民为中心，坚持按劳分配原则，完善按要素分配的体制机制，促进收入分配更合理、更有序，坚持在经济增长的同时实现居民收入同步增长，在提高劳动生产率的同时实现劳动报酬同步提高。中国特色社会主义收入分配理论强调既发挥市场在资源配置中的决定性作用，又更好发挥政府作用，初次分配中让市场真正发挥对资源配置的决定性作用，再分配中要充分体现和发挥好政府作用，实现在缩小收入差距、优化收入分配格局与促进共同富裕上有效市场与有为政府作用的统一。

中国特色社会主义收入分配理论不断破解效率与公平的世界性难题，为破解人类社会发展难题、探索人类更好社会制度提供中国镜鉴。效率与公平问题始终是人类社会面临的矛盾，如何实现效率与公平的有机统一是政治经济学永恒的难题。资本主义几百年的发展历史已经显著地证明了资本主义制度虽然具有高效配置资源、创造物质财富的优势，然而却始终无法解决公平与效率的矛盾，所谓"涓滴效应"理论以及库兹涅茨倒 U 形曲线，都在资本主义巨大的贫富差距现实面前无所遁形。

苏联社会主义模式也难以实现效率与公平的平衡，平均主义的按劳分配制度无法有效调动劳动者的生产积极性、主动性和创造性，严重影响着生产效率，难以实现效率与公平的统一。改革开放以来，中国特色社会主义的实践不断破解效率与公平的难题，公有制为主体、多种所有制经济共同发展，按劳分配为主体、多种分配方式并存，社会主义市场经济体制等社会主义基本经济制度，既体现了社会主义制度优越性，又同我国社会主

---

① 权衡. 中国收入分配改革 40 年：实践创新、发展经验与理论贡献 [J]. 中共中央党校学报，2018（5）.

义初级阶段社会生产力发展水平相适应，是党和人民的伟大创造。① 社会主义基本经济制度既有利于解放和发展社会生产力、改善人民生活，又有利于维护社会公平正义、实现共同富裕。

从"效率优先、兼顾公平"原则到"初次分配和再分配都要处理好效率与公平的关系，再分配要更加注重公平"，再到共享与发展有机统一的共享发展理念，中国特色社会主义收入分配理论摆脱效率与公平的对立思维，破解效率与公平的内在矛盾，不断破解效率与公平的世界性难题。因此，中国特色社会主义收入分配理论坚持马克思主义政治经济学按劳分配原则，突破传统苏联社会主义模式，立足中国国情，吸收中国传统文化精华，超越西方主流经济学理论，破解效率与公平的世界性难题，在改革中为解决贫富两极分化指导中国实践。开启全面建成社会主义现代化强国、向第二个百年奋斗目标进军新征程，扎实推动全体人民共同富裕，不断推动经济体系优化升级，就要不断深化收入分配制度改革，推动收入分配理论与实践创新，正确认识和处理好实体经济与虚拟经济之间的关系，增强金融服务实体经济的能力，推动实体经济高质量发展。

实践发展不停步，理论创新无止境。中国特色社会主义以创新理论和生动实践成功回答了社会主义大国实现国家强盛、人民富裕的重大问题。中国特色社会主义收入分配理论，立足于我国社会主义初级阶段国情和发展实践，将马克思主义政治经济学基本原理和中国具体实际相结合，深入研究世界多国收入分配模式和我国收入分配改革中的新问题，总结和提炼我国改革开放和社会主义现代化建设的伟大实践经验，不断丰富和发展马克思主义政治经济学，不断开拓当代中国马克思主义政治经济学新境界。

---

① 中共中央关于坚持和完善中国特色社会主义制度 推进国家治理体系和治理能力现代化若干重大问题的决定［M］．北京：人民出版社，2019.

第四章

强国的生产结构：做优实体经济与推进供给侧结构性改革

深化供给侧结构性改革是实现高质量发展的必由之路。深入推进供给侧结构性改革对有效调控宏观经济、推动经济高质量发展起到了重要作用。供给侧结构性改革，就是强调政府要更好地发挥宏观调控职能，推动中国经济的深层次结构重构和调整，从而为提高供给质量、激发内生动力营造外部环境。因此，供给侧结构性改革从出发点到举措彰显的都是中国的强国理论。本章围绕做优实体经济与供给侧改革关系，提出供给侧结构性改革是推动和促进实体经济发展的重要举措，也是对中国特色社会主义政治经济学的理论发展和创新。只有推进供给侧结构性改革，才能解决好经济发展的结构性问题，从根本上扭转"脱实向虚"的趋势。同时，供给侧结构性改革在理论上也是对西方供给学派理论和凯恩斯需求管理理论的超越，其丰富和发展了中国特色社会主义政治经济学的理论内涵。

一、供给侧结构性改革与实体经济转型升级

供给侧改革是从生产、供给端切入，通过解放生产力提升竞争力，促进经济发展的经济改革。结合中国经济发展新常态，深入推进供给侧结构性改革，就是强调从供给侧着眼，以结构性问题入手，消除发展中存在的不平衡、不协调和不可持续因素，减少无效和低端供给，扩大有效和中高端供给，增强供给结构对需求变化的适应性和灵活性，同时要矫正要素配置扭曲的状况，提升全要素生产率，更好更有效地解决人民群众的美好生活需要和发展不平衡不充分之间的矛盾问题。基于此，以供给侧结构性改革促进实体经济转型升级，需要总结和归纳中国实体经济转型升级的动力转换机制和经济结构演变规律，提出落实和深化供给侧结构性改革中需要处理好的若干关系问题。

（一）实体经济转型升级的演进规律

实体经济是国民经济发展的重要基础，也是国家生存发展的重要基石。一个国家的工业化发展进程和现代化发展水平，最终取决于实体经济的发展效率、规模和竞争力。在中国经济发展进入新常态以后，实行更加有利于实体经济发展的政策举措，扎实推动实体经济转型升级，建设现代

化经济体系，既是我国深化供给侧结构性改革的重要任务，同时也是提升我国经济在全球产业链和价值链中地位的必然要求。

从经济理论角度来看，英国古典政治经济学家威廉·配第曾在《政治算术》中揭示了农业、制造业和商业三者之间的经济发展规律，他指出，制造业比农业，进而商业比制造业能够获得更多的收入，这种不同产业之间相对收入上的差异，会促使劳动力向能够获得更高收入的产业移动。[1] 随后，英国经济学家科林·克拉克也在《经济进步的条件》中揭示了三次产业演进的规律。随着时间的延续和经济的发展，从事农业（代表第一次产业）的人数相对于从事制造业（代表第二次产业）的人数将下降，而后制造业的从业人数相对于从事服务业（代表第三次产业）的人数将下降。[2] 可见，威廉·配第和科林·克拉克在这一经济问题上达成了共识，于是后来人们将这一经济思想概括为"配第－克拉克定理"，即："随着经济的发展，随着人均国民收入水平的提高，劳动力首先由第一次产业向第二次产业移动，当人均国民收入水平进一步提高时，劳动力便向第三次产业移动。"[3] 这一定理揭示了三次产业演进和社会经济形态更替的规律。

从经济实践上来看，中国制造业在转型升级中面临严重的结构性失衡问题，它主要表现在：

一是制造业结构性供需失衡。近年来，从产业结构来看，我国制造业的结构优化升级较为缓慢，实体经济发展面临产业高端化和产业链高端环节发展程度不足等问题。一方面，钢铁、建材、石化、通用设备等传统制造业出现了较为严重的产能过剩问题，影响行业经济效益和行业发展前

---

[1] 杨治. 产业经济学导论 [M]. 北京：中国人民大学出版社，1985.
[2] 黄少军. 服务业与经济增长 [M]. 北京：经济科学出版社，2000.
[3] 杨治. 产业经济学导论 [M]. 北京：中国人民大学出版社，1985.

景，进而也给国民经济的可持续发展带来了消极影响；另一方面，技术含量高、附加值高的高新技术制造业发展缓慢、水平不高、比重较低，制造业各行业的控制软件、高端材料零部件及元器件等自身供应能力不强，很大部分依靠进口。从产业组织结构来看，我国制造业门类齐全，但产业集中度却不高，优质企业数量较少，在国际市场占据主导能力的大型跨国企业缺乏。我国现在工业规模已稳居世界首位，其中部分行业的技术水平已处于世界前沿，如高铁，新能源（风电和光伏电池）以及特高压电网技术等。但总体看，我国工业技术水平、产品质量、企业综合竞争力和西方工业发达国家还有一定差距，没有完全摆脱"大而不强"的状态。制造业中高端产品供给能力不足，低端产品又存在过剩问题，给我国制造业的转型升级带来了结构性的发展困境。

二是工业和服务业之间结构失衡。现阶段，我国处在工业化发展的中后期阶段，人均国民收入刚跨越中等偏高收入水平，去工业化和过快提升服务业比重，极大可能导致国民经济发展产业空心化和结构性失衡。一方面，制造业空心化风险增加。一般而言，产业结构演进中，服务业比重上升符合配第-克拉克定理，但在服务业经济效率较低背景下，服务业比重过快上升，则会降低资源配置效率，最终影响经济的发展速度和效益。另一方面，服务业比重提高过快与其低效率发展不匹配，产业结构呈现"逆库兹涅茨化"趋势。当前，我国服务业效率低于制造业效率，效率相对低下的服务业比重迅速提高，效率相对高的制造业比重迅速下降，会影响整体经济发展质量提升。

三是实体经济与虚拟经济结构失衡。近年来，我国以制造业为主体的实体经济受产能过剩、国内外市场疲软等因素影响，在国民经济中所占比重不断降低。以金融为主体的虚拟经济受金融创新和投机心理等因素影响，在国民经济中所占比重不断上升。两者发展已经出现明显分化，实体经济与虚拟经济已呈现出较为严重的结构性失衡。①

中国实体经济转型升级不是一蹴而就的，而是需要一个循序渐进的发展过程。结合三次产业演进和社会经济形态更替规律，分析实体经济转型升级中的结构发展变化问题，进一步揭示实体经济转型升级背后的结构演进规律，能更好促进中国实体经济转型升级。众所周知，产业结构发展规律是调整产业结构以促进实体经济转型升级的客观依据。它呈现出以下发展规律：一方面，在三次产业结构中，存在由"一二三"向"三二一"的转变过程。一般而言，工业化早期阶段，生产力和科学技术水平都较为低下，整个社会经济发展以第一产业农业等为主，三次产业产值比重呈现出"一二三"的序列格局，其中第一产业产值比重最大，一般为60%—70%。到工业化中期阶段，生产力和科学技术水平逐渐提高，由工业和建筑业等组成的第二产业开始上升为主导型产业，三次产业产值比重转变为"二一三"或"二三一"的序列格局，其中第二产业产值比重最大，一般为40%—50%。到工业化后期阶段，生产力进步和科学技术成熟会促使第三产业上升为主导型产业，三次产业产值比重呈现出"三二一"序列格局，即第三产业产值比重最大，一般为60%—70%。② 目前，国内产业发展已经形成了"三二一"型的结构特征，但却在国际上迟迟未能突破"一二三"型的结构束缚。我国第一产业虽占世界经济比重较高，但产业基础较为薄弱；第二产业占世界经济比重上升迅速，但尚未根本扭转"大而不强"的局面；第三产业占世界经济比重仍然较低，产业内部优化升级较为缓慢。由此可见，我国产业结构在国内和国际上的特征差异十分明显，演进步伐不一致。另一方面，在不同密集度产业结构中，存

---

① 周维富. 我国实体经济发展的结构性困境及转型升级对策［J］. 经济纵横，2018（3）.
② 李悦. 调整产业结构保持按比例稳步发展［J］. 教学与研究，1990（5）.

在由劳动、资源密集型,向资本、技术密集型以及知识、技术密集型的转变过程。

一般而言,工业化早期阶段,国民经济发展大多以农业和轻纺工业等劳动和资源密集型产业为主;到工业化中期阶段,则开始以钢铁、电力和机械制造等资本密集型的基础工业为主;到工业化后期阶段,国民经济发展基本上就以技术密集和知识密集型产业为主。[1] 高柏等学者就曾深刻指出,虽然我国制造业整体智能化水平位居二十国集团成员前列,但是其发展增速却不如传统制造业强国;并且我国制造业各行业智能化发展水平参差不齐,达到中高端智能化水平的行业还较少。[2] 因此,只有推动产业结构优化升级,大力发展中高端实体产业,才能更好促进实体经济转型升级。

当前中国经济已由高速增长阶段转向高质量发展阶段,原有的经济增长动力正在逐步衰减,过去依靠劳动力、土地、原材料等要素投入的经济增长模式和粗放型的经济发展方式已经不可持续,我国需要寻找和培育经济发展的新动力,尽快实现经济发展中的新旧动力机制转换。为此,我们要坚持质量第一、效益优先的原则,以供给侧结构性改革为主线,通过新产业、新技术、新业态、新模式来升级产业链和价值链,推动经济发展质量变革、效率变革、动力变革,不断增强经济的创新动力。

通过供给侧结构性改革解决实体经济发展的动力转换问题,加快培育新动能要重点关注以下方面:(1)人力资本,中国在人口红利逐渐消退情况下,要努力实现人口红利向人力资本红利转变,并利用人力资本红利促

---

[1] 李悦. 调整产业结构保持按比例稳步发展 [J]. 教学与研究,1990(5).
[2] 高柏,朱兰. 从"世界工厂"到工业互联网强国:打造智能制造时代的竞争优势 [J]. 改革,2020(6).

进经济持续增长；（2）投资效率，强化未来投资激励，要让各种投资形式发挥有效作用，提高投资转化的资本配置效率和使用效率；（3）科技创新，不能简单地将经济增长理解为原有产品的数量增加，通过自主科技研发提高产品质量和技术含量，推进产品更新换代，才是新旧产品替代过程中的重点；（4）土地要素，提高土地利用效率，有利于降低土地要素对经济增长的约束作用甚至产生正向推动作用，能为中国经济转型开启新一轮的制度红利；（5）企业家精神，它不仅是企业家价值观体系的扩展和创新，还是企业家文化资本的持续积累，它深刻影响着创业、创新的数量和质量，进而影响经济增长。①

（二）虚拟经济与实体经济转型升级

马克思认为，资本是能够带来剩余价值的价值，而资本要实现剩余价值的获取，就需要依次经历购买阶段、生产阶段、销售阶段，完成资本的生产循环和周转过程。从资本理论的逻辑分析基础可以看出，经济发展过程中存在两种增殖性的经济活动：一种是实体经济活动，它以商品和服务的生产、流通、消费等环节为中介进行价值增殖性创造，并在经济活动中利用投入要素的消耗，生产出新的劳动产品，满足社会的最终需求。这种增殖性经济活动能够实际地增加社会真实财富，用公式表示就是：G—W—W′—G′。另一种是虚拟经济活动，它是以资产、价值符号等为中介进行价值增殖创造。例如，金融衍生品如外汇期货、股票期货、债券期货等的交易，它们都是以某种价值符号为中介的增殖性活动；"以钱生钱"，如借贷资本、生息资本等的运转，它们都是以某种抵押的资产为中介进行的

---

① 孔令池. 新时代中国经济增长动力机制转换与发展战略［J］. 首都经济贸易大学学报，2018（2）.

货币增殖活动；投资或投机，如资产证券化以及为获取价差买卖房地产、艺术品、邮票等标的的行为，它们都是以资产交易为中介的增殖性活动。由此可见，实体经济和虚拟经济都是创造社会财富的经济活动，但是两者存在的根本性不同在于：实体经济是以具有使用价值的商品和服务的生产、交换和使用来参与资本循环周转，能够直接创造社会财富；而虚拟经济却不具备这样的特征，其不以具有使用价值的商品和服务为交易对象，并且其增殖活动不能直接创造社会财富。①

中国改革开放40多年以来，实体经济和虚拟经济均已取得较快增长。但是值得注意的是，虚拟经济发展不能脱离服务实体经济的客观现实需要，经济高质量发展不能落入"脱实向虚"的发展陷阱，陷入"以钱生钱"的自我循环。列宁曾指出："在工业高涨时期，金融资本获得巨额利润，而在衰落时期，小企业和不稳固的企业纷纷倒闭，大银行就'参与'贱价收买这些企业，或者'参与'有利可图的'整理'和'改组'。"② 这一思想更多是对帝国主义时期金融寡头、金融资本的批判，但对今日审视虚拟经济与实体经济发展仍有积极作用。在世界现代化进程中，虚拟经济的快速扩张业已成为现代经济发展中优化资源配置的普遍现象，但是也成了各类金融危机乃至经济危机发生的重要原因。例如，20世纪80年代以来，在新一轮的全球化浪潮、经济自由化等思想影响下，世界主要经济体为了提高资源配置效率、加快经济增长步伐，开展了各类金融创新活动，促使虚拟经济发展远超实体经济的承载范围，造成了过度的经济虚拟化和资产泡沫化，2008年的全球金融危机就是资本主义世界资产泡沫化

---

① 刘志彪. 实体经济与虚拟经济互动关系的再思考［J］. 学习与探索, 2015 (9).
② 中共中央马克思恩格斯列宁斯大林著作编译局. 列宁专题文集——论资本主义［M］. 北京：人民出版社, 2009.

问题不断积累的产物。

为此,我国立足新发展阶段、贯穿新发展理念、构建新发展格局,推动经济高质量发展,必须进一步认识到虚拟经济在现代化经济成长中具有某种普遍的扩张性,但与此同时,又要采取有效方法和手段努力克服这种虚拟经济的内在冲动及其引发的金融风险。对此,习近平强调,金融是实体经济的血脉,为实体经济服务是金融的天职,是金融的宗旨,也是防范金融风险的根本举措。① 金融业要坚持为实体经济服务的宗旨,要把为实体经济服务作为其根本出发点和落脚点,积极推进金融供给侧结构性改革,努力构建现代金融支持实体经济转型升级的体制机制,不断为实体经济转型升级注入"源头活水"。②

实体经济和虚拟经济联系紧密、密不可分,两者相互作用、相互影响、相辅相成,推动其健康合理发展能够促进经济增长、增加社会财富。一方面,实体经济发展状况会影响虚拟经济发展前景。实体经济的规模和水平往往是制约虚拟经济发展壮大的关键因素,但实体经济的转型升级会为虚拟经济提供新的发展空间,新一轮的经济增长又会促发新的金融创新,由此形成新型交易方式和规模庞大的金融资产。经济增长本身又会形成支撑虚拟经济发展的基础,维持虚拟经济体系的发展运行,使虚拟经济在逐利本能下不断扩大市场规模,以至于远超实体经济水平。另一方面,虚拟经济对实体经济也具有正向推动作用。一是虚拟经济发展并完善了社会信用体系,这有利于将社会上各种闲置资金聚集起来,投入实体经济领域;二是虚拟资本具有流动性强的特征,其借

---

① 何德旭. 新时代中国金融发展的根本遵循(深入学习贯彻习近平新时代中国特色社会主义思想)[N]. 人民日报,2022-06-23.

② 同上。

助虚拟经济的运行，能够加快劳动力、科学技术和资源要素等在实体经济各部门之间的流动，使社会要素实现优化配置，从而提高全要素生产率，充分发挥社会资源价值；三是虚拟经济在优化社会资本的同时，能够引导社会资本流入技术性、战略性新兴产业，创造有利于实体经济转型升级的优良外部经营环境，进而加速实体经济的产业结构升级调整。①

此外，根据国家统计局的相关数据，1978年我国金融业增加值占GDP的比重为2.1%，到2001年这一比重为4.7%，到2020年这一比重又迅速提升至8.3%。这一方面表明金融业在国民经济中的比重实现了快速增长，符合金融业在现代经济发展中日趋重要的一般规律，但另一方面我们也应该认识到，金融业的比重提升太快。特别是2008年以来，我国工业增加值占GDP的比重由2008年的41.3%快速下降到2020年的30.8%，房地产业和金融业增加值占GDP的比重则分别由2008年的4.6%和5.7%提高到2020年的7.3%和8.3%。② 由此可见，部分虚拟经济发展脱离了实体经济现实需要，给经济健康发展带来了一定的隐患。它们"只有一个目的——把股票行市高抬一时"，"股票投机是把积蓄不多的人的好像是、而且一部分也实在是自己挣得的钱装进大资本家腰包里去的最有力的手段之一"。③ 为此，习近平曾强调，金融要把为实体经济服务作为出发点和落脚点，全面提升服务效率和水平，把更多金融资源配置到经济社会发展的重点领域和薄弱环节，更好满足人民群众和实体经济多

---

① 边朝生. 马克思虚拟资本理论视角下虚拟经济与实体经济的关系研究 [D]. 上海师范大学，2018.
② 胡怀国. 新形势下如何更好处理实体经济与虚拟经济关系 [J]. 国家治理，2021 (29).
③ 马克思，恩格斯. 马克思恩格斯全集（第十七卷）[M] 中共中央马克思恩格斯列宁斯大林著作编译局，译. 北京：人民出版社，1963.

样化的金融需求。① 新发展阶段促进实体经济转型升级，推动实体经济高质量发展，必须坚持把发展经济的着力点放在实体经济上，增强金融服务实体经济能力，加快构建现代化经济体系，推动经济更高质量、更有效率、更加公平、更可持续、更为安全发展，筑牢金融安全网，牢牢守住不发生系统性金融风险的底线。②

（三）供给侧结构性改革的阶段性重点

习近平指出："推进供给侧结构性改革，是综合研判世界经济形势和我国经济发展新常态作出的重大决策。当前，我国经济发展虽然有周期性、总量性问题，但结构性问题最突出，矛盾的主要方面在供给侧。产能过剩、库存高企、杠杆偏高、成本过高、短板突出等问题不解决，只刺激需求，经济拉不上去，即使短期拉上一点，也不可持续。所以，供给侧结构性改革是稳定经济增长的良药。各地区各部门要把思想和行动统一到党中央决策部署上来，重点推进'三去一降一补'，不能因为包袱重而等待、困难多而不作为、有风险而躲避、有阵痛而不前，要树立必胜信念，坚定不移把这项工作向前推进。"③ 供给侧结构性改革既应强调供给又要关注需求，既要着眼当前又要立足长远，必须正确理解和处理好长期经济变量和短期经济变量之间的关系。

从一般意义上来说，供给侧更多地具有长期的性质，而需求侧更多地具有短期的性质。"三去一降一补"是阶段性重点，实体经济转型升级是长期性目标。但同时，供给侧也存在短期的经济变量，需求侧也具有长期

---

① 金融"活水"滋润实体经济（"十三五"我们这样走过）[N]. 人民日报，2020-10-07.
② 胡怀国. 新形势下如何更好处理实体经济与虚拟经济关系[J]. 国家治理，2021（29）.
③ 中共中央文献研究室. 习近平关于社会主义经济建设论述摘编[M]. 北京：中央文献出版社，2017.

的效应。就供给侧方面来说,其不仅存在产业结构、技术创新能力、在价值链中的地位等长期经济变量,还存在产品库存、过剩产能、产品质量等短期经济变量。就需求侧方面来说,出口、消费和投资不仅具有短期经济效应,同时也会产生长期经济效果。因此,在供给侧结构性改革中,一方面必须注重影响长期经济变量的经济体制方面的改革,另一方面又必须采取有关政策措施解决短期经济变量方面存在的问题。[1] 既要分清"三去一降一补"与实体经济转型升级之间的不同之处,又要全面统筹、整体谋划、稳步推进两者协调发展。

只有正确处理"三去一降一补"阶段性重点任务与实体经济转型升级长期性任务之间的关系,防止把"三去一降一补"与实体经济转型升级等同,才能更好推动"三去一降一补",实现实体经济转型升级。"三去一降一补"是当前阶段实体经济转型升级的具体任务,抓住了深化供给侧结构性改革的主要矛盾,但它并不是改革的全部,也不是问题的本质和核心。促进实体经济转型升级过程中,要深入研究宏观经济的新问题新变化,全面准确了解"三去一降一补"五大问题的真实情况,积极提出解决"三去一降一补"五大问题的有效办法,推动"三去一降一补"阶段性重点任务取得实质性进展,以促进实体经济转型升级长期性任务更好完成。

一是"去产能",优化供给结构,要重点解决"僵尸企业"问题,以促进实体经济转型升级。加快出清过剩产能,改变资源错配现状,就是要将无效供给去除或转化为有效供给,充分释放"僵尸企业"中的优势资源,进一步优化资源配置,调整产业经济发展结构,顺应经济新常态的发

---

[1] 邱海平. 马克思主义政治经济学对于供给侧结构性改革的现实指导意义 [J]. 红旗文稿, 2016 (3).

展要求。对完全丧失竞争力的"僵尸企业",要利用市场竞争和法律法规手段予以合理规范清除,既减轻政府负担,又清除经济病症。在处理"僵尸企业"过程中,要因地制宜,对地方政府的行动举措要奖惩并行,不能简单式地"一刀切",而要渐进式地去产能。对通过转型能有效化解产能过剩危机的"僵尸企业",可以通过构建完善的债转股机制,为银行和该类企业创造深度合作机会,同时积极引进有实力的企业,实现兼并重组,进而优化原企业经营方式,将无效产能转化为有效产能。对已清除的"僵尸企业",要防止已经化解的过剩产能死灰复燃。为此,政府要建立并完善相应的监督机制,利用大数据和互联网等新技术进行动态监管,坚决防止"僵尸企业"死灰复燃。我们只有解决好"僵尸企业"问题,才能为实体经济转型升级扫清道路障碍,以实现实体经济高质量发展。

二是"去库存",要重点清理冗余供给,以促进实体经济转型升级。房地产出现结构性、区域性过剩,各类开发区、工业园区、新城新区的规划建设总面积超过实际需求。[①] 为此,深化供给侧结构性改革,推动经济实现高质量发展,要将房地产市场作为"去库存"的重点。其中,北京、上海等一线城市,房地产市场基本是需求大于供给,房价居高不下;而其他城市,尤其是三、四线城市,房地产市场就呈现出产能过剩、库存较大的问题。因此,要根据各个城市的库存实际,因地因城进行分类调控和重点清理。首先,要从整体性、系统性、科学性层面入手,重点解决房地产库存问题。要按照加快提高户籍人口城镇化率和深化住房制度改革的要求,打通供需通道,推进住房制度改革、取消过时的限制性措施等,以消化库存,稳定房地产市场;要发展住房租赁市场,鼓励自然人和各类机构

---

① 中共中央文献研究室. 十八大以来重要文献选编(中)[M]. 北京:中央文献出版社,2016.

投资者购买库存商品房，成为租赁市场的房源提供者。① 要鼓励企业顺应市场规律调整营销策略，适当降价、兼并重组，改善营商环境。其次，要切实推进农民工市民化工作进程，提升户籍人口的城镇化率比重。② 建立并完善相应规章制度，"促进有能力在城镇稳定就业和生活的农业转移人口举家进城落户，并与城镇居民有同等权利和义务"③，以此带动城镇房地产需求上升，促进房地产市场"去库存"。最后，要强化房地产市场监管。坚持"房子是用来住的，不是用来炒的"功能定位，围绕"稳地价、稳房价、稳预期"的目标任务，严厉打击炒地炒房投机行为。只有引导房地产市场健康发展，维护好实体经济的发展大盘，才能为实体经济转型升级提供坚实保障。

三是"去杠杆"，要重点推进结构性去杠杆，确保供给安全，促进实体经济转型升级。以2014年为例，我国企业部门杠杆率为121%，政府部门杠杆率为62%，居民部门杠杆率为36%，金融部门杠杆率为22%，总杠杆率为241%，略小于西方国家平均值359.5%，但是企业杠杆率偏高于82.8%的平均值。④ 为此，要以标本兼治、对症下药为准则，坚持结构性去杠杆，统筹推进企业、政府、居民、金融四大部门去杠杆。在企业方面，"中国杠杆率最高的部门是企业，而企业债务的2/3以上聚集在国企，因此企业去杠杆的主要目标是实现国企去杠杆"⑤。对产能过剩、资不抵债的国企，要摒弃"输血型救治"，积极引入债转股机制；同时，要为中

---

① 中央经济工作会议举行 习近平李克强作重要讲话 [OL]. 中国政府网，2015 - 12 - 21.
② 习近平主持召开中央财经领导小组第十一次会议 [OL]. 新华网，2015 - 11 - 10.
③ 中共中央关于制定国民经济和社会发展第十三个五年规划的建议 [N]. 人民日报，2015 - 11 - 04.
④ 国家行政学院经济学教研部. 中国供给侧结构性改革 [M]. 北京：人民出版社，2016.
⑤ 陈小亮，陈彦斌. 结构性去杠杆的推进重点与趋势观察 [J]. 改革，2018 (7).

小型企业提供有效的直接融资，进一步提高其直接融资占比，以此降低企业的杠杆率。在政府方面，要严格规范政府举债行为，加强对地方政府的相关预算管理。要改变传统政绩考核标准，树立新的政绩发展观念，防止地方政府为了追求"大项目"政绩而大量举债。在居民方面，既要加强个人消费信贷监管力度，抑制投机性购房需求，又要适度"加杠杆"，保障居民合理消费需求，并进一步扩大内需，实现供给与需求的有效契合。在金融方面，既要加强金融监管力度，防止过度增加信贷和债务，又要积极参与过剩产能的债转股，大力清除"僵尸企业"，有效实现去杠杆。[①] 我们只有做好"去杠杆"工作，确保经济发展平稳运行，才能推动实体经济健康发展，为实体经济转型升级营造良好环境。

四是"降成本"，要重点提升企业供给能力，以促进实体经济转型升级。经济发展新常态下，我国企业负担过重、成本较高，实体经济的利润普遍呈现出下降趋势。因此，要从降低制度性成本、融资成本和税收等多方面发力，减轻企业负担，推动企业转型升级。首先，政府要简政放权，降低制度性交易成本。一方面，要全面推进行政审批制度改革，以建立行政审批清单为抓手，进一步加大行政审批事项的取消数量，对市场自主调节、政府无须管制的事项和能够通过监管实现的有效管理事项，要尽快取消行政审批，以切实消除政府对企业的过多干预。另一方面，要深化投资审批改革，积极利用互联网、大数据等新技术优化审批流程，努力实现"一站式"审批。其次，要降低企业融资成本。既要支持鼓励中小型金融机构发展，逐步增加金融供给，促进金融市场充分竞争，降低中小微企业融资成本；又要不断推进利率市场化改革，实现利率与市场挂钩，以促进企业融资成本的降低。最后，要全面推进税费制度改革，减轻企业负担。

---

① 张涵. 经济新常态下供给侧结构性改革路径研究[D]. 青岛大学, 2019.

破除"收、支、用、管"一体化的收费模式，推动收费权与经费预算权相分离，进而杜绝乱收费行为。同时，要对初创型企业和困难企业进行减税，降低其企业成本，帮助企业渡过难关。① 只有降低企业成本，增强企业发展活力，提高企业自主创新能力，才能更好促进企业转型升级，进而加快实体经济转型升级步伐。

五是"补短板"，要重点清除供给障碍，扩大有效供给，促进实体经济转型升级。中国特色社会主义进入新时代，解决发展不平衡不充分问题，满足人民群众对于美好生活的需要，势必要求"补短板"，从而为实体经济转型升级提供发展动力。首先，补民生短板。要推动义务教育均衡发展，提高人口综合素质；同时要不断优化学科设置和人才培养机制，加快构建现代职业教育体系，促进产业发展与学校教育深度融合，为实体经济转型升级提供适需人才。其次，补"三农"短板。要更加注重农业生产的综合效益，更好满足人民群众不断升级的消费需要，不断深化农业供给侧结构性改革，持续强化惠农政策，优化涉农转移支付，重点解决制约农业发展的突出短板问题，推动农业按照加强创新、提高质量和转型升级的要求形成新业态，进而提升农业可持续发展水平。最后，补产业发展短板。要顺应经济发展规律，不断优化产业政策，着力构建技术先进、附加值高、吸纳就业能力强的现代产业体系；同时要加快推动传统产业转型升级，从提高产品性能、功效、时代感等方面入手，全方位提高供给产品的档次与品位，更好满足市场需求。② 只有"补好短板"，不断提高供给质量和效益，才能为经济增长提供动力源，更好促进实体经济转型升级。

---

① 张涵. 经济新常态下供给侧结构性改革路径研究［D］. 青岛大学，2019.
② 韩敬云. 制度创新与中国供给侧结构性改革［D］. 中央民族大学，2017.

(四) 国有企业深化改革与发展壮大民营经济

立足中国经济转型升级的新发展阶段，如何正确认识做强做优做大国有企业与发展壮大民营经济的关系，不仅是深化供给侧结构性改革、推动实体经济转型升级的重点问题，而且还关乎中国经济可持续发展与安全。对该问题的探讨有利于构建中国经济学自主知识体系、发展中国特色社会主义政治经济学。

改革开放以来，国有企业的改革一直是我国经济体制改革的核心重点，围绕国有企业开展的各项改革工作，例如放权让利、两权分离、产权多元、"抓大放小"等举措，不仅更好地发展了国有企业，而且为民营企业发展创造了广阔空间，增强了社会经济发展活力，提高了企业经济发展效益，完善了社会主义市场经济体制。但同时，经济改革中也曾经存在着"国进民退"与"民进国退"观点的争论，一些人认为国有企业发展会"与民争利"。正如有学者指出，"国有企业通过让广大消费者支付高价来获得高额垄断利润，并把垄断利润用于企业内部的分配"[1]，"国有企业发展会挤压民营企业生存空间，拖累民营企业发展进度，从而对整个经济体构成'增长拖累'"[2]。

事实上，国有企业作为社会主义公有制经济发展的重要实现形式，与最广大人民群众的根本利益是一致的，并不存在"与民争利""国民对立"的问题。国企特别是央企在有关国计民生的重要产品上的定价权是受国家严格控制的，如果完全按照市场机制来定价，人们早已不能享受目前煤、电、水等的低价，营利性是企业的生存属性，这必然导致国有企业与

---

[1] 吴强. 国有企业：与民争利还是为民谋利？[J]. 红旗文稿，2011 (15).
[2] 刘瑞明，石磊. 国有企业的双重效率损失与经济增长 [J]. 经济研究，2010 (1).

民营企业在营利性部门和竞争领域的争夺。在一些已经完全向民营企业放开的完全竞争领域，国企与民企作为平等的市场主体，发挥各自优势，展开公平竞争，优胜劣汰。这是遵循市场经济基本规律的表现，也是充分发挥市场在资源配置中的决定性作用的主要体现。

习近平指出："把公有制经济巩固好、发展好，同鼓励、支持、引导非公有制经济发展不是对立的，而是有机统一的。公有制经济、非公有制经济应该相辅相成、相得益彰，而不是相互排斥、相互抵消。"[①] 国有企业与民营企业之间不是相互对立、水火不容的关系，而是共同发展、相互促进的关系。因此，做强做优做大国有企业与发展壮大民营经济具有内在一致性。只有辩证统一地认识做强做优做大国有企业与发展壮大民营经济之间的关系，才能解释好中国经济高速发展的关键要义，才更有利于坚持和完善中国特色社会主义基本经济制度，才更有利于推动中国特色社会主义经济建设的健康平稳发展。

一方面，要做强做优做大国有企业。国有企业是公有制的实现形式，生产资料归全体人民共有，真正体现社会主义公有制的人民性质。同时，国有经济是社会主义全民所有制经济的基本载体，是社会主义公有制经济的主导力量，能够为促进全体人民共同富裕、共同幸福带来实质性效果。从长期历史发展视角看，国有企业不仅为中国经济建设做出了巨大贡献，还为人民共享经济发展成果提供了坚实经济基础。为此，要深化国有企业改革，为国有企业发展提质增速，不断做强做优做大国有企业，促进实体经济转型升级。一是完善国有企业市场化机制，要立足于劳动、分配、人事三大方面的制度改革，建立以"市场化选聘、差异化薪酬、契约化管理

---

① 习近平：毫不动摇坚持我国基本经济制度 推动各种所有制经济健康发展 [OL]．新华网，2016-03-04．

和市场化退出"为主的市场化机制,为国有企业提质增速提供市场机制保障。二是深化国有企业混合所有制改革,国企混改不仅要在股权结构上实现"混合",还要实现"引资本"与"转机制"相结合,并在具体操作环节综合考虑投资方、集团公司等多方利益,最大化发挥"混改"的协同效应,达到"1＋1＞2"的效果,增强国有企业的竞争力。三是分类推进国有企业改革,在充分竞争的行业或领域,不应提倡国有企业退出竞争性行业,而是要让其发挥自身作用,带动民营企业一同发展;在战略性新兴产业领域,要对国有企业重点扶持,因企施策,增强企业的科技竞争力;在基础设施建设行业或领域,要强化国有企业的社会责任感,引导其承担更多的民生责任。四是加强国有企业监管,要建立国有企业内外部监督制度,构建职责清晰、责任明确的监督管理体系,推动形成以纪律检查、巡视巡查、外部审计等相结合的常态化监管格局;建立健全国有企业违规经营投资责任追究体系,防止国有资产流失、促进国有资产保值增值。[1]

另一方面,要发展壮大民营经济。《中共中央 国务院关于营造更好发展环境支持民营企业改革发展的意见》指出:"民营经济已经成为我国公有制为主体多种所有制经济共同发展的重要组成部分。"由此可见,民营经济已经成为中国特色社会主义市场经济的重要组成部分,和国有企业的关系不是对立的,而是相互补充、有机统一的。一是要明确发展民营经济"三个没有变"的政策定位,即:非公有制经济在我国经济社会发展中的地位和作用没有变,毫不动摇鼓励、支持、引导非公有制经济发展的方针政策没有变,致力于为非公有制经济发展营造良好环境和提供更多机会的

---

[1] 周文,唐教成. 共同富裕的经济制度逻辑论纲[J]. 福建论坛(人文社会科学版),2022(5).

方针政策没有变。① 二是要消除发展民营经济的错误观念。民营经济不仅仅代表企业家的个人财富，不能将民营经济简单等同于私营经济和个体经济；民营经济既不是资本主义经济，也不是落后经济，且与国有经济不存在对立关系；发展民营经济不是主张"私有化"，也不是社会主义初级阶段经济发展的权宜之策。② 三是要努力推动民营经济实现高质量发展，转变民营企业的传统经济发展方式，使其由粗放型向集约型转变，将经济发展聚焦于高质量和高效益，同时要用制度创新、科技创新和人才创新等方式，优化产业结构，大力发展实体经济，促进实体经济转型升级。③

既做强做优做大国有企业，又鼓励发展民营经济，"让国有经济与民营经济分别在它们适宜发展的领域发挥作用，即国家只要以社会福利最大化为基本原则及对国计民生行业进行有效控制，保留适宜政府直接经营或控制的产业，对于那些适宜市场化经营的竞争性市场领域则更多地交给民营经济去经营，或者对处于这一领域内的国有企业进行产权多元化的混合所有制的改造，那么，国有经济与民营经济就完全可以在社会主义市场经济条件下共同发展壮大"。④ 如此才能更好坚持和发展社会主义市场经济，更好发挥社会主义基本经济制度的优越性，进而推动供给侧结构性改革、实体经济转型升级，将中国的经济实践成功经验上升为系统化理论化的经济学说，不断开拓中国特色社会主义政治经济学新境界。

---

① 坚持监管规范和促进发展两手并重、两手都要硬 [N]，人民日报，2021-09-08.
② 周文，司婧雯. 当前民营经济认识的误区与辨析 [J]. 学术研究，2021 (5).
③ 周文，唐教成. 共同富裕的政治经济学阐释 [J]. 西安财经大学学报：2022 (4).
④ 杨瑞龙. 国有企业改革逻辑与实践的演变及反思 [J]. 中国人民大学学报，2018 (5).

二、供给侧结构性改革与经济学理论创新发展

习近平指出:"我们讲的供给侧结构性改革,同西方经济学的供给学派不是一回事,不能把供给侧结构性改革看成是西方供给学派的翻版,更要防止有些人用他们的解释来宣扬'新自由主义',借机制造负面舆论。"① 中国供给侧结构性改革理论既不同于西方经济学的供给学派理论,也不同于传统的计划经济结构调整理论,它是以中国特色社会主义政治经济学为理论基础,立足于改革开放的成功实践,在认识、适应和引领经济发展新常态这个宏观背景下提出的新战略。② "我们讲的供给侧结构性改革,既强调供给又关注需求,既突出发展社会生产力又注重完善生产关系,既发挥市场在资源配置中的决定性作用又更好发挥政府作用,既着眼当前又立足长远。从政治经济学的角度看,供给侧结构性改革的根本,是使我国供给能力更好满足广大人民日益增长、不断升级和个性化的物质文化和生态环境需要,从而实现社会主义生产目的。"③

---

① 习近平. 习近平谈治国理政(第二卷)[M]. 北京:外文出版社,2017.
② 周文. 警惕借供给侧结构性改革兜售西方理论[J]. 红旗文稿,2016(10).
③ 习近平. 习近平谈治国理政(第二卷)[M]. 北京:外文出版社,2017.

（一）供给侧结构性改革与新发展阶段

习近平指出："明确我国经济发展进入新常态，是我们综合分析世界经济长周期和我国发展阶段性特征及其相互作用作出的重大判断"[1]；"新常态下，我国经济发展的主要特点是：增长速度要从高速转向中高速，发展方式要从规模速度型转向质量效率型，经济结构调整要从增量扩能为主转向调整存量、做优增量并举，发展动力要从主要依靠资源和低成本劳动力等要素投入转向创新驱动"[2]。还提出："我国经济发展进入新常态，是我国经济发展阶段性特征的必然反映，是不以人的意志为转移的。认识新常态，适应新常态，引领新常态，是当前和今后一个时期我国经济发展的大逻辑。"[3] 当前，我国是一个发展中大国，仍处于社会主义初级阶段，正在经历广泛而深刻的社会变革，发展面临的主要问题正在从量的增长变为质的提升，发展的主要目标已从过去只需不断满足人民群众日益增长的物质和文化需求向不断满足人民群众日益增长的更高层次的、更多样化的物质和文化需求转变。因此，发展仍是党执政兴国的第一要务，但发展不再是以往的粗放式增量发展，而是更高质量、更高层次的发展，不仅注重量的合理增长，而且重视质的有效提升，是质与量相统一的发展。

推进供给侧结构性改革是我国适应、把握、引领经济发展新常态的重要途径，能够有效解决中国经济发展面临的主要矛盾，激发经济增长动力，推动经济高质量增长，使人民日益增长的美好生活需要不断得到满足。供给侧结构性改革理论是习近平经济思想的重要内容，是发展中国特

---

[1] 习近平. 习近平谈治国理政（第二卷）[M]. 北京：外文出版社，2017.

[2] 同上。

[3] 同上。

色社会主义政治经济学的重要理论成果，它主要从以下几个方面回答了当前中国经济发展的阶段性问题：

首先，从经济发展整体来看，经过40多年的改革开放，我国的经济实力、综合国力和人民生活水平跃上了新的台阶，中国已经成为世界第二大经济体、第一大工业国、第一大货物贸易国、第一大外汇储备国，GDP超过100万亿元人民币，人均GDP连续两年超过1万美元，稳居中等偏上收入国家行列，创造了举世瞩目的经济快速发展奇迹。[①] 但与此同时，我国的生产力总体水平还不高，与发达国家相比还存在差距，不少经济领域都面临大而不强、大而不优的发展局面；科技发展总体水平不高，自主创新能力不强，科技促进经济发展的能力不足，科技创新对经济增长的贡献率远低于发达国家水平；经济发展过程中的结构性矛盾和粗放型增长方式没有得到实质性的改变。为此，深化供给侧结构性改革，就是要从供给侧入手，解放和发展生产力，改变以往依靠资源和低成本劳动力等要素投入支撑经济规模扩张的传统经济发展方式，推动经济发展实现动力转换、方式转换、结构调整；加强科学技术基础建设，提高科技自主创新能力，改变关键核心技术领域受制于人的发展局面，推动科技成果转化为现实生产力，为经济发展注入科技创新的新动力；有效解决发展中的结构性矛盾，通过调整数量关系和提升经济质量，推动经济实现高质量发展。

其次，从经济发展体制来看，党在不断认识社会主义本质要求和社会主义初级阶段基本国情基础上，不断探索社会主义经济建设规律，推动经济发展模式从计划经济转向商品经济再转向社会主义市场经济，并努力处理好政府与市场两者之间的关系问题，让市场在资源配置中起决定性作用

[①] 周文. 中国共产党百年历程与中国经济发展伟大成就［J］. 东北财经大学学报，2021（4）.

和更好发挥政府作用，初步建立起了社会主义市场经济体制。但是，过去的社会主义市场经济体制基本上是与过去经济高速增长阶段相适应的，而当经济发展转向追求高质量发展的阶段后，这种经济发展体制便不再能适应经济发展要求，具体表现为：市场经济体制不完善，要素市场不健全，进而制约资源要素的有效配置；科技创新体制机制不完善，人才流动、资源流动及其有效组合存在体制壁垒；宏观政策落实、发展成果共享、生态环境保护等方面的体制机制均对高质量发展形成了一定程度的影响制约。为此，在供给侧结构性改革理论的指导下，要进一步建设更高水平的社会主义市场经济体制，努力推进"放管服"改革，更好发挥政府作用，为激发市场活力创造更好条件；加快要素市场化改革，发挥市场在资源配置中的决定性作用，构建更高标准的市场体系；同时，还要围绕提高供给体系质量，以优质的制度供给、服务供给、要素供给和完备的市场体系建设为重点，大力发展实体经济，促进实体经济转型升级，提升我国高质量发展的能力。[1]

最后，从经济发展协调性与人民生活水平来看，中国在实现经济快速发展、社会长期稳定、脱贫攻坚战取得全面胜利的三大奇迹后，人民生活水平已经基本达到小康水平。[2] 但我国在人民生活水平总体上升中，还存在着人群之间的不平衡，这主要是过去经济发展不协调所导致的。主要体现在：城乡之间的发展不平衡，城乡二元结构长期存在，导致城乡居民在收入、教育、医疗、消费、就业和政府公共投入等方面均存在一定差距；地区之间的发展不平衡，由于自然、地理、政策等综合因素影响，东部沿海地区相较于中西部地区在经济发展水平、经济结构和居民生活条件方面

---

[1] 任保平．以深化改革破除制约高质量发展的体制机制障碍［J］．国家治理，2021（Z1）．
[2] 周文．中国共产党百年历程与中国经济发展伟大成就［J］．东北财经大学学报，2021（4）．

表现得更高、更优、更好；产业结构发展不平衡，传统产业占比过重，现代产业总量偏小，产业内部发展不平衡不充分。为此，在供给侧结构性改革理论的指导下，我们要提高政府宏观政策水平，着眼现在的同时谋划未来，关注增量的同时提升质量，将经济增长与制度供给有机结合，实现经济协调发展。对待不平衡问题，一要大力实施乡村振兴战略，加快推进农业农村现代化，缩小城乡经济发展差距；二要努力实施区域协调发展战略，推动京津冀地区、长三角地区、粤港澳大湾区、成渝地区双城经济圈高质量发展，支持革命老区、民族地区、边疆地区、贫困地区改善生产生活条件；三要加快实施积极的产业政策，统筹产业发展，优化产业结构，促进产业转型升级，尤其是要推动实体经济转型升级。

（二）供给侧结构性改革与国家竞争优势

"透视中国经济成功的秘诀，中国与西方最大的不同就在于国家的角色与作用，中国政府在整个改革开放的进程和经济发展中发挥着关键性作用。中国经济改革并不是简单实行市场化，实质上是对西方经济学教科书中的政府与市场关系的重构。"[①] 由此中国在国家间的竞争中形成了优势，支撑起了改革开放40多年的经济奇迹。可以说，就供给侧结构性改革而言，不是中国的经济改革复制了西方供给学派的理论，恰恰相反，是中国的供给侧结构性改革理论丰富和发展了经济学理论的内容，实现了对西方经济学理论的超越。中国的供给侧结构性改革理论立足于中国经济发展实践，是对马克思主义政治经济学的继承和发展，解释了中国发展经验在于发挥了国家竞争优势，为新时代社会主义经济建设提供了有力的理论指导。

---

① 周文. 警惕借供给侧结构性改革兜售西方理论［J］. 红旗文稿，2016（10）.

首先，供给侧结构性改革解释了中国发展经验在于发挥了党对经济工作的集中统一领导的国家竞争优势。中国共产党的领导是中国特色社会主义最本质的特征，是中国特色社会主义制度最大的优势，而坚持党对经济工作的集中统一领导正是这一科学论断的关键核心，是我国深入推进供给侧结构性改革的根本保证。历史实践证明：正是因为坚持了党的集中统一领导，发挥了党对经济工作的集中统一领导作用，供给侧结构性改革才能取得阶段性成效，"去产能、去库存、去杠杆、降成本、补短板"才能取得阶段性突破，中国实体经济转型升级才能取得阶段性成功。由此可见，供给侧结构性改革需要坚持党对经济工作的集中统一领导，如此我们才能更好驾驭社会主义市场经济发展大局，确保中国经济发展在正确轨道上行稳致远。供给侧结构性改革要想取得更大成功，就离不开党对经济工作的集中统一领导，因为中国共产党具有"统揽全局、协调各方"的特点，能够在推动中国经济发展中统筹各方力量，形成有利于提高资源配置效率的合力，同时，将党的领导纳入经济发展的理论中，是我国社会主义市场经济优于资本主义市场经济的关键，能够清晰地呈现党的领导在中国经济发展中的地位和作用。①

其次，供给侧结构性改革解释了中国发展经验在于发挥了集中力量办大事的国家竞争优势。习近平指出："创新发展、新旧动能转换，是我们能否过坎的关键。要坚持把发展基点放在创新上，发挥我国社会主义制度能够集中力量办大事的制度优势，大力培育创新优势企业，塑造更多依靠创新驱动、更多发挥先发优势的引领型发展"。② 从供给侧结构性改革政

---

① 周文. 国家何以兴衰：历史与世界视野中的中国道路[M]. 北京：中国人民大学出版社，2021.
② 开创新时代社会主义现代化强省建设新局面（沿着总书记的足迹·山东篇）[N]. 人民日报，2022-06-09.

策的阶段性效果来看，实体经济的转型升级和中国经济发展模式向高质量发展转型都离不开社会主义制度下集中力量办大事的制度优势的发挥。因为，一方面，供给侧结构性改革需要处理好经济社会发展中的主要矛盾，平衡好经济发展中短期变量与长期变量之间的关系，着力补齐经济高质量发展中的短板。经济发展问题的解决，需要我国从全局性、系统性、长期性、战略性着手，发挥集中力量办大事的制度优势，从而避免错失发展机遇，有效推动经济增长。另一方面，发挥集中力量办大事的制度优势有利于防范化解重大风险和挑战，同时有效保证供给侧结构性改革的顺利推行。例如，面对突如其来的新冠疫情，我们只有坚持全国上下一盘棋，动员全社会力量、调动各方面资源，迅速形成抗击疫情的强大合力，才能做好统筹疫情防控和经济发展工作，持续推进供给侧结构性改革，增强中国经济抗风险的韧性。

最后，供给侧结构性改革解释了中国发展经验在于发挥了社会主义市场经济体制的国家竞争优势。供给侧结构性改革就是用改革的办法推进结构调整，减少无效和低端供给，扩大有效和中高端供给，增强供给结构对需求变化的适应性和灵活性，提高全要素生产率，使供给体系更好适应需求结构变化。中国经济进入新常态以后，社会经济运行之所以出现供给侧和结构性的发展问题，是因为生产力发展水平与生产关系出现了不相适应问题，旧的体制机制阻碍了经济转型升级，因此我国需要进一步通过制度创新激发经济增长活力，充分发挥社会主义市场经济体制优势，推进供给侧结构性改革。深化改革中，围绕政府和市场关系问题，《中共中央 国务院关于新时代加快完善社会主义市场经济体制的意见》指出："坚持社会主义市场经济改革方向，更加尊重市场经济一般规律，最大限度减少政府对市场资源的直接配置和对微观经济活动的直接干预，充分发挥市场在资源配置中的决定性作用，更好发挥政府作用，有效弥补市场失灵。"这意味着推进供给侧结构性改革,需要立足于市场化改革方向,将"有形之手"和"无形之手"更好结合起来,既通过有效市场推动资源配置实现效率最大化、最优化,又通过有为政府维护市场秩序、保障公平竞争、促进经济可持续发展。正是充分发挥了社会主义市场经济体制优势,供给侧结构性改革才较好解决了中国经济发展中的阶段性问题,释放了实体经济发展活力,促进了生产力的发展。

(三)供给侧结构性改革与新发展理念

"理念是行动的先导,一定的发展实践都是由一定的发展理念来引领的。发展理念是否对头,从根本上决定着发展成效乃至成败。"[①] 中国经济发展进入新常态以后,积极贯穿新发展理念,深入推进供给侧结构性改革,对于我国大力发展实体经济、推动实体经济转型升级,促进经济高质量发展,具有重大的理论意义和实践意义。事实上,经济新常态、新发展理念和供给侧结构性改革是一个统一的有机整体,在经济新常态下供给侧结构性改革的行动指南是新发展理念(创新、协调、绿色、开放、共享的发展理念),该理念开辟了马克思主义政治经济学新境界,丰富和发展了中国特色社会主义政治经济学理论。

"创新发展注重的是解决发展动力问题。我们必须把创新作为引领发展的第一动力,把人才作为支撑发展的第一资源,把创新摆在国家发展全局的核心位置,不断推进理论创新、制度创新、科技创新、文化创新等各方面创新。"[②] 深化供给侧结构性改革,从创新发展理念来看,主要是通过制度创新、科技创新等方式来推动制度变革、结构优化和要素升级,以

---

① 习近平. 习近平谈治国理政(第二卷)[M]. 北京:外文出版社,2017.
② 同上。

实现要素驱动型增长、投资驱动型增长向创新驱动型增长的转换，继而创造新供给，释放新需求，实现供需新平衡。一方面，通过推动互联网、大数据、云计算等新技术与产业发展相结合，促使创新驱动成为产业发展的新引擎，进而提升产业核心竞争力，发展战略性新兴产业，加快现代服务业发展，促进一、二、三产业协调发展；另一方面，通过创新优化要素市场化配置，转变经济发展方式，特别是积极推进传统产业"三去一降一补"，减少低端和无效供给，解决产能过剩问题，促进产业转型升级，扩大中高端产品供给，提高经济发展质量。此外，供给侧结构性改革以振兴实体经济为主线，通过创新驱动为实体经济发展提供强大动力，推动了实体经济转型升级。

"协调发展注重的是解决发展不平衡问题。我们必须牢牢把握中国特色社会主义事业总体布局，正确处理发展中的重大关系，不断增强发展整体性。"① 深化供给侧结构性改革，从协调发展理念来看，就是要处理好、协调好供给侧与需求侧、稳增长与调结构、淘汰落后产能与提高供给体系质量之间的关系，解决好经济发展过程中的不充分、不平衡、不协调的问题，使经济制度和经济体制能够更好适应社会生产力的发展状况，进而通过优化供给机制释放制度红利，增加有效供给，提升供给质量。随着改革不断深入，不仅要努力促进所有制结构、产业结构和区域结构实现协调发展，更是要增强大局意识、协同意识、补短意识，将协调理念贯穿于发展的全过程，统筹兼顾、注重平衡，把薄弱产业、薄弱区域补起来，提高发展的系统性、耦合性、均衡性，不断提升发展的整体效能。中国经济发展目标就是推动实现经济社会协调发展，这也是我国深化供给侧结构性改革、引领经济发展新常态系列政策的出发点和落脚点。

---

① 习近平. 习近平谈治国理政（第二卷）[M]. 北京：外文出版社，2017.

"绿色发展注重的是解决人与自然和谐问题。我们必须坚持节约资源和保护环境的基本国策，坚定走生产发展、生活富裕、生态良好的文明发展道路，加快建设资源节约型、环境友好型社会，推动美丽中国建设，为全球生态安全作出新贡献。"[1] 深化供给侧结构性改革，从绿色发展理念来看，要破除过去的粗放型发展方式，通过实施更为严格的环境保护制度，建立供给侧生态、环境、资源管理机制，减少低端供给，提高供给质量，推动绿色、低碳、环保成为经济发展新方式。绿色发展就是既要发展经济，又要保护生态，以实现人与自然和谐共生。过去，中国经济发展取得了历史性的成就，但同时也积累了大量的生态环境问题，例如：植被破坏、水土流失、土地荒漠化等。进入新时代以后，人民对于美好生活环境、绿色健康发展的诉求越来越强烈。因此，推进供给侧结构性改革，坚持绿色发展，就需要尊重自然、顺应自然、保护自然，以节约优先、保护优先、自然恢复为主，推动产业发展绿色化、生态化，建设人与自然和谐共生的现代化，不断满足人民日益增长的优美生态环境需要。

"开放发展注重的是解决发展内外联动问题。我们必须坚持对外开放的基本国策，奉行互利共赢的开放战略，深化人文交流，完善对外开放区域布局、对外贸易布局、投资布局，形成对外开放新体制，发展更高层次的开放型经济，以扩大开放带动创新、推动改革、促进发展。"[2] 从开放发展理念来看，目前经济发展疲软态势已无法单纯促使我国从需求角度拉动经济发展，我们必须通过参与、推动、引领经济全球化进程，实施更为积极主动的扩大开放战略，顺应我国经济深度融入世界经济的趋势，充分利用国际国内两个市场的供给能力，进一步增强我国产业在国际分工中的

---

[1] 习近平. 习近平谈治国理政（第二卷）[M]. 北京：外文出版社，2017.

[2] 同上。

地位，不断推动产业发展向中高端迈进。同时，在完善开放型经济体系的过程中，要坚持互利共赢的开放政策以及"引进来"与"走出去"并重，积极推动贸易均衡发展，提高国际投资合作水平。此外，还应积极通过参与全球经济治理，提高我国在全球经济治理中的制度性话语权，促进全球治理体系朝着更加公正合理的方向发展，以实现全球经济合作共赢。

"共享发展注重的是解决社会公平正义的问题。我们必须坚持发展为了人民、发展依靠人民、发展成果由人民共享，作出更加有效的制度安排，使全体人民朝着共同富裕方向稳步前进。"[1] 深化供给侧结构性改革，从共享发展理念来看，就是既要促进社会生产力发展，大力发展国有经济、民营经济和社会经济，又要完善社会生产关系，加快构建并完善与初次分配、再分配和三次分配协调配套的基础性制度安排，保证市场分配的创造性、政府分配的公平性和社会分配的公正性，[2] 从而强化共享机制，使人民共享经济社会发展的成果。新发展理念下的共享发展，是全民共享、全面共享、共建共享、渐进共享的有机统一。其中，全民共享强调共享主体"一个也不能少"，全面共享强调共享内容的整体性与全面性，共建共享强调共享的实现途径，渐进共享强调共享的推进进程。只有将共享发展理念落实到社会经济发展的各个方面和环节，实现好、维护好、发展好最广大人民根本利益，健全基本公共服务体系，推动供给侧与需求侧实现良性循环和动态平衡，才能进一步增强经济发展活力，促进经济实现高质量发展，让人民共享经济、政治、文化、社会、生态文明各方面建设成果。

---

[1] 习近平. 习近平谈治国理政（第二卷）[M]. 北京：外文出版社，2017.
[2] 周文，唐教成. 共同富裕的政治经济学阐释 [J]. 西安财经大学学报，2022（4）.

三、供给侧结构性改革的理论超越与实践路径

供给侧结构性改革是我国进入经济新常态后,为了解决经济体系中存在的突出问题而提出的战略性举措。其目的在于从供给端出发,针对"高端不足、低端过剩"结构性矛盾导致的供需不匹配现状,以提高供给质量为主线,推动中国经济体系实现提质升级。从理论层面来看,我国推行供给侧结构性改革,与西方经济学的供给学派有着质的区别,不能一概而论,实施中需要警惕和防范错误倾向。

(一)供给侧结构性改革的时代背景

正如习近平所说,"提出推进供给侧结构性改革,是我们综合研判世界经济发展趋势和我国经济发展新常态作出的重大决策"[①],国内经济与国际环境发生重大变化,构成了我国提出供给侧结构性改革的复杂背景。面对国内经济的重大转折,2014 年党中央提出了"新常态"的概念,并系统阐述了经济新常态的实质是经济发展进入了一个新的、更为高级的阶

---

① 中共中央文献研究室. 习近平关于社会主义经济建设论述摘编[M]. 北京:中央文献出版社,2017.

段，增长速度、经济结构、发展动力等发生了新变化。与国内经济相对应的是，全球经济环境在后金融危机时代进入深度调整期，世界经济面临百年未有之大变局。

1. 国际因素：后金融危机时代全球经济环境进入变革期

党的十九大指出，国内外形势正在发生深刻复杂的变化。在经济领域，国内发展在外部环境上面临的最大挑战，是全球经济增速急剧放缓，呈现长期停滞态势。国际金融危机爆发之后，全球经济增长并未恢复之前的增长态势，平均增长率比危机之前有较大降低。[①] 2008 年全球金融危机爆发后的十多年是"长期停滞"从理论假说转变成为现实的时期。2020 年哈佛大学前校长、美国前财政部长萨默斯教授指出，"长期停滞，已成事实"。现在重要的是认清全球长期停滞现实带来的新挑战，并将政策制定的重点转向如何应对人类经济发展面临的这个新挑战。

2008 年全球金融危机爆发后，世界经济复苏缓慢和全球经济向"长期停滞"方向发展成为经济全球化面临的主要问题。由于吸收了应对 1929—1933 年经济大萧条的经验和教训，各国政府在全球金融危机初期就快速响应，紧急采取了一系列向资本市场注资和量化宽松的货币政策，使得世界经济迅速从 2009 年的负增长中摆脱出来。然而，世界经济却长期未能恢复到 2008 年以前的高增长状态，总体呈现增长乏力的趋势。对于这种情况，萨默斯教授于 2013 年一次演讲中提出"长期停滞"的说法。随后，美联储前主席格林斯潘、诺贝尔经济学奖获得者斯蒂格利茨、中国社会科学院副院长蔡昉等一大批著名专家学者也在各种的研究中相继采用并认可了这一判断。长期停滞最典型的特征是经济的低增长，从图 4 - 1

[①] 根据《中国统计年鉴》各年度数据计算，2001 年到 2006 年，世界经济年均增长率超过 4%。而这个数据到危机爆发后的 2012 年到 2016 年，只有不到 3%。

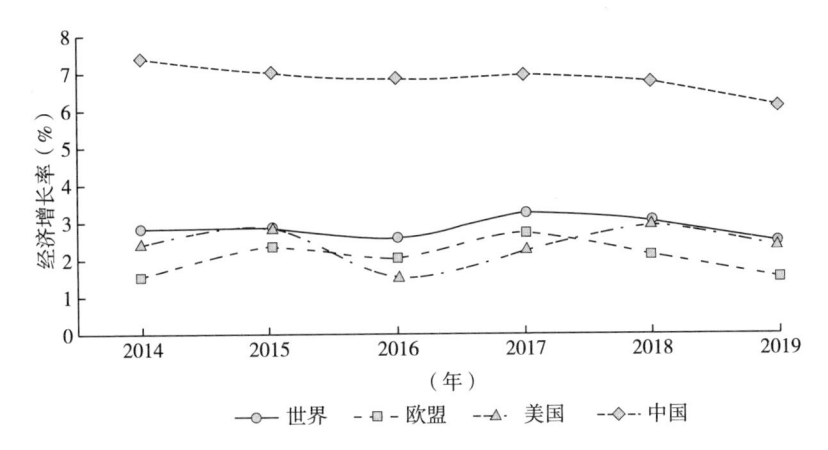

图 4-1　全球三大主要经济体及世界经济增长情况

注：图中经济增长率是笔者根据世界银行提供的 GDP 数据（以 2010 年不变价美元计）计算得出。

数据来源：世界银行 WDI（世界发展指标）数据库（2020 年 10 月）。

可以发现，欧盟和美国作为占据世界经济总量份额头两名的经济体，在摆脱危机中负增长以后的几年里，经济增速始终低于全球经济增长的平均水平。长期停滞在世界经济层面同样表现得十分明显，朱民（2017）指出，世界经济表现出"低增长、低投资、低贸易、低资本流动、低通货膨胀、低油价、低利率"的特征。[1]

世界经济低迷对我国发展具有较大影响。一方面，国际经济低迷意味着国外市场需求减弱，我国多年形成的"两头在外，大进大出"加工贸易模式受到负面冲击，在我国占优势地位的劳动力密集型产品出口所受负面影响尤其明显，这些商品所属产业普遍采用薄利多销的经营模式，低迷的外部需求进一步压缩了其利润空间，让其发展陷入困境，收入下滑，库存积压加剧。这些整体上表现为我国多个出口相关产业受外部经济环境不利影响，作为拉动经济增长"三驾马车"之一的外贸出口，对我国 GDP 的

---

[1] 朱民. 世界经济：结构性持续低迷[J]. 国际经济评论, 2017（1）.

贡献持续下滑。

另一方面,全球贸易保护主义呈现盛行趋势。后金融危机时代的另外一个突出特点就是贸易保护主义抬头,各种不利于全球经济一体化和经贸发展的政策开始在部分国家出现。自 2018 年以来,以英、美为代表的西方发达国家掀起贸易保护主义和逆全球化浪潮,2020 年新冠疫情更是冲击了全球供应链。特朗普领导的美国在全球掀起贸易争端、肆意"退群"打乱全球经贸运行秩序,2016 年以来的英国"脱欧"等活动,也使得全球一体化进程逆转。世界市场风险加剧,促使原本采用出口导向型政策、依赖对外贸易实现经济发展的国家,纷纷在参与国际经济交换及分工过程中采用更为保守的政策;世界市场上主动或被动地通过牺牲效率而降低风险保障经济运行独立性的行为,越来越多地出现。作为"世界工厂"和世界第一大货物贸易国,我国也深受影响。

2. 国内因素:新常态下经济发展模式转变

当经济发展所处的国际环境恶化时,我国的经济发展就要更多依赖国内要素的驱动。而与全球金融危机爆发以前相比,后金融危机时代的中国经济,进入了一个以经济转型、产业升级、动力转换为特征的新常态。这里所说的"新常态"是与"旧常态"对应的一个经济概念。

"旧常态"指的是我国自改革开放启动直至党的十八大期间采用的粗放型经济发展模式。这一状态的主要特点是经济增长速度快,据统计,1978 年到 2012 年我国年经济增长率高达 9.8%[①]。但是,经济的高速增长依托于各项生产要素投入的成倍增长形成的规模扩张。除了不断增加的各种能源、土地等自然资源要素投入外,一度被称为"无限量供应"的劳动

[①] 李伟. 适应新常态 迈向新阶段(学习贯彻中央经济工作会议精神)[N]. 人民日报,2014 - 12 - 29.

力投入持续增长，成为支撑我国粗放型经济增长模式长期存在且经济不断扩张的主要因素之一。但是，粗放型增长模式的问题也很明显。一方面，增长规模庞大并不意味着增长质量高，资源扩张型的增长反映到微观层面，就是企业产值的增加主要依靠扩张和兼并带来的外延型增长，尤其是作为工业核心的制造业技术创新能力不强，产品更新换代慢，利润率不高的情况十分普遍。随着我国经济规模的快速扩张，要素资源驱动的外延型扩张已难以持续：资源环境承载能力存在极限；人口红利也受到我国农村地区剩余劳动力总量的硬约束；"大投入、大产出"的模式在将闲置的要素迅速纳入生产活动时，投资方向普遍集中于差异化程度低、技术含量不高的大规模工业生产领域，或某个市场热点领域；低端领域同质化竞争使得产品附加值、利润率低下，只能以量取胜，或者寻求免于支付环境保护税费的制度漏洞以换取超额利润。另外，利润率偏低对经济可持续发展影响最大的一面，就是作为微观主体的企业因缺乏资金储备而无法建立面向长期的技术创新发展模式，这阻碍了企业竞争力的提升和可持续发展，从宏观上制约了我国技术创新能力和经济质量的提升。

因此，推动经济转型升级成为一种必然的趋势。经济新常态中的"新"主要体现在：经济发展模式开始从外延转向内涵，技术创新开始取代要素投入成为经济增长的主要驱动力，经济增速适度放缓同时增长质量显著提升。党的十八大以前，我国经济已经开始面临转型的压力，政府也已经开始有意识引导经济向集约型方向发展，然而，这时候传统增长动能还没有耗尽，外部条件依然良好，经济外贸依存度处于高位，各级地方政府在增长和转型的目标之间，依然有意无意地倾向于增长。直到党的十八大以后，尤其是2015年经济增速遭遇换挡下滑，转型压力凸显出来，新常态开始取代旧常态，供给与需求不匹配的矛盾凸显，需求侧管理手段的边际效应递减。而中央应对经济新常态提出的解决办法，就是从供给端出发解决制约我国经济发展的关键问题,即推行供给侧结构性改革。

(二) 供给侧结构性改革不是西方经济学的翻版

推进供给侧结构性改革要求我们必须从理论高度对其进行深刻的认识,这样我们才不会在政策制定时走错了方向。必须将供给侧结构性改革和西方供给学派理论区分开来,部分学者在提及我国供给侧结构性改革时,把我国实施的供给侧结构性改革简单化地等同于供给学派理论,这不仅会误导舆论和政府政策方向,更有可能对中国经济发展造成严重的消极影响。应当清晰地看到供给侧结构性改革和供给学派理论之间有着质的区别。中国的供给侧结构性改革是我国在认识、适应和引领新常态的新阶段,以攻坚克难的全面深化改革为核心内涵,进一步解放生产力、实现动力机制转换和体系转型的系统性工程。① 它与西方的供给学派在产生背景和政策主张上存在显著差异。

1. 西方供给学派的产生背景及政策主张

西方经济学的供给学派产生于20世纪70年代,彼时凯恩斯主义经济学主导的资本主义黄金年代已经步入尾声,大规模的"滞胀"现象在西方各国显现。由于凯恩斯主义理论无法给出有效解决"滞胀"危机的政策,于是自由主义经济传统开始抬头,一些经济学家在反思凯恩斯主义过程中,开始重拾萨伊定律,供给学派理论就是在这样的背景下应运而生的。

由于对萨伊定律持不同看法,供给学派在政策观点上与凯恩斯主义大相径庭。凯恩斯主义政策思路是需求管理,其认为萨伊1803年提出的"供给会自动创造需求"的理论本质上是错误的,因而其理论围绕此前被

---

① 贾康,等. 供给侧结构性改革理论模型与实践路径 [M]. 北京:企业管理出版社,2018.

忽视的有效需求展开，从有效需求不足的角度理解经济危机的成因。但是，按照凯恩斯的理论，通货膨胀与经济停滞不可能同时出现，于是经济学家们在反思滞胀现象时，对萨伊定律的看法松动了。供给学派彻底颠覆了凯恩斯主义的观点，再次承认了供给会自动创造需求的观点，并顺着萨伊定律所暗含的种种倾向设计政策，形成了以供给为主要着眼点、强调提高供给效率的政策体系。值得一提的是，供给学派并没有形成真正的理论体系，它对理论界的影响远不及其对实践的影响。以拉弗、孟德尔、罗伯特为代表的供给学派的政策主张，主要可以总结为以下几个方面：

（1）全面否定凯恩斯主义的需求侧管理体系，在供需关系问题上重回萨伊定律。供给学派认为，需求不创造财富，而供给才是财富的来源。因此，要使供需关系重回正轨，摆脱凯恩斯主义需求侧管理引致的"滞胀"现象，必须重新将目光聚焦于供给，通过种种手段增加供给。供给会自动创造需求，供给的增加能直接带动经济的增长。应该说，这种做法在不同的历史时期效果是不一样的，在"滞胀"较为严重的时期，增加供给可以在一定程度上矫正凯恩斯主义造成的不足，对经济发展有积极作用。但是，如果抛开具体背景不谈，教条化地采用这种做法，只强调供给而完全忽略需求，在现实中也不可取。

（2）强调减税。减税在供给学派的政策体系中具有举足轻重的地位，其代表人物拉弗，就以著名的"拉弗曲线"对减税政策的合理性进行了论证。关于供给学派的减税机制，我们可以总结为"全面减税→改变生产要素的相对价格→增加对生产要素供给的正向刺激→提高要素供给质量→扩大经济总供给→经济增长与一般价格水平下降"[①]。减税政策在20世纪70年代的历史条件下，具有比较显著的效果。因为在凯恩斯主义政策长期实

---

① 张俊．供给学派减税思想争论的考察［J］．贵州社会科学，2014（4）．

践的过程中，为了支撑需求侧管理措施，西方各国政府需要设置较高的税率以增加财政收入，高水平的税率客观上会对生产活动造成压力，挤出利润，影响企业投资和扩张的积极性。故而，适度减税刺激了当时的经济。但是，减税带来的国家财政收入减少和治理能力下滑等负面影响，是被供给学派所忽略的，它导致西方多国一系列经济社会矛盾的持续积累。

（3）高度强调自由主义，反对任何形式的政府管制。供给学派在本质上属于西方自由主义范畴，它继承了斯密"无形之手"和萨伊市场自动平衡供需的观点，并在反对凯恩斯主义政府干预理念的过程中，进一步极端化。它要求经济政策重回古典自由主义传统，强调市场可以自发调节经济而无须政府干预，政府的"有形之手"只会扰乱经济秩序，导致混乱。在具体政策上，这种观点就表现为配套减税政策的一系列措施，包括：削减政府福利，减少干预经济的法令和措施，限制财政与货币政策使用等。

供给学派的这些特质，注定了其理论仍是对西方主流经济学的修补，其政策主张并没有脱离西方主流经济学的理论框架。事实上，20世纪美国经过几年的实践，发现供给学派的政策实际效果并不令人满意，相反还带来了更大的副作用，它导致美国联邦财政连年出现巨额赤字，美国由世界上最大的债权国"沦落"为世界上最大的债务国。供给学派也随之名誉扫地。曼昆等经济学家甚至把美国供给学派理论称为"倒霉的""愚蠢的"经济学，而克鲁格曼则称之为"巫术经济学"。[①] 我们在看待供给学派政策措施时，千万不能忽略自由主义政策在刺激经济实现短期增长的背后，对国家能力造成的长期损害。

2. 供给侧结构性改革和西方供给学派的根本区别

供给侧结构性改革和西方供给学派，尽管都将着力点放在供给侧，但

---

① 周文，警惕借供给侧结构性改革兜售西方理论［J］. 红旗文稿，2016（10）.

是二者却有着本质的不同。具体来说，体现在如下几个方面：

首先，对需求侧管理的态度不同。供给学派理论中供给管理和需求管理是割裂开的，从经济学发展史的角度来看，供给学派理论是在批判凯恩斯主义的有效需求理论无法解决"滞胀"问题的基础上提出来的，核心观念是要让经济政策从需求端转向供给端，故而在其中供给侧和需求侧的关系是对立的。而供给侧结构性改革理论，则将供给管理和需求管理视作不同宏观经济背景下必要的调控手段，所以不仅注重供给侧，同时也不忽略需求侧。

其次，两者在政策工具的构成体系上存在差别。在供给管理的政策和方向上，供给学派提出的主要政策是通过大规模减税来刺激生产商增加供给，从而增加产出带来经济增长，其提出的其他政策还包括削减财政支出、放松政府管制和紧缩货币等。这些政策与供给侧结构性改革政策相比，显著的不同在于没有直接对生产结构施加影响，同时也没有专门强调要以提高全要素生产率的方式来促进经济增长。供给侧结构性改革所涉及的内容更加广泛，包括但不限于部分产业发展堵点问题、宏观领域存在的结构性问题及企业发展面临的突出问题等，尤其在产业层次和企业层次提出的政策工具较丰富，并且随时根据供给领域出现的新情况而变动，使相关政策工具针对性更强。[①]

最后，对待政府调控的立场和认识不同。供给学派的经济学理念仍承袭了西方新古典经济学的基本理念，即：强调供给会自动创造需求的萨伊定律，过于相信市场作用而排斥政府参与，没有对经济增长的"质"和"量"进行区分。而供给侧结构性改革理论避免了这些问题，既强调要主动调整供给结构与质量以适应需求，又要求发挥市场与政府之间的互补作

---

① 曾宪奎. 新常态和供给侧结构性改革［M］. 北京：人民日报出版社，2020.

用，还明确提出了一个重要改革目的，即推动以全要素生产率、劳动生产率和潜在生产率提高为代表的高质量经济增长。

3. 我国供给侧结构性改革是对西方经济学的超越①

自改革开放以来，中国经济发展的实践不断超越西方经济学教科书中的教条，用事实不断改写西方对中国经济发展的屡屡误判，中国成功地走出一条具有鲜明中国特色的社会主义经济发展道路。中国经济增长的奇迹令中国模式和中国道路引起世界关注。回溯整个历程，中国从计划经济向市场经济的转型，并没有遵循西方模式，更不是西方化，而是抵制着华盛顿的"正统"经验，寻求适合本土的发展路径。可以说，正是中国的发展路径成功摆脱了西方经济学理论的教条，才推动中国经济的异军突起。中国经济发展的成功经验表明，中国道路注定要在全球尤其是发展中国家发挥强大的影响力，因此也会改变未来全球经济发展理念。可以想象，相较于在西方金融危机中崩溃的盎格鲁－撒克逊模式，中国模式在更多的国家，特别是发展中国家更有市场，也更具吸引力。

透视中国经济成功的秘诀可以发现，中国与西方最大的不同就在于国家的角色与作用，中国政府在整个改革开放的进程和经济发展中发挥着关键性作用。中国经济改革并不是简单地实行市场化，实质上是对西方经济学教科书中的政府与市场关系的重构。300 多年来，西方经济学总是囿于市场与政府的替代关系争论，始终无法消除经济发展中面临的市场失灵或政府失灵问题。而中国从改革开放伊始就清醒地意识到，处理好市场与政府的关系是经济改革的核心，中国经过不断调整，认为须坚持充分发挥市场在资源配置中的决定性作用和更好发挥政府作用的有机结合。正是这样的体制框架支撑了 40 多年中国经济的发展奇迹。所以，不是中国经济改

---

① 周文. 警惕借供给侧结构性改革兜售西方理论 [M]. 红旗文稿, 2016 (10).

革复制了西方经济学理论，恰恰相反，是中国经济发展丰富了经济学理论的内容，贡献了经济学理论的中国智慧和中国价值，中国向世界呈现的外在形象是经济成就，其本质上是在国家治理体系和治理能力上对西方的超越。从另一个方面看，无论何时，只要中国在经济发展中背离了中国国情而照搬照抄西方理论，滥用西方理论，中国经济就必然出现大的波折和问题。

因此，中国供给侧结构性改革理论的意义在于超越而不是复制西方经济学理论，它是当代中国马克思主义政治经济学理论的重大发展，它立足于我国改革发展的成功实践，是我国在认识、适应和引领经济发展新常态这个宏观背景下提出的新战略。从本质上讲，我国供给侧结构性改革是经济发展中结构调整和产业升级的内在诉求，是中央"稳增长、调结构、促改革"总体部署的组成部分，其基本思路体现了对供给与需求关系的辩证把握，强调"看得见的手"与"看不见的手"作用的有机结合。

中国供给侧结构性改革与萨伊定律无论是在理论上还是在实践着力点上都有根本性的不同。萨伊定律在本质上是排斥政府作用的，强调自主释放的供给能够自然产生需求。而中国供给侧结构性改革，强调政府要更好地发挥宏观调控职能，通过推动中国经济的深层次结构重构和调整，解决中国经济的深层次问题，实现经济增长的动能转换；还强调在创新驱动和产业升级的基础上，实现供给质量不断优化，经济持续稳定增长。因此，中国供给侧结构性改革本质上是一场革命，我们要用改革的办法推进结构调整，为提高供给质量、激发内生动力营造良好的外部环境。所以，中国供给侧结构性改革从提出、落实再到深化彰显的都是中国模式和中国道路。

（三）供给侧结构性改革不能简单等同于产业结构调整

"三去一降一补"是我国供给侧结构性改革提出的重要措施。可以说，我国供给侧结构性改革刚开始的两年，基本是围绕"三去一降一补"进行的，即去产能、去库存、去杠杆、降成本、补短板。它的提出具有明显的现实针对性，不能将它简单理解为产业结构调整，它是一个全方位提高整个供给体系质量和效率的举措。应当将供给侧结构性改革置于建设现代化经济体系的框架下进行全面的理解。

1. "三去一降一补"的提出背景

供给侧结构性改革是我国针对经济步入新常态后出现的各种新问题、面临的新挑战而提出的，具有很强的实践针对性。"三去一降一补"作为供给侧结构性改革的具体改革措施，充分体现了这种现实针对性。我国之所以提出这一系列举措，主要是由于新常态下经济面临以下几个方面的挑战。

第一，供给端部分产业结构性矛盾突出。改革开放40余年来，我国在供给端积累了许多突出的结构性矛盾，其中一些产业体现得最为明显。首先，钢铁、水泥等低端行业产能过剩的问题严重，2008年全球金融危机后产能过剩范围迅速扩大，涉及广泛的装备制造业，甚至包括其中的一些新兴产业。[1] 其次，以房地产为主的一些特殊行业库存问题严重，对宏观经济发展造成了极大的负面影响。最后，全社会杠杆率迅速上升，整体达到较高水平，潜在债务风险加剧。

第二，企业运行成本高企，阻碍了竞争力提升。企业是市场经济的微观主体，高企的成本在一定程度上会侵蚀企业利润，削弱企业在市场上的

---

[1] 李晓华. 后危机时代我国产能过剩研究 [J]. 财经问题研究，2013 (6).

竞争力，对企业的转型甚至生存构成威胁。而高企的企业成本主要来自三个方面：无形的市场交易成本（主要指政企沟通所付出的成本，主要包括时间成本）、有形的税费成本（税收和费用两个方面）、融资成本。

第三，影响我国经济转型发展的"短板"问题。这些"短板"主要是在改革开放后，我国长时间采取粗放型经济增长模式，导致出现的一些未能及时解决而逐渐积累起来，最终变得难以解决且影响未来经济发展的堵点问题。例如：贫富差距问题，社会保障和公共服务发展水平与经济发展水平不符的问题，以及我国自主创新能力不足的问题。

2. "三去一降一补"是个内涵丰富的政策体系

中国的供给侧结构性改革兼顾了供给与需求、总量与结构的双重均衡，既注重生产要素规模的增长效应，也强调根据经济发展阶段适时调整要素投入结构、寻求结构调整红利的重要性。它不仅是对凯恩斯主义的扬弃，更是对西方供给学派注重供给端单侧管理的否定。[①] 供给侧结构性改革是以生产力与生产关系协调为核心本质，以改善经济增长质量、增强经济增长持续性为根本目标，以促进经济结构优化升级为关键环节的一整套政策组合体系，其结构改革涉及产业结构、区域结构、要素投入结构、排放结构、经济增长动力结构、收入分配结构，以及制度结构等多个方面。不能将供给侧结构性改革简单地理解为产业结构调整。在实际工作中，供给侧结构性改革的要领之一是以"三去一降一补"为切入点，而要正确理解和掌握"三去一降一补"的深刻内涵，则必须把它放在供给侧结构性改革整体逻辑关联之内。

增强经济增长持续性是中国供给侧结构性改革的根本目标。自然资源

---

① 李标，徐志向. 供给侧结构性改革的理论创新与路径选择研究［M］. 成都：西南财经大学出版社，2021.

的有限性与生态环境的重要性都决定了要素驱动的粗放型发展模式不可持续，该种发展模式难以支撑我国第二个百年奋斗目标的实现。因此，要保持长期的经济增长，必须变革传统的要素投入模式、经济增长模式，优化生产关系，这些做法均属于供给管理的重点。我国对生产要素供给及其配置的改革将对全要素生产率产生积极影响，从而使得潜在经济增速拉升成为可能。在供给与需求结构性均衡方面的努力将有利于优化要素资源配置，促进社会再生产良性循环，为经济持续增长提供动力。

促进经济结构优化升级是供给侧结构性改革的关键环节。进入新常态以来，我国生产领域存在五方面主要问题：经济增速下滑，供给能力下降；部分行业产能过剩；创新驱动不足；发展方式和产业结构不合理；生产投入效率不高。[①] 我们必须清醒地看到，这些现象背后的根源是我国长期以来的粗放型、外延型发展模式导致的突出的结构性过剩问题。在整个国民经济中，严重过剩的行业主要是传统行业，如冶金、煤炭、化工等；而大数据、人工智能、芯片等新兴行业，以及环境保护、资源节约、公共服务、社会保障等公共产品领域还存在着供给不足的现象。因此，党的十八届三中全会提出，要创新和完善宏观调控方式，在区间调控基础上加大定向调控力度。这表明供给侧改革的宏观调控目标，已经从此前的总量调控转向结构调控，促进经济结构优化升级成为供给侧结构性改革的核心问题和关键环节。

3. 以供给侧结构性改革为主线建设现代化经济体系

国家要强，经济体系就必须强。党的十九大报告提出，建设现代化经济体系，必须坚持质量第一、效益优先，以供给侧结构性改革为主线，推

---

① 逄锦聚. 经济发展新常态中主要矛盾和供给侧结构性改革［J］. 政治经济学评论，2016(2).

动经济发展质量变革、效率变革、动力变革，提高全要素生产率，着力加快建设实体经济、科技创新、现代金融、人力资源协同发展的产业体系，着力构建市场机制有效、微观主体有活力、宏观调控有度的经济体制，不断增强我国经济创新力和竞争力。因此，现代化经济体系建设的关键在于调整产业体系和构建经济体制。关于这个调整与构建，党的十九大提出了具体思路，就是以供给侧结构性改革为主线。

一方面，过去采用的产业结构调整的理论已经无法解决当前问题。在经济进入新常态以后，我们在实践中逐渐发现，围绕对第一、二、三产业结构进行调整的传统理论，已经不足以应对日渐复杂的经济发展情况。盲目地按照从西方发展经验中简单归纳出来的"现代产业结构"进行调整，刻意降低制造业在经济中的比重而提高服务业的比重，并不能解决发展动能不足、环境污染、国内消费不足、资本在金融系统内部空转等问题。同时，在对这些问题进行综合研判后，可以发现，通过提高劳动生产率、全要素生产率和潜在生产率的方式促进经济增长，可以使这些问题得到很好解决。于是，我们形成了一个发展思路——通过产业体系建设在发展中解决问题，即建设以实体经济发展为主，鼓励科技创新，推动现代金融集中资源服务于实体经济与科技创新，并且以提高人力资源质量做保障的协同发展的产业体系。通过这种产业体系，集中资源提高实体经济这个国家经济支柱的全要素生产率，从而强化经济增长的后劲，保障经济中高速增长。当前实体经济发展面对的主要问题在于，国内大量生产商所供给产品的质量提升速度没能完全追赶上国内消费者需求提升的速度，造成低端供给过剩而高端供给不足的局面。简而言之，是供给侧出现了结构性问题，供给侧需要通过结构性改革来提高供给质量，以适应需求侧。因此，当前加快协同发展的产业体系建设，需要以供给侧结构性改革为主线。

另一方面，全面深化改革也要以供给侧结构性改革为主线。这是因为通过完善市场机制、激发微观主体活力、优化宏观调控等方式构建经济体制，其目的本质上还是推动高质量发展。改善市场环境，优化市场机制，包括降低准入门槛、规范秩序、促进公平竞争、保障要素自由流动及平等交换等，本质是为了满足生产商需求，而生产商作为市场的微观主体，直接决定着产品质量的提高。保证微观主体活力，提升全社会供给产品的质量，是供给侧结构性改革的主要目的。要做到这一点，还需要进一步完善社会主义基本经济制度。同时，宏观调控要适度，也需要以供给侧结构性改革为主线，这是因为供给侧调控管理和需求侧调控管理都是我国宏观调控体系中重要的组成部分，只是侧重点不同，彼此并不冲突，关键是我们要客观地依据宏观形势进行抉择。需求管理有助于实现总量平衡，但是不能对经济进行结构性调整。而在当前环境下，经济发展的主要问题是结构性问题，要实现经济发展，就需要我们从供给管理的角度出发进行结构性改革，并以此为主线，探索和完善相关模式，这对于构建宏观调控适度的经济体制，是十分及时和有益的。

总的来看，供给侧结构性改革绝非简单的产业结构调整，它是一个通盘规划的系统工程，是关乎全局的长远创新战略。它还是一个以改革为核心、现代化为主轴的动态过程，强调从根本上通过一系列的改革来衔接短期诉求与中长期目标，化解制约我国长期发展和全要素生产率进一步提升的深层制度因素和产业结构因素。

（四）供给侧结构性改革并不否定需求侧管理

供给和需求是市场经济内在关系的两个基本方面，二者之间是既对立又统一的辩证关系。没有需求，供给就无从实现，新的需求可以催生新的供给；没有供给，需求就无法满足，新的供给可以创造新的需求。放弃需求侧谈供给侧或放弃供给侧谈需求侧都是片面的，供给与需求二者之间不是非此即彼、一去一存的替代关系,而是相互配合、协调推进的。当前,我国不是需求不足,或没有需求,而是需求变了,供给的产品却没有变,所以供给质量跟不上。有效供给能力不足带来大量"需求外溢",消费严重外流。要解决这类结构性问题,就必须推进供给侧改革,提高有效供给能力,创造新供给,提高供给质量,满足高层次消费需求,增强经济内生动力和活力,为经济实现中长期持续稳定健康发展创造条件。因此,供给侧结构性改革不应被单方面过度解读,我们要处理好供给侧结构性改革和需求侧管理之间的关系,将两者有机结合,这样才有助于提高宏观经济管理水平,有助于防止经济比例关系失调,有助于克服总供给与总需求的失衡,实现国民经济健康协调稳定运行。①

1. 需求端和供给端

供给和需求构成市场的两面,二者共同决定了市场的均衡价格。在经济学理论中有一个重要的假设状态,即市场出清,指的是在理想情况下,商品价格波动足够灵活,市场供给和市场需求可以迅速达到均衡,从而不存在供需失衡的状态。显然,在实践中,这种市场出清的状态几乎不存在。于是为了向理论上的最优状态靠拢,现实世界需要借助政策工具对经济运行进行适当管理,其按照所借助政策工具作用方式不同可分为需求端和供给端两类。

所谓需求端,是指与需求相关的一系列因素,包括消费者的消费能力、消费欲望以及与需求相关的一系列制度因素;而供给端则指的是产品或者服务的供给方,包括劳动、资本、技术等要素供给及相关制度等一系列因素及其组合。供给侧包括两大方面,一是要素投入,如土地、劳动、资本等生产要素投入;二是全要素生产效率提高,主要由制度变革、结构

---

① 周文.供给侧结构性改革与中国经济学的理论创新[J].理论与改革,2016(4).

优化和要素升级来推动。① 另外，供给侧改革还暗含了主体发展、产业发展等方面内容，也就是劳动者、企业家等经济参与主体素质的提高，不同产业间的结构优化（资本技术密集型产业占比提升），同一产业内部结构的优化（附加值提高）。

供给侧结构性改革就是与需求侧管理政策相对应的，以供给侧作为重点、以供给效率提升作为目标的相关改革。供给侧结构性改革是个宽泛的概念，涵盖范围相当广，几乎囊括了我们当前所有能够使用的政策工具和手段，相关政策着眼点集中于供给侧。供给侧结构性改革的内容可以被总结为两个层次，一是针对短期内供给侧突出的、必须尽快解决的问题进行应对性改革；二是着眼长期，针对经济发展深层次矛盾推出相关解决办法和措施，例如，采取措施处理好政府作用的发挥和市场在资源配置中起决定性作用的关系问题，等等。

2. 供给侧结构性改革与需求侧管理的区别

供给侧结构性改革与需求侧管理都是为了促进经济发展而采取的措施，两者强调的重点不同，各有分工。供给侧结构性改革从供给侧入手，强调提升供给效率，进而促进经济效率的提升，增强经济发展的可持续性；而需求侧管理则强调扩大需求，进而推动经济持续发展。二者的区别主要体现在以下三个方面：

一是促进经济发展的机制不同。供给侧结构性改革的目标，在于通过改革解决经济发展中供给端存在的各种累积性问题和矛盾，为提升全要素生产率创造条件，进而提高供给效率和竞争力，实现经济高质量发展。而需求侧管理则聚焦于有效需求，是在有效需求不足时通过扩张性的财政政策和货币政策，人为刺激需求，使经济摆脱低水平均衡陷阱，向更高水平

---

① 李佐军. 正确理解供给侧结构性改革［N］. 北京日报，2015-11-28.

的均衡移动，从而实现经济增长目标。可以看出，尽管两者促进经济发展的机制不尽相同，但两者也存在共性，即通过打破市场供需的低水平均衡状态，促进经济向更高水平发展。

二是对经济影响的深度存在差异。需求侧管理侧重提振有效需求，这种措施见效快，能在短期内就显现明显成效，特别是在经济处于下行周期时效果显著，能够使经济迅速止跌企稳，甚至实现让人合意的增长。但需求侧管理的缺点在于重量不重质，通过它可以形成经济增量熨平经济周期，但它对于提升经济增长质量效果甚微，甚至会导致产生反效果。另外，在需求侧管理中，对需求侧的不断"救助"会积累矛盾，导致形成僵尸企业，这对经济发展不利。供给侧结构性改革则不同，它的各种政策作用于经济更深层次的领域，侧重提高增长质量和供给效率，因而调控效果是长远、持久的。但是，供给侧改革的涉及面广、调整难度高，起效速度逊色于需求侧管理，在应对短期经济波动上存在一些不足。因此，二者各有利弊，将二者互相搭配、协调实施，对经济发展最为有利，而将二者对立的观点是有问题的。

三是政策体系的复杂程度有所不同。简单来说，供给侧结构性改革所针对的是供给侧内存在的结构性问题，政策措施体系较为复杂。首先，供给侧涉及的行业、企业及其他组织数量庞大，特点不一；其次，同一问题在不同行业表现不同、特点不同，需要区别对待，精准施策；最后，供给侧所涉及的问题关联因素众多，解决起来难度大。另外，从动态角度看，供给侧结构性改革还会随着时间的推移发生改变，需要随时根据情况进行调整。因此，供给侧结构性改革是一个相当复杂的政策体系。相对而言，需求侧管理的相关政策体系则简单许多，主要包括财政政策和货币政策等。不同国家尽管政策细节有所不同，但整体上看，所施行政策大同小异，最大的区别在于政策执行力度的差异。

（五）供给侧结构性改革不能忽视政府作用

现在有一种观点认为，当前经济发展中的问题主要是市场化改革不到位，所以供给侧结构性改革就是推进完全市场化的体制改革。事实上，供给侧结构性改革重点是调结构，其是存量改革，强调实现"稳增长、调结构、促改革"三位一体。因此，推进供给侧结构性改革，既要充分发挥市场的作用，也要注重和加强政府的宏观调控作用。完全的市场化并不能更好解决结构问题，反而会使结构失衡，使供给侧和需求侧不平衡问题更突出。我国要通过投资引领和国企导向，实现经济增长动力转换，带动和引领整个国民经济转型升级和稳步发展。

1. 政府与市场关系：西方理念与中国超越

政府与市场在经济发展过程中的角色一直是市场经济关注的问题。西方供给学派坚持自由主义，其认为在市场机制下经济能够自我调节至均衡状态，政府只需充当"守夜人"角色，因此反对政府以任何形式干预市场。就算在经历了"大萧条"的洗礼之后，西方经济学家将政府的职能重新界定为"弥补市场失灵"，但也依旧对政府"可能"的过度干预严防死守。以英国和美国这些老牌资本主义国家为例，撒切尔夫人执政期间奉行哈耶克的自由主义，崇尚市场经济。她一方面采取紧缩的货币政策对抗严峻的通货膨胀形势，另一方面大刀阔斧地推进私有化运动，变卖国有资产。美国里根政府实施了供给学派的经济政策，推出了美国历史上最大幅度的减税法案之一，同时特别强调减少政府对市场的干预，企图借此改善微观经济的效率，解决供需失衡带来的短期经济增长难题，突破经济"滞胀"的困境。整体上看，在西方主流经济学理论中，政府的作用是有限的、被动的，同时政府与市场之间是相互替代的关系，而非相互协调的关系。

与西方供给学派坚持市场自动恢复、自由市场竞争、无须政府监管的偏执主张不同，中国的供给侧结构性改革更加强调厘清政府与市场的界限，不偏废一方，让它们在经济中充分发挥各自优势，主张有为政府和有效市场共同发生作用，促进经济良性发展。党的十八届三中全会通过的《中共中央关于全面深化改革若干重大问题的决定》指出，"经济体制改革是全面深化改革的重点，核心问题是处理好政府与市场的关系"。因此，如何处理好政府与市场在资源配置中的关系，更好发挥两者的优势，是我国经济发展进入新时代后需要解决的关键问题。特别是在我国经济发展步入新常态、新发展理念成为指导理念、供给侧结构性改革成为工作主线的背景下，构建市场机制有效、微观主体有活力、宏观调控适度的经济体制，成为处理政府与市场关系的主要目标。

2. 坚持党对经济工作集中统一领导，推动市场与政府有机结合

我们处理政府与市场关系，必须坚持走社会主义市场经济之路这一前提，防止走上"改旗易帜"的邪路。相比于西方经济学中政府与市场二元对立的分析范式，中国在经济发展实践过程中，充分发挥社会主义市场经济制度的优越性，探索出了一种中国共产党总揽全局、居中协调，市场在资源配置中起决定性作用，同时更好发挥政府作用的中国特色社会主义政治经济学中"党、政府、市场"的三维稳定结构。[①]

这样一种被我们称为经济学的"三维谱系"的稳定结构，既可以有效发挥市场在微观领域配置资源的高效率，又可以保证政府在发挥弥补市场失灵的基本作用的同时，超越西方经济理论中政府被动发挥作用的框架，主动维护市场的有效性、完善市场监管、开展有效市场建设，并且克服市

---

① 周文，冯文韬. 习近平新时代中国特色社会主义经济思想的时代价值与经济学理论贡献[J]. 财经智库，2019（6）.

场运行的自发性与盲目性所导致的宏观经济结构失衡和产业发展规划缺少长期性等问题。这样主动发挥政府的作用，不仅可以有效避免市场失灵的发生，更可以有效加快市场建设的速度，促使市场机制更快地成熟。要避免政府错判、误判市场发展的进程和方向，防止政府权力被乱用、滥用，避免政府干预违背市场发展的规律，产生"揠苗助长"或"放任自流"的现象，就必须坚持党的领导，建立党对经济工作的决策和领导机制，做好"顶层设计"，协调好政府与市场之间的关系，维持好正和博弈的发展局面。

只有市场有效，党政有为，根基牢固，社会主义市场经济的制度优势才能充分发挥，经济才更有效率、更加公平，经济发展可持续性才更强。坚持党对经济工作的集中统一领导，既坚持了市场与政府的辩证统一、有机结合，又强调了政府对市场的顶层设计和宏观统筹。总体来说，新中国成立70余年特别是改革开放40余年以来，我国政府与市场关系不断演变和突破，形成了现代化的可借鉴经验。换言之，"中国奇迹"的创造在于我们运用了动态、发展的眼光看待政府与市场的关系，从而在国家治理和资源配置层面实现了政府与市场的良性互动。

第五章

强国的开放理论：做强实体经济与更高水平开放型体制

开放是国家繁荣发展的必由之路。总结我国对外开放实践经验，以开放促改革、促发展是我国现代化建设不断取得新成就的重要法宝。伴随着改革开放进程，我国实体经济不断成长壮大；同时我国实体经济也只有在更高水平开放中才能做强。当前，世界百年未有之大变局加速演进，新一轮科技革命和产业变革深入发展，国际力量对比深刻调整，我国发展面临新的战略机遇和挑战。与此同时，全球经济不确定、难预料因素增多，我国外部环境更趋复杂严峻。要赢得优势、赢得主动、赢得未来，必须顺应经济全球化，依托我国超大规模市场优势，实行更加积极主动的开放战略。面对新时代的历史潮流，中国将以更高水平的对外开放，让世界更好见证中国道路、中国胸怀。本章从经济全球化的角度讨论实体经济转型升级，提出全球化治理与实体经济协同推进和发展，从而丰富和发展中国特色社会主义政治经济学。

一、我国对外开放的历程

(一) 全球化与中国经济发展

历史是一面镜子,它能够让我们更深刻地理解未来。从长历史视角看,人类历史经历了五次全球化浪潮,中国在人类全球化历程中做出了突出的贡献。

第一次全球化浪潮发生在亚洲地区,汉朝张骞"凿空"通西域,从而开辟了丝绸之路。丝绸等中国商品沿着丝绸之路传入中亚、西亚和欧洲等地,胡萝卜、胡椒、胡桃、胡瓜(现称"黄瓜")等沿着这条路传回中国。自唐朝以来,以中国为首的东亚地区就已经存在一个区域性的贸易网络,宋元和明朝前期中国航海业发达,航海家郑和足迹达到东南亚、南亚和非洲东岸等地。中国东南沿海多个城市成为重要的贸易港口,如广州、泉州、宁波等地,此时大量的中国商品如茶叶、丝绸、瓷器等经过这些港口流通到印度、阿拉伯国家和欧洲等地,相当大一部分流入了西方的上流社会。这一时期,中国是推动区域全球化的主要力量。

第二次全球化浪潮是在新航路开辟到第一次工业革命前,这一阶段一些早期资本主义国家进行殖民扩张、侵略,以军队和海上贸易扩张势力范围,在全球范围内确立统治地位,开始了全球统治,人类社会也开始了资本主义体系的大发展。世界市场的不断扩张使资本的力量几乎充斥世界的每一个领域和角落，正如马克思和恩格斯在《共产党宣言》中所说："资产阶级，由于开拓了世界市场，使一切国家的生产和消费都成为世界性的了。"这次大航海是由西方人开启和主导的，中国此时虽然不是这一阶段全球化的主导者和秩序建立者，但也在其中发挥着重要的作用。从东方来看，大航海让欧洲人发现了美洲大陆以及其丰富的白银矿藏如波托西银矿，欧洲人用其在美洲夺来的白银与中国及其周边国家进行贸易，当时环球的三角贸易主要是中国人提供贸易商品并运输到欧洲，欧洲人派出殖民者到美洲开采白银，然后再把白银从美洲运到中国。这个贸易循环构成新航路开辟后到第一次工业革命前的西方民族国家和中国交往的全球化的历史，这个过程用德国学者贡德·弗兰克的话来说就是："美洲的金银首先使欧洲能够在亚洲经济列车上购买一张三等舱的车票，然后又能够包下一节车厢，最后才是取代亚洲成为经济列车的火车头。"但由于明朝后期的海禁政策和种种原因，中国渐渐从全球化的中心走到了边缘，世界的中心从东亚逐渐转到了欧洲，中国和全球化的中心逐渐拉开了距离。

第三次全球化浪潮发生在第一次工业革命到第二次世界大战前，这一阶段的全球化源于资本主导的生产力的发展和全球殖民地的建立，这一时期的全球化历程正是资本主义工业文明在全球建立和完善的过程，但却充满了殖民掠夺的罪恶，也诠释了全球化的历史就是血和火交织的历史。爱德华·W. 萨义德在《文化与帝国主义》中提出："对世界的征服，如果你仔细看一看，就不觉得是什么光彩的事了，它首先意味着从那些与我们肤色不同，或鼻子稍扁的人手中夺取土地。"这一阶段资本的扩张性和逐利性使得资本主义强国相继崛起并诉诸武力，在全球范围内开辟殖民地并谋求国家资本利益，宗主国为了实现资本增殖并与殖民地之间实行不平等贸易，凭借自身武力和资本优势对殖民地进行掠夺，获取超额垄断利润，资本主导下的不平等全球化带来了全球性的阶级矛盾和民族斗争。在这一轮全球化中，西方资本主义国家通过两次鸦片战争和多个不平等条约打开了大清帝国的大门，使大清帝国被迫卷入西方主导的全球化体系之中，逐渐沦为半殖民地。这种在侵略威逼之下打开对外开放大门的方式本质上是不平等的，大清帝国因此付出了被西方掠夺的代价。

第四次全球化浪潮发生在第二次世界大战之后到20世纪80年代。这一阶段全球化浪潮主要以美国为主导，以美国和其他西方国家的跨国公司在全球布局和发展为主要特点。在这一次全球化浪潮中，新中国在中国共产党领导下建立了起来，同时由于意识形态等多方面因素，被美国主导的全球化体系排除在外，我国人民在党的领导下自力更生、艰苦奋斗，进行了社会主义建设的探索。据统计，1949—1978年，中国国内生产总值从557亿元增加到6 846亿元，即29年间增长11.3倍，年复合增长率约9%；其中工农业总产值从1949年的466亿元增加到1978年的5 690亿元，年复合增长率约9.5%。而根据世界银行统计数据，同一时期世界经济增长率为4%左右。中国逐渐从延续数千年的农业国向工业国过渡，在"一穷二白"的"烂摊子"上建立起了门类较为齐全和完整的工业体系。与此同时，我国依然积极参与国际对话，进行经济合作交流。1973年，我国通过"四三方案"积极引进外资和先进的工业技术，在当时为推动经济社会发展做出重要贡献，也为改革开放的推进奠定了重要的物质基础。

第五次全球化浪潮从20世纪80年代开始，以全球价值链和全球产业分工布局形成为主要特点。此次全球化的开始几乎与我国改革开放启动同步。改革开放总设计师邓小平同志曾深刻指出："一个国家要取得真正的政治独立，必须努力摆脱贫困。而要摆脱贫困，在经济政策和对外政策上都要立足于自己的实际，不要给自己设置障碍，不要孤立于世界之外。"①改革开放 40 多年来，我国对外开放贯穿了国民经济发展的各个时期，始终保持着旺盛的生命力和活力，并逐步形成了主动性更强且具有自身特色的开放型经济理论体系。总结改革开放以来我国对外开放演变历程可以看出，我国参与全球经济发展，由融入者转变为参与者，再转变为完善者、倡导者和引领者，通过开放和建设对人类文明的发展做出了重要的贡献，积极为全球治理体系变革贡献了中国经验和中国智慧，提出了一系列有重要影响的中国方案，深刻融入世界发展潮流，成为全球治理体系变革的重要力量，成为世界经济舞台上重要的稳定力量和推动力量。

（二）我国对外开放发展的特征

1949 年至 1978 年，西方国家对我国采取了围堵政策，这一阶段，我国对外经贸活动呈现出较大的限制性特点；1978 年底党的十一届三中全会之后，中国正式实行了对外开放，并积极融入全球化，沿海开放城市、沿海经济开放区陆续设立，一个多层次、有重点、点面结合的对外开放新格局开始形成。整体来看，我国"全方位、多层次、宽领域"的全面开放格局已基本形成，改革开放为民族复兴积累了坚实的经济基础。

1. 改革开放之前计划经济主导的对外经济管理模式

1949 年新中国成立后，我国鉴于社会主义制度原因，全面取消外国资本在海关、金融、航运、保险、商检、仲裁等领域的垄断和特权，实行"互通有无，调剂余缺"的外贸发展基本原则，由于西方国家对中国实行"封锁禁运"政策，且世界划分为社会主义和资本主义两大阵营，我国的贸易伙伴主要为苏联等社会主义阵营的国家。1950—1955 年，我国通过政

---

① 邓小平. 邓小平文选（第三卷）[M]. 北京：人民出版社，1993.

府贷款、设备供应、技术援助等方式，接受苏联援建的 156 项工程，对新中国工业体系的基础结构和产业布局产生了重大及长远的影响。为解决出口货源紧张问题，增加出口创汇，从 1957 年开始我国有计划地实施"以出养进"，即进口部分原材料，经过国内加工后再出口，这也是我国加工贸易发展的"雏形"。20 世纪 60 年代后，我国和苏联关系恶化，对外开放的对象逐渐转为部分发达国家以及东南亚、非洲等地的国家。1960—1966 年，我国先后与日本、英国、法国、意大利、联邦德国、奥地利等国家签订合同，进口冶金、化纤等技术装备；1973—1978 年，我国从西方重点引进了与轧钢、化肥、化纤、电站、石化联产等相关的 26 个大型成套设备项目，用去外汇约 30 亿美元。这些技术设备在一定程度上促进了我国工业整体技术水平的提高。

总的来看，改革开放之前，我国实行的是计划经济主导下的对外开放发展战略。该时期有限的进出口和技术引进为我国实现工业化和经济发展提供了有益的支持，虽然这当中存在着一定的局限性，但也为我国后来实行对外开放的国策提供了有益参考。

2. 改革开放以来对外开放的全面升级

20 世纪 70 年代末，新一轮产业革命逐渐兴起，邓小平同志指出："现在的世界是开放的世界。"[①] 中国迎来了对外开放的重大历史机遇，具备了对外开放的内在动力和外部条件。我国抓住新一轮科技革命、国际产业结构调整和产业链分工演化的机遇，积极融入全球化，坚持"引进来"和"走出去"相结合，积极引进外资和先进的技术，加快经济建设，将对外开放确立为基本国策。我国开放范围和领域也在逐步扩大，主要历程如下：经济特区（1980 年设立深圳、珠海、汕头、厦门四个经济特

---

① 邓小平. 邓小平文选（第三卷）[M]. 北京：人民出版社，1993.

区）——沿海开放城市（1984 年开放天津、上海、福州、广州等 14 个城市）——沿海经济开放区（1985 年起开放长江三角洲、珠江三角洲、闽东南地区、环渤海地区）——沿海开放地带（1988 年设立海南经济特区）——开放沿江、内陆省会城市及沿边市、镇（1990 年起开放浦东新区、5 个长江沿岸城市、17 个内陆省会城市和多个陆地边境市、镇）——重大区域发展战略（自党的十八大以来推动自贸港、京津冀一体化、长江经济带、粤港澳大湾区等建设）。目前，我国对外开放政策体系逐步完善，对外开放进程不断加快，以上海合作组织为龙头，以"一带一路"为两翼，联动各大沿海、沿边、沿线经济带，东中西联动、南北方呼应的"全方位、多层次、宽领域"的全面大开放格局正在形成。由此，对外开放成为推动我国经济增长、体制变革和国际竞争力提升最重要的因素之一。

1978—1991 年：对外开放启动，积极试点，探索推进。党的十一届三中全会提出在自力更生的基础上，大力引进国外的先进技术装备，开展与世界各国的经济交流合作，这是我国经济发展战略由内向型向外向型转变的标志。在党的十二大召开时，邓小平提出："我们坚定不移地实行对外开放政策，在平等互利的基础上积极扩大对外交流。"[1] 党的十二大报告明确指出，实行对外开放是我国坚定不移的战略方针。对外开放符合时代主题和世界发展大势，成为中国现代化建设的必然选择和必须长期坚持的一项基本国策。党的十三大提出，进一步扩大对外开放的广度和深度，不断发展对外经济技术交流与合作。这一阶段的对外开放体现出明显的"点状式"开放的特征。在这一时期，我国颁布了《中华人民共和国中外合资经营企业法》（1979）、《国务院关于鼓励外商投资的规定》（1986）等多项政策方案，进一步改善了营商和投资环境，吸引了包括海外华人在内的

---

[1] 邓小平. 邓小平文选（第三卷）[M]. 北京：人民出版社，1993.

海外资本，投资领域集中在劳动密集型产业，包括住宿、餐饮、加工贸易等行业，这产生了良好的窗口示范效应。这一阶段我国对外贸易和外商投资虽然增长缓慢但是逐渐开始起步，推动了东部沿海地区经济增长和体制变革。

1992—2001年：由点及面，进一步深化对外开放。深化对外开放阶段是中国为加入世界贸易组织积极准备的阶段。1992年初，邓小平同志发表南方谈话成为对外开放提速的重要契机，同年10月，党的十四大在强调加快改革开放和现代化建设步伐的同时，明确提出建立社会主义市场经济体制的经济体制改革目标。社会主义市场经济理论的提出，把坚持对外开放和推动中国经济发展的理念提高到了更高的水平，由此，在全国范围内进行对外开放的理念得以确立。党的十四届三中全会提出要充分利用国际国内两个市场、两种资源，优化资源配置，发展开放型经济。由此，投资者对中国改革开放政策、中国未来发展的信心更加坚定，中国对外开放步伐进一步加快。党的十五大报告提出，完善全方位、多层次、宽领域的对外开放格局，发展开放型经济。这一阶段深化对外开放以上海浦东新区为发力点，抓住了国际产业转移和产业链分工的机遇，中国制造业对外开放程度显著提高，中国轻纺、电机等工业品的出口规模迅速扩张，国际市场份额不断扩大。以经济特区建设为核心的对外开放政策使得珠三角、长三角等沿海地区的区位优势凸显，这一方面带动了沿海地区外向型经济的发展壮大，人民群众的生活水平日益提高，但另一方面，也在一定程度上加剧了我国区域经济发展的不平衡。因此，为进一步推动内陆地区开放，1999年，中央做出实施西部大开发的战略决策。

1994年，《国务院关于进一步深化对外贸易体制改革的决定》提出实施汇率并轨改革，完善外贸宏观管理，进一步扩大有外贸经营权的企业的数量。为了适应对外经贸领域市场化改革的需要，1994年7月1日，《中华人民共和国对外贸易法》正式实施，自此我国对外贸易经营管理步入法制化阶段。1996年，我国实现了人民币在经常项目下可兑换；1997年，我国利用外资工作精神从强调"引进来"转变为强调"引进来"和"走出去"并重，这也标志着中国对外开放进入了一个新阶段。1992—2001年这一阶段也是我国积极争取"复关"和"入世"的重要时期，我国通过积极加快进出口管理体制改革、调整部分机构、清理部分法规等努力，经过艰难谈判，先后与美国、欧盟等发达国家和主要贸易伙伴达成了"入世"协议。2001年，中国加入世界贸易组织，这成为我国对外开放重要的里程碑。

2002—2012年：中国顺应世界贸易组织规则，进行全方位、多层次、宽领域的对外开放。加入世界贸易组织使我国从试验性、区域性的对外开放转为全方位的对外开放。这一阶段，我国积极履行"入世"承诺，对标世界贸易组织的相关规则，并以"入世"为契机，深化国内经济管理体制改革，如对不符合世界贸易组织规则的政策文件进行了全面清理。其中包括：清理了2 300多项法律法规，30多万份政府下达的红头文件，等等。政府行为的改变充分彰显了对外开放促进改革向纵深发展的事实，进一步释放了微观市场主体的活力，有效改善了经济体系运行的效率。可以说，加入世界贸易组织使我国对外开放迈上了一个新台阶，也大大促进了我国从计划经济体制向市场经济体制的转变。

党的十六大指出，未来五年开放型经济发展的重点是坚持"引进来"和"走出去"相结合。党的十七大指出中国开放型经济进入新阶段，并首次提出"开放型经济体系"。2002—2012年这一阶段，我国进一步深化了金融、外贸、外汇体制改革，并将开放的重点领域由工业转向了服务业，开放区域从东部沿海地区向中西部地区延伸。在与国际接轨的进程中，我国经济与全球经济的融合互动关系不断增强。一方面，跨国公司大规模进入国内产业链，使我国要素配置的国际化程度不断提高，经济运行效率不断提升，技术实力也获得了跃升。另一方面，全球经济增长中的"中国特征"也在不断强化，日益开放、快速增长的中国经济对全球经济增长的贡献和影响显著增大。2008年，次贷危机席卷全球，欧美经济发展严重受挫，中国等新兴经济体在全球治理舞台上的角色日益凸显；同年，中国在二十国集团（G20）峰会上提出包括推动国际金融组织改革、改善国际货币体系等在内的重要改革举措。这意味着以中国为代表的新兴经济体不再是既有全球化体系的被动接受者，而逐渐开始成为更加主动的参与者、引领者。

这一阶段，我国对外开放取得了突出成果：一是推出了多项贸易自由化方案。二是"引进来"和"走出去"相结合的双向开放策略推行更加彻底。三是中国与东盟陆续签订货物贸易协议、服务贸易协议和投资协议，开启了区域投资贸易合作的新篇章，继而我国将自由贸易区经济合作作为整个对外开放战略的重要组成部分。四是人民币国际化进程大大加快，我国实现了金融市场双向开放，在全球金融市场中的话语权和影响力显著增加。

2013年至今：加快形成全面开放新格局，实行更高水平对外开放。党的十八大以来，我国坚持继续将对外开放作为基本国策。党的十八大提出，要全面提高开放型经济水平。适应经济全球化新形势，必须实行更加积极主动的开放战略，完善互利共赢、多元平衡、安全高效的开放型经济体系。习近平进一步指出："中国将在更大范围、更宽领域、更深层次上提高开放型经济水平"[1]，"共同维护和发展开放型世界经济"[2]。这一阶段

---

[1] 在同出席博鳌亚洲论坛二〇一三年年会的中外企业家代表座谈时的讲话［N］. 人民日报，2013－04－09.
[2] 共同维护和发展开放型世界经济［N］. 人民日报，2013－09－07.

我国对外开放的新目标是"走出去"。党的十八大以来，我国提出"一带一路"倡议、发起成立亚投行、加快推动自贸试验区建设、实行负面清单管理等对外开放举措，贡献全球治理的中国方案，向着构建人类命运共同体的目标不断迈进。

2013 年党的十八届三中全会通过《中共中央关于全面深化改革若干重大问题的决定》，明确提出加快构建开放型经济新体制，放宽投资准入限制，加快实施自由贸易区战略，扩大内陆沿边开发开放，掀起了深化外贸体制改革、创新对外经贸管理方式的新高潮。开放是国家繁荣发展的必由之路，党的十八届五中全会将"开放"列为五大发展理念之一，开启了新一轮更高质量的对外开放。

党的十九大将对外开放提升至新的高度，提出必须坚定不移贯彻创新、协调、绿色、开放、共享的发展理念，发展更高层次的开放型经济，推动形成全面开放新格局。在全球化进程遭遇挫折的复杂国际形势下，中国坚持维护多边贸易体制，主动担负起推动全球化发展的大国历史重任，为全球化向好发展注入了中国力量。中美贸易冲突开始以来，面对国际金融危机后世界经济持续低迷导致的外需下滑严峻形势以及贸易保护主义带来的挑战，我国通过深化对外经贸领域供给侧结构性改革，促进贸易便利化，进出口逐步回稳向好，有了稳中有进的发展。我国充分利用各类国际平台，在提高自身制度性话语权的同时，倡导构建人类命运共同体，积极打造"更加创新、活力、联动、包容"的世界经济体系，为促使全球贸易走出"逆全球化"阴影做出了卓有成效的努力，使得中国对全球经济增长继续发挥着"压舱石"的重要作用。这反映了党的十八大以来，中国开始以更加积极主动的姿态引领全球开放型经济体系的建设和全球治理体系的改革。

2018 年 4 月，习近平在博鳌亚洲论坛上宣布中国将实施大幅度放宽市场准入、创造更有吸引力的投资环境、加强知识产权保护、主动扩大进口等扩大对外开放新的重大举措,向世界传递出清晰、有力的声音:"中国开放的大门不会关闭,只会越开越大!这是中国基于发展需要作出的战略抉择,同时也是在以实际行动推动经济全球化造福世界各国人民。"[①] 2018年11月,首届中国国际进口博览会成功举办,这是中国坚定支持贸易自由化和经济全球化、主动向世界开放市场的重大举措,有利于促进世界各国加强经贸交流合作,促进全球贸易和世界经济增长,推动开放型世界经济发展。截至2022年底,中国国际进口博览会已成功举办五届,体现了中国将继续坚定不移推进更高水平对外开放的决心,也彰显了全球治理中的"中国担当"。中国推动更高水平开放的脚步不会停滞!中国推动建设开放型世界经济的脚步不会停滞!中国推动构建人类命运共同体的脚步不会停滞!

综上,1978年以来的对外开放是我国发展取得巨大成功的重要因素,也是我国积极主动融入全球化的时代选择,更是"中国方案"和"中国担当"的时代体现。我们从中可以看出,我国对外开放是一个渐进式、由点到面、依次推进的加速和强化过程,即从部分沿海城市开放到中西部开发开放再到逐步辐射全国,从制造业扩展到服务业,从对外有限交流到深入各个层面的国际经济和技术合作。仅仅40余年的时间里,我国经济社会走向全面开放。在对内改革和对外开放的共同推动下,中国创造了后起大国实现中国式现代化的增长奇迹,成为世界经济增长的主要稳定器和动力源。

(三)我国对外开放的总体性评述

新中国成立70余年来,中国共产党领导人民走出了一条独特的通往

[①] 习近平出席博鳌亚洲论坛年会开幕式并发表演讲(全文)[N].人民日报,2018-04-10.

现代化的道路，一方面摆脱了依附于发达国家成为其经济和政治附庸的命运，另一方面更摆脱了西方资本逻辑主导的现代化的叙事方式和道路。国家不分大小、强弱、贫富，每个国家都有权自主选择社会制度和发展道路。中国道路拓展了发展中国家走向现代化的途径，给世界上那些既希望加快发展又希望保持自身独立性的国家和民族提供了全新选择，为世界广大的渴望现代化的发展中国家提供了新的方案、新的选择。尤其党的十八大以来，以习近平同志为核心的党中央积极推进对外开放理论创新和实践创新，确立开放发展新理念，实施共建"一带一路"倡议，加快构建开放型经济新体制，倡导发展开放型世界经济，积极参与全球经济治理，更高水平的开放格局正在形成。

从国际层面看，经济全球化向纵深发展，国际经济合作和竞争格局加速演变。同时，西方国家发展失衡、治理困境、公平赤字等问题也更加突出，新一轮科技革命和产业变革方兴未艾，国际力量"东升西降"的态势更加明显，部分西方国家推行保护主义政策，全球面临开放与保守、"全球化"和"逆全球化"、变革与守旧的重要抉择。在错综复杂的全球经济形势下抓住机遇实现民族复兴，是我国对外开放工作的重要任务。当今世界正处于大发展大变革大调整时期，我国经济也处在转变发展方式、优化经济结构、转换增长动力的攻关期。推动我国经济由高速增长阶段向高质量发展阶段转变，从而实现质量变革，是我国对外开放工作必须把握的方向。

党的十九大指出："中国坚持对外开放的基本国策，坚持打开国门搞建设，积极促进'一带一路'国际合作，努力实现政策沟通、设施联通、贸易畅通、资金融通、民心相通，打造国际合作新平台，增添共同发展新动力……推动建设开放型世界经济。""国际经济联通和交往仍是世界经济发展的客观要求。我国经济持续快速发展的一个重要动力就是对外开放。

对外开放是基本国策,我们要全面提高对外开放水平,建设更高水平开放型经济新体制,形成国际合作和竞争新优势。要积极参与全球经济治理体系改革,推动完善更加公平合理的国际经济治理体系。"①"一带一路"倡议和构建人类命运共同体共同秉承创新、协同、绿色、开放、共享的发展观念,所弘扬的共商共建共享和合作共赢的全球治理理念也是对西方发达国家全球化治理模式的全面超越,因此,新时期的全球市场不再是少数大国的角逐场和利益分赃场,新时期的全球治理是多数国家都能够平等参与的全球治理,这也是中华民族"天下大同"和"和而不同,求同存异"思想的写照,中国为解决世界问题贡献了中国智慧。

当今,对外开放面临的国内外形势正在发生深刻复杂变化,机遇前所未有,挑战前所未有,机遇大于挑战,中国日益成为世界乱局中的"稳定器"、变局中的正能量。因此,我们要以更加开放的心态推动经济全球化向纵深发展,在奋力实现中华民族伟大复兴中国梦的同时,也为全球经济增长贡献中国力量,正如习近平所说:"中国开放的大门不会关闭,只会越开越大。以国内大循环为主体,绝不是关起门来封闭运行,而是通过发挥内需潜力,使国内市场和国际市场更好联通,更好利用国际国内两个市场、两种资源,实现更加强劲可持续的发展。从长远看,经济全球化仍是历史潮流,各国分工合作、互利共赢是长期趋势。我们要站在历史正确的一边,坚持深化改革、扩大开放,加强科技领域开放合作,推动建设开放型世界经济,推动构建人类命运共同体。"②

---

① 习近平. 正确认识和把握中长期经济社会发展重大问题 [J]. 求是, 2021 (2).
② 习近平在企业家座谈会上的讲话(全文)[OL]. 新华网, 2020 - 07 - 21.

二、在开放发展中推动我国经济转型升级

我国开放发展的进程当中，党中央明确指出要"坚持把发展经济着力点放在实体经济上"，同时，心无旁骛振兴实体经济也是我国"十四五"时期的重大战略目标之一。实体兴则经济兴，实体强则经济强。

近年来，中国经济步入新常态，开放发展亦向着高水平转换，在国内大循环和国外循环中，经济基本面暴露出一些结构失衡、供需失调等问题。从经济体系运行机制的角度而言，在开放发展中实现实体经济转型升级最重要的就是处理好政府与市场的关系，在有效提升市场经济发展水平的同时，充分发挥政府调控效能。

（一）市场机制在开放发展中的作用

1. 国际价值规律的作用

根据马克思的观点，特别是对于实体经济而言，不论是在国内市场还是在世界市场之中，价值规律都是最基本和最重要的经济规律。国际价值规律是世界市场之中调整国际商贸流通的基本法则，与国内价值规律相似，其基本内容是：国际市场上商品的价值由生产该商品的国际社会必要劳动时间决定，商品以国际价值为基础实行等价交换。不过，国际价值规

律也有其特殊性，即在世界市场中，由社会必要劳动时间决定的价值量没有形成统一且均等的尺度，而表现为各国的平均数形成了一个阶梯，这进一步为发达国家凭借生产条件优势在实体经济贸易中获取超额剩余价值提供了便利。参考马克思对于国内价值规律作用的分析，国际价值规律在经济全球化中的作用，至少应有以下三个方面。

第一，自发性调节生产资料和国际商品的全球流动。

一方面，国际价值规律使得发达国家与发展中国家依赖既有要素禀赋状况从事生产，造就了以发达国家为主导的国际经济秩序。在新航路开辟后，西方列强曾经凭借廉价商品和坚船利炮，强行打开了落后国家的国门，将其变为殖民地，并逐渐形成有利于自身的国际经济秩序。而在马克思生活的时代，由于机器大工业下生产商品的国别必要劳动时间显著低于家庭手工业下制造商品的国别必要劳动时间，西方发达国家通过商品倾销造成不发达国家中的同行业竞争者退出市场，迫使其形成为发达国家提供生产原料的单一经济结构。第二次世界大战以后，发达国家不再采用工业制成品倾销策略，而主要凭借生产资料特别是资本的占有，基于本国更为先进的科学技术、更高的劳动生产率和素质更高的劳动者，占据价值链高端，主要从事资本密集型商品的生产，而将环境污染重与劳动密集型的产业转移至发展中国家，在转嫁国内生态危机的同时，加重了资本对发展中国家劳动者的剥削。

另一方面，国际价值规律也协调了实体经济发展进程中生产资料与商品的国际流动，并为发展中国家参与经济全球化和实现经济赶超提供了机遇。价值规律以等价交换为核心原则，具体通过价格引导和供求制约实现，因而对于经济全球化中的所有参与者而言，他们要面向世界市场，在充分利用本国优势的基础上分工与协作。国际分工与协作给发展中国家带来了本国相对稀缺的资本和技术，有利于其发挥劳动力优势，赚取外汇和提高劳动生产率，并在与发达国家的商品贸易中学习先进技术，实现经济跨越式发展。

第二，鼓励各国科学技术提升和要素生产率进步。

在国际价值规律中，国际必要劳动时间决定国际价值是最核心的内容。在遵循该规律的实体经济中，那些因生产技术先进、劳动生产率高而商品国别社会必要劳动时间少、国别价值较低的国家，可以按照由国际必要劳动时间决定的国际价值出售其商品，并从中获取超额剩余价值。反之，那些因生产技术落后、劳动生产率低而商品国别社会必要劳动时间多、国别价值较高的国家，按照由国际必要劳动时间决定的国际价值出售其商品只能收获较少，甚至出现亏损。

世界市场中的各个国家，都需要不断更新生产技术、提高劳动生产率以获取更多利润并在国际竞争中取得优势地位。国际价值规律为经济全球化注入高能激励元素，在世界市场的激烈竞争中，它激励劳动者更加勤奋地工作、企业更有效率地组织生产以创造更多的社会财富。在当前全球平均生产力水平还不够高、国际贫困问题仍待解决的现实情况下，国际价值规律的这种激励机制是推动经济全球化和人类历史继续向前发展的内在动力，各国政府需要合理应对市场失灵问题，但不能以政府作用替代市场功能，甚至走上逆经济全球化的道路。

第三，造成国内与国际的不平衡发展。

首先，造成国际分工固化和南北差距。发展中国家过去多是遭受西方发达资本主义国家长期掠夺、压迫和剥削的殖民地区域，被迫留下了生产力水平低下的历史烙印，容易被长期锁定在国际价值链分工低端领域，因此其民族工业难以起步，只能在世界市场中主要供给基础原材料和低附加值产品。这种极端不利的价值链分工又进一步拉大了发展中国家和发达国家的收入差距。国际价值规律本身往往只会加剧而难以解决这一问题。

其次，引起国际政治经济格局动荡和部分发达国家对于经济全球化态度的逆转。在各发达国家之间，原材料供应、劳动力的质量与数量、资本充裕度和科学技术发展水平等方面都存在差别，各国在世界市场中的竞争能力也会随着时间的推移发生改变。而在特定的历史时段，经济全球化体系往往是由竞争能力最强的一个或几个资本主义发达国家主导建立起来的，竞争能力的时序性变化也会导致国际经济秩序的更替，给经济全球化带来极大的不稳定因素。国家间政治经济发展不平衡是资本主义发展历程中长期存在的规律，这种不平衡发展为资本主义生产方式与经济社会制度所决定，并有客观必然性，两次世界大战对于经济全球化的中断都是这一规律引起的。而当今爆发世界性大规模战争的可能性较小，这一规律往往以某种"冷战"方式进行。资本主义发达国家在制定其对外贸易政策时，往往以维护本国资产阶级利益为根本出发点，凭借其对于国家经济秩序的影响力，选择性地利用国际价值规律。当本国商品竞争能力强时，极力推行自由贸易，推动实体经济全球化；而一旦本国商品竞争能力减弱，便立即转向贸易保护，出台逆全球化政策；待商品竞争能力提高后，又回到鼓吹自由贸易的道路上。国际价值规律的这一负面作用也是导致资本主义历史上经济全球化与逆全球化相交织的主要成因。

2. 完善世界市场

从实体经济国际价值规律具有正反两方面的作用而言，以价值规律为核心机制的市场制度显然并不完美也无法实现自律，但目前确实因具有一定优越性而难以被其他制度替代，其最大的特点就是：使企业能够在国际上以一个相对较低的成本搜集信息和配置资源，实现较高的生产效率，并消解不合理的特权。正如弗里德曼所言："这说明了一个不以个人为转移的市场如何把经济活动和政治观点分开，从而，保护人们使他们经济活动免于受到由于和他们的生产力无关的理由而受到的歧视——不管这些理由和他们的观点还是和他们的肤色具有联系。"① 而马克思对于资本主义的扬弃，也是以承认资本主义市场经济取得的巨大成就为基础的。应该承认，中国近40多年来取得的经济成就与所推行的积极参与世界市场的改革开放政策密不可分，这也是我们现在反思高度集中的计划经济体制、积极对外开放并提出让市场在资源配置中起决定性作用的重要原因。市场能够脱离政府而自我运转的观点是一种落后思想，自由主义经济学提出的所谓市场自律原则是值得推敲的，而要进一步完善市场经济则需要从以下两个方面入手。

一方面，实体经济的市场制度产生和变迁需要更好发挥政府作用。制度经济学把市场视作一个国家为实现资源合理配置而采用的一种制度，并且这一制度具有自我调整的能力。但是，市场制度并不总能适时有效地引致自身的变迁，市场制度与政府引导的配合是近年来国家经济崛起的秘诀。林毅夫（2000）把市场制度变迁分为诱导性变迁和强制性变迁。在没有外界干扰的情况下，当由于某种原因制度不均衡出现时，社会中的个体或群体会主动对其产生反应，自发性地诱导原有制度进行调整或新制度进行重建。但是，尝试建立一个新的制度是极为消耗时间、资源的过程，还会创造性地破坏原有制度形成的平衡。在到达一个临界点之前，单纯由诱导性变迁带来的制度供给很有可能不足。这时如果政府能够及时发现问题并以保障社会福利为目标进行调控，就可以凭借法令等强制形式来补救持续的制度供给不足。而且，以利他主义为出发点的强制性制度变迁在现实中也确实是可能出现的，并不是某种主观臆想。② 由此可见，政府引导下

---

① 米尔顿·弗里德曼. 资本主义与自由［M］. 张瑞玉译. 北京：商务印书馆，1986.
② 黄少安，刘海英. 制度变迁的强制性与诱致性——兼对新制度经济学和林毅夫先生所做区分评析［J］. 经济学动态，1996（4）.

的强制性市场制度变迁理应成为后发国家进行经济建设的重要方式。

另一方面，只有政府调控下的实体经济市场制度才能够在体现效率的基础上真正促进公平。100多年前，马克思和恩格斯就指出了市场制度发展带来的问题。恩格斯承认古典经济学的贡献，市场经济确实消解了封建特权，并在《国民经济学批判大纲》中进一步提出："斯密颂扬商业是人道的，这是对的。世界上本来就没有绝对不道德的东西；商业也有对道德和人性表示尊重的一面。但这是怎样的尊重啊……滥用道德以实现不道德的意图的伪善方式就是自由贸易体系引以自豪的东西。"① 马克思也在《资本论》中认为资本主义市场经济具有双重作用，它"一方面表现为生产者从农奴地位和行会束缚下解放出来……但是另一方面，新被解放的人只有在他们被剥夺了一切生产资料和旧封建制度给予他们的一切生存保障之后，才能成为他们自身的出卖者。而对他们的这种剥夺的历史是用血和火的文字载入人类编年史的"。② 当今，马克思与恩格斯的如上论断仍然成立，尽管资本主义经济几经转型，掠夺性积累数次卷土重来，效率与公平的矛盾却始终无法得到真正解决。正如皮凯蒂所揭示的那样，实体经济发展过程中，由资本收入不平等和劳动收入不平等带来的贫富悬殊，是当前世界面临的最大挑战。③ 市场若要发挥作用，需要把人强制卷入其建立的交换体系之中，其在平等交换的形式之下埋藏的是每个人都妄图通过不平等方式侵占别人正当利益的真实企图。如今，一国若要从新自由主义的自由放任经济锁链中解放出来，就需要重新部署国家权力，对监管不力的

---

① 马克思，恩格斯. 马克思恩格斯文集（第一卷）[M]. 中共中央马克思恩格斯列宁斯大林著作编译局，译. 北京：人民出版社，2009.
② 马克思. 资本论（第一卷）[M]. 中共中央马克思恩格斯列宁斯大林著作编译局，译. 北京：人民出版社，2018.
③ 托马斯·皮凯蒂. 21世纪资本论[M]. 巴曙松，等，译. 北京：中信出版社，2014.

市场出台更具干涉性的政策。①

因而要进一步完善实体经济的开放发展，政府首先需要对经济活动进行积极的调控，这样市场才能更有效率、更加公平地发挥资源配置的作用。特别是对于大部分后发国家而言，与其说是市场经济发展不完善、不充分，不如说是政府应该发挥的作用没有合理发挥。"仅凭自由市场与有限政府就能够促进实体经济在国内外层面健康发展"这样的观点，不但在理论建构上"子虚乌有"，而且在政策实践上也乏善可陈。甚至，一个缺乏监管的市场可能比一个政府垄断的市场效率更为低下、风险更为巨大。②

（二）政府调控在开放发展中的作用

1. 国家主体性及政府的财富创造能力

不论何种社会制度与历史文化，也不论经济发展水平的高低，政府在经济发展中的作用都深深嵌入于各个国家经济体系之中，进而也成为世界市场中的重要因素。更为重要的是，政府在经济体系中的作用也不符合政府仅仅具有非生产性职能的这一西方经济学中市场自我实现的预言，政府既可以被视为实体生产性部门，也具有创造财富的潜力。这一财富创造潜力特别体现在协调与引领本国产业发展、规避和缓解市场失灵问题两个维度。

第一，政府是实现实体经济起飞的决定因素。从经济全球化的历史演进过程与代表性国家的更迭可以看出，政府的合理作用是引领本国走上现代经济增长道路并实现可持续发展的关键。在西方发达国家的发展历程

---

① 大卫·哈维. 新帝国主义 [M]. 初立忠, 沈晓雷, 译. 北京: 社会科学文献出版社, 2009.
② 保罗·克雷格·罗伯茨. 自由放任资本主义的失败: 写给全世界的新经济学 [M]. 秦伟, 译. 北京: 生活·读书·新知三联书店, 2014.

中，不论是作为资本主义发展模式形成起点的资本原始积累时期，或是引致资本主义生产方式迅速扩张的资本积聚与集中阶段，我们都能明显看到政府举足轻重的作用。

葡萄牙、西班牙、荷兰、英国、美国等西方国家都依赖政府力量在经济全球化的舞台中上演"大国崛起"，这不仅表现在通过制定经济政策间接引导本国的对外贸易，更体现于运用国家机器通过贸易管制、特许经营甚至军事战争等方式直接介入世界市场的经济运行。

葡萄牙和西班牙两国作为欧洲大陆最早的统一民族国家，在封建君主的主导下探索贸易航线和进行殖民掠夺，将原本在认识上割裂的区域连接成一个完整的世界市场，并拉开了经济全球化的序幕。在世界霸权史中昙花一现的荷兰，曾作为商业寡头统治下的联省共和国，由上至下地建立起一整套现代金融与商业制度，而当时具有政权性质的荷兰东印度公司，也凭借国家保护下的特许经营权垄断了世界市场中近一半的贸易量。

英国则最先在重商主义思想的指导下发展起来并走上了财政-军事国家之路，它在强有力的君主制（1688年确立君主立宪制）保障下，实行开明治国政策，赋予英国东印度公司贸易独占权，并直接为实体经济的全球扩张提供军事保护，之后以全球无可匹敌的强大工业能力为支撑，发展自由贸易、开拓世界市场，而也正是由于自由市场经济弊端和经济结构失衡削弱了自身的经济实力，它最终失去了世界霸主地位。

而纵观美国两百多年的经济发展史，美国学派基本主导了建国后一直到20世纪初国家实体经济领域大政方针的制定，美国主要依靠政府作用来规避不利的世界市场环境，建立起雄厚的制造业基础，制定合乎国情的贸易政策，最终实现了对英国的赶超；而以国家宏观调控为核心的凯恩斯主义政策，则引领美国率先走出大萧条泥潭，迎来二战后经济发展的黄金时期。

当今世界发展中国家发展实体经济，不能够再像早期西方资本主义国家那样通过战争与殖民的刀与火进行资本原始积累，但这并不意味着政府作用的退场。而正好相反，政府有计划、分产业且目标长远的经济扶持是后发国家经济起飞的关键。这一点得到了经济理论与现实的双重验证。就经济理论而言，发展经济学主要是研究后发国家如何摆脱贫困并逐步实现经济赶超的学科，其提出这些国家经济的起步与繁荣需要政府的统一协调才能够实现，并开始将国家制度作为一种无形的生产要素纳入一国的生产函数之中。

早期的发展经济学模型由于受到新古典经济学范式的影响，基本忽视了政府具有的生产性作用，而往往将市场制度的有效性内含于假设前提之中，认为"看不见的手"与经济主体理性决策的共同作用，自然而然地就能引领发展中国家实现经济起飞。例如，哈罗德－多马模型虽然强调了国家投资和国际援助的重要性，但在本质上追求的是一种在市场自律条件下的"刀刃平衡"；索洛模型固然也将促进技术进步和调整储蓄率作为政府介入经济的手段，然而其基于市场均衡分析的稳态增长路径颇具"黑板经济学"色彩，与现实中代表性经济体的发展进程相去甚远。

发展经济学逐渐与新制度经济学相融合，破除了新古典经济学"市场万能"的迷信，提出国家能力和组织效率高低是决定一国能否融入全球化并实现经济起飞的关键，这在赋予政府更大责任的同时也对其行为的合理性与规范性提出了更高的要求。东亚经济的强势崛起与拉美经济深陷改革失败的泥潭形成鲜明对比。日本、韩国、新加坡等国的政府在经济发展过程中都共性地发挥了实体经济指导作用，凭借所谓"国家资本主义"的发展模式成功缩小了与其他发达国家的差距，具体表现为：市场激励与政府指导的有机结合，有计划地制定产业政策和有步骤地承接其他发达国家产业转移，通过关税保护、直接补贴等方式扶持新兴产业与战略性产业的平稳发展，同时注重发挥国有企业在提供公共产品、提升科研投资等方面的正外部性作用。

第二，政府是克服实体经济市场失灵的重要力量。在马克思看来，市场经济在价值规律的作用下能够极大激励参与者追求超额剩余价值。新航路开辟以来，资本主义改写了人类相互隔绝的状态，全球化将各地都席卷入世界市场之中，从而创造出令人瞠目的实体财富。但是，资本主义基本矛盾在市场经济中有两方面表现：在商品生产方面具体体现为过程浪费和结构失衡，在商品消费方面具体体现为供需失调和经济危机。我们需要正确认识与合理把握经济规律，防范经济危机的强制性平衡机制破坏全球经济发展，政府发挥作用是克服市场经济种种弊端的必要途径。

深刻认识当前经济开放发展问题并提出正确理论构建的关键是，认识到西方主流经济学对市场经济中财富创造与财富攫取的界定存在偏误。其偏误特别表现在：大胆承认金融通过稳定市场预期、优化资源配置而具备生产性的财富创造能力，而对过度金融化所带来的各种经济波动与危机熟视无睹；将政府的逆周期调控职能、引导性产业政策斥为非生产性的财富攫取行为，而对国家在缓解资本主义基本矛盾导致的经济危机中的重要作用置若罔闻。事实上，经济全球化的历史屡次证明市场无法实现自我监管，其放任自流与经济危机有很高的关联性，而政府则能够在引导市场经济走出危机泥潭的过程中力挽狂澜。在这样的历史背景下，西方经济学对于政府与市场财富创造能力的认识虽然几经更迭，但始终未能形成恰当的理论。

西方发达经济体对国家调节作用和范围的认识，经历了从古典自由主义到国家干预主义，再到新自由主义的变化。从18世纪末19世纪初开始，英国凭借"世界工厂"的生产能力以及"日不落帝国"广阔的原料产地与商品倾销市场，在古典自由主义经济学的指导下，逐渐扭转了以财政-军事国家政策立国的局面，迷信于自由放任市场的财富增长能力而抛弃了政府的财富创造作用，任由逐利性自由流动金融资本掌控世界市场，这导致了以生产过剩与劳动人民购买力不足间的矛盾为代表的资本主义基本矛盾急剧积累，而1929年起席卷全球的经济大萧条正是长时段所积聚矛盾的集中爆发，这场经济危机彻底击碎了古典经济学的市场出清与自发调节幻想。

在这样的背景下，凯恩斯的有效需求理论应运而生，旨在从需求侧角度以逆周期的财政政策和货币政策熨平实体经济波动。但是，凯恩斯主义不可能从根本上解决资本主义基本矛盾，更重要的是单一需求管理政策缺乏供给侧结构的长远调控，而逆周期调整使得政府作用局限于事后调节而未充分发挥事前引导职能。这些因素共同导致了单一需求侧的宏观调控调节政策短期有效而长期失灵，此现实表现即为西方发达资本主义国家在20世纪70年代广为人知的"滞涨"局面。

但是，西方主流经济学并未从进一步完善政府对于市场经济的长期规制作用角度进行研究，反而主张大力削减政府职能。由此，20世纪70年代，新自由主义大行其道。虽然政府减税降费、国家退出市场的政策主张确实体现了凯恩斯主义关于供给管理政策的缺失，在短期内起到一定成效，但新自由主义的这些做法无疑是饮鸩止渴，重新让市场经济的无序性和对抗性积累起来，对本国经济和世界经济都产生了极为不良的影响。政府放弃产业政策使得制造业转移，导致去工业化问题；国家放松金融管制使得金融资本投机盛行，引致金融源生性危机；而去工业化和过度金融化又进一步使得失业率提高、工资水平下降和财富的金融性积聚，这又导致了前所未有的两极分化和社会割裂；这些都会加快资本主义经济危机的来临。

近年来世界市场的周期性危机与全球化中的无序性动荡，都印证了弱化政府作用、放松资本管制和自由放任市场的恶果。2008年全球金融危机引发的全球经济停滞也是当前逆全球化现象的主要成因。由此可以明显看出,当前经济全球化中存在的问题并不是全球化本身导致的,更不是成因于新兴经济体的崛起,而是旧有全球经济秩序中"大市场、小政府"的市场经济模式导致的。西方国家由于缺乏政府在需求侧和供给侧的长期性与机制性补足作用,所以将市场经济本身具有的自发性、盲目性和滞后性短板暴露无遗。

综上所述,政府在实体经济方面的财富创造能力或者生产性能力,已经不只局限于以往的公共产品领域。它一方面通过扶持与引导产业更好参与国际竞争,使得世界市场竞争主体更有活力,另一方面通过从需求和供给两侧规制经济波动的广度与深度,使得世界市场运行更加平稳。而未来要运用好政府的财富创造能力,就要在市场经济中努力推动政府作用,将政府亡羊补牢的消极作用转变为未雨绸缪的积极作用。

2. 嵌入型市场与政府的协调治理职能

《通往奴役之路》和《大转型》两本书于1944年出版,戏剧性地拉开了关于政府与市场关系的讨论。在第二次世界大战的残酷洗礼下,哈耶克顺应了西方的主流观点,认为专制主义和军国主义是造成一切灾难的根源,以极推崇的态度拥抱自由市场对经济的重新统摄。而波兰尼的理论更显深邃和冷峻,在对放任自流的自由主义浪潮的批判深处,看到了市场经济作为一种外在强制形式带给人类社会的规训。

哈耶克与波兰尼都认为"自我调节市场"是人类文明历史上伟大的发明。它造就了资本主义对全球市场的统治,这样的源泉和母体生发出了一些现代性制度形式,在哈耶克那里是自发秩序的充分展现,在波兰尼那里即是所谓的"大转型"。

在人类经济发展史和经济全球化的历史当中,"自我调节市场"是迄今为止唯一一种声称能够摆脱社会其他因素制约而独立运行的经济形态。不论是原始社会的自然经济形态、中国古代的朝贡贸易体系还是古希腊的"家庭"所有制，全部都建立在颇为复杂的社会政治体系之上，属延伸性的制度。因而西方经济学所试图构建的市场经济体系绝不可能是亘古不变的自然秩序。然而，试图摒弃社会其他因素制约过程并不顺利，资本主义的市场经济体制，产生于强大政府所维系的财政-军事国家，其又被以马克思为代表的经济学派证明为一个不被控制或自我控制的实体系统。波兰尼认为，从18世纪开始"自我调节市场"凭靠科技进步和对人类传统生活方式的彻底改写，一方面以异化的方式创造了西方资本主义文明的发展奇迹，另一方面时刻与人类组织社会生活的基本原则相冲突，而此冲突正是导致各种危机、冲突和战争的根源。

将波兰尼的理论运用于全球实体经济发展即意味着，自由主义经济学中所谓的自律调整型市场，实际上是18世纪以来诸种反全球化言行和逆全球化暗流泛滥的根本原因。经济全球化不可能彻底消解世界文明的多样性，这也决定了世界市场不能按照统一自律的规则来运行。在以市场机制推行的经济全球化过程中，一旦市场力量的无限制扩张吞噬了作为人本质属性的社会性，就会导致各种压力与矛盾出现，此即逆全球化问题出现的根源。因而，政府的协调治理职能就特别表现为防止市场经济机制向市场社会化不良演变。在国内治理方面，政府担负着协调经济与社会发展的重要职责。由于提供社会保护的权威性主体往往是具备某种政治义务与责任的政府，因而在自由主义市场无限扩张的趋势下，政府需要采取措施诸如推行相应法律、法规和制度来限制市场对社会的吞噬，尤其是在市场和社会之间进行协调。在国际协调方面，资本往往会以逐利性为原则通过寻租在国际经济中谋取更有利的竞争条件，世界合作不可能建立在对新自由主义具有依附性的羸弱政府之上。在协调性良好的世界市场中，一方面，各国政府都应有能力为本国的经济发展和国际分工制定合理战略，防止先发经济体凭借暂时的市场优势遏制后发经济体的经济发展权利；另一方面，国际经济秩序应建立在平等协商的基础之上，防止出现以保护主义和单边主义为代表的、意图通过牺牲他国利益来维护本国利益的零和博弈困局与修昔底德陷阱，让各国真正共享经济全球化红利。

　　总而言之，当我们重新审视实体经济发展历史、跳出旧有话语体系的窠臼、反思政府失灵和自我实现的预言，进而公正看待政府活动的影响时，将哈耶克和波兰尼两位同时代思想家的洞见结合起来，可能会得出一种全新的经济学理论阐释。固然应当承认，市场制度在当前的生产力水平和国际政治环境下具备不可替代的优越性，然而有效运作的市场并非自发诞生于某种天然秩序，而是与政府有目的的政策制定密切相关。换言之，"市场不是孤立于外部世界的东西，而是由社会塑造、在具体情境下多边作用的结果……政府政策不是对于市场的'干预'和'入侵'，而是共同塑造竞争市场的社会过程的一部分。"① 一旦政府不再被迫保持中规中矩而游走在刃锋之上，其在实体经济中的协调治理职能就呼之欲出了。

---

① 玛利安娜·马祖卡托. 增长的悖论——全球经济中的创造者与攫取者［M］. 何文忠, 周璐莹, 李宇鑫, 译. 北京：中信出版社, 2020.

三、发展更高层次的开放型经济

"逆全球化"正在愈演愈烈。全球化的一个主要衡量指标就是贸易总额占据全球经济总量的比重,世界银行的一项研究数据显示,世界贸易总额占世界经济(世界生产总值)比重自20世纪90年代新一轮全球化以来不断提高,1990年为31%,2008年为51.86%,金融危机后各国贸易政策收紧,2015年这个数字降至44.9%。[①] 2019年1月联合国发布《2019年世界经济形势与展望》,报告中指出连续三年全球贸易摩擦持续加剧,全球贸易增速由2017年的5.3%降至2018年的3.8%。

在贸易限制措施方面,根据世界贸易组织的一项统计研究,世贸成员自从2008年全球金融危机以来已经推出了数千项限制贸易的措施。其中美国表现尤为激烈,相关研究数据显示,美国在2015年实施贸易保护措施624项,是2009年的9倍;另外,2015年美国采取了90项贸易歧视措施,位居世界之首,成为限制贸易自由化最激进的国家。[②] 2019年12月

[①] 胡鞍钢,王蔚. 从"逆全球化"到"新全球化":中国角色与世界作用[J]. 学术界,2017(3).

[②] 张茉楠. "特朗普主义"下的逆全球化冲击与新的全球化机遇[N]. 中国经济时报,2017-02-16.

世界贸易组织表示，截至当年10月世贸成员共实行了102项贸易保护的限制措施，预计影响了估值约7 470亿美元的贸易商品和服务，同比增加了27%，这也是2012年至2019年的年度最高水平，进一步加剧了国际贸易和全球经济增长的不确定性。2019年11月6日《2019年世界贸易报告》中文版发布，该报告显示，全球服务贸易不断增长，已经成为全球贸易最有活力的组成部分，在未来多边服务贸易还将会继续增长，但各国间贸易壁垒将会为这个进程增加不确定性。根据世贸组织更早的报告，1990—2007年全球国际贸易增长6.9%，2008—2015年平均增长约3.1%。2016年全球贸易增长率不仅低于世界生产总值增长率，而且只有后者的80%。国际货币基金组织的一项测算表明，在20世纪90年代，全球经济每增长1%能为贸易带来2.5%的增长，而近年来，同样的经济增长只能带来0.7%的贸易增长。一系列数据和世界局势的变化表明，目前全球经济的确已经遭遇"逆全球化"寒流。

与之形成鲜明对比的是，我国依然坚持高水平的对外开放，坚定不移推进经济全球化建设。新中国成立70多年来，尤其是改革开放40多年来，我国经济发展取得了举世瞩目的伟大成就，我国经济和世界经济深度融合，为世界经济增长提供了超过30%的贡献率，成为全球经济发展的引领者。世界各国早已形成了"一荣俱荣、一损俱损"的共生关系，尤其自改革开放以来，中国经济迅猛发展，在全球产业链中具有重要的地位。但是，部分西方国家将自身发展的结构性矛盾问题归结于全球化，殊不知"经济全球化是西方崛起而不是西方衰落的原因"（周文、包炜杰，2019），斯蒂格利茨（2020）也认为，西方国家尤其是美国出现问题的根源不是全球化，而是其全球化的路径和全球治理模式出现了问题——只给少数人带来了福音，大部分人并没有受益。一些学者甚至无缘由地指责中国破坏了世界的组织体系，导致民粹主义盛行，这不合事实，更于事无补。对此，习近平指出："要坚定不移发展全球自由贸易和投资，旗帜鲜明反对保护主义。"①

当前，在经济全球化遭遇逆流，尤其自新冠疫情在全球蔓延以来，世界发展充满不确定性，全球经济发展面临严峻挑战，单边主义上升，世界经济低迷，国际贸易和投资大幅萎缩，贸易保护主义不断抬头，这种现象和趋势将对国际分工体系和产业链纵深发展产生消极影响。时代呼唤全球治理的新样本，站在全球化的十字路口，面对"世界怎么了、我们怎么办"的"中国之问"，习近平指出："国际社会期待听到中国声音，看到中国方案，中国不能缺席。"② 全球化治理进程中中国不可或缺。

与西方国家"保护主义"思潮盛行不同，以习近平同志为核心的党中央领导集体锐意进取，顺应历史的政治经济发展大势，更加坚定不移推进更高水平对外开放，以全面扩大对外开放的务实行动，跳出了西方国家资本逻辑主导的全球治理模式和西方狭隘的国家利益视角，以人为本建立全球治理的新机制，提出了构建人类命运共同体的全球化发展新理念，符合人类的共同普遍利益。

2020年10月，党的十九届五中全会明确提出，要坚持实施更大范围、更宽领域、更深层次对外开放；同年11月，习近平在第三届中国国际进口博览会开幕式上的主旨演讲中指出，中国将秉持开放、合作、团结、共赢的信念，坚定不移全面扩大开放。③ 我国从捍卫全球化的立场出发，着眼于人类社会发展前景，提出了以构建人类命运共同体为总方

---

① 习近平. 共担时代责任 共促全球发展——在世界经济论坛 2017 年年会开幕式上的主旨演讲 [OL]. 人民网，2017 - 01 - 18.
② 国家主席习近平发表二〇一六年新年贺词 [OL]. 新华网，2015 - 12 - 31.
③ 习近平在第三届中国国际进口博览会开幕式上的主旨演讲（全文）[OL]. 中国政府网，2020 - 11 - 04.

案的全球治理中国方案,结合以"共商共建共享共赢"为原则的"一带一路"实践,以国家治理能力提升为抓手促进全球化的深入发展,展现了负责任大国的形象,不仅有利于促进国际经济发展和构建国际新秩序,而且有助于推动人类社会朝着更加美好的未来前进,也为建设开放型世界经济注入了更多正能量。

(一) 开放型经济与新发展阶段

唯物史观认为,生产力是人类社会进步的根本决定力量。马克思指出:"劳动生产力是由多种情况决定的,其中包括:工人的平均熟练程度,科学的发展水平和它在工艺上应用的程度,生产过程的社会结合,生产资料的规模和效能,以及自然条件。"[1] 在当下时代,生产力包含的要素更为广泛,生产力"发展的根据首先在生产力内部"[2]。因此生产要素彼此之间的矛盾运动规律决定了生产力的发展方向。发展更高层次的开放型经济,就是通过市场化、国际化、法制化,加强对外交流合作,对接执行国际惯例,实施制度型开放,增进文明互鉴,在自身获得发展的同时也带动世界经济的增长,从而推动生产力的提高。

党的十一届三中全会以来,我国坚持对外开放基本国策,打开国门搞建设,以开放促改革,积极融入全球化并参与全球产业链国际分工,为经济社会发展注入了强大动力,创造了举世瞩目的中国奇迹,实现了从封闭半封闭到全方位开放的历史性转变,我国在自身经济实力增长的同时也为世界发展提供了"中国经验"。对外开放推动中国创造了经济社会发展奇

---

[1] 马克思. 资本论(第一卷) [M]. 中共中央马克思恩格斯列宁斯大林著作编译局, 译. 北京: 人民出版社, 2018.

[2] 卫兴华. 卫兴华选集 [M]. 太原: 山西人民出版社, 1988.

迹。改革和开放相互促进，开放促繁荣促发展。通过对外开放，我国获得了更多推动发展所必需的资金、技术、资源、市场、人才乃至机遇，不断为经济发展注入新动力、增添新活力、拓展新空间，在不断地对内改革和对外开放的基础上，我国已顺利实现了第一个百年奋斗目标。党的十八届五中全会提出，全面建成小康社会、实现第一个百年奋斗目标之后，我们向第二个百年奋斗目标进军，这标志着我国进入了一个新发展阶段。

新发展阶段是我国社会主义发展进程中的一个重要阶段。全面建设社会主义现代化国家、基本实现社会主义现代化，是我国社会主义从初级阶段向更高阶段迈进的要求。当前，中国开放发展面临更加复杂的外部环境，需要提高自身统筹国内国际两个大局的能力，提高对外开放的质量和水平，既引进一切有利于发展生产力的资源和要素，为生产力进一步发展创造物质基础，也充分借鉴发达国家现代化进程所取得的有益文明成果，破除阻碍生产力发展的一切障碍，为生产力进一步发展创造制度基础。

（二）开放型经济与新发展理念

2015年10月，党的十八届五中全会剖析了当前我国发展中的突出矛盾和问题，它们成为掣肘我国经济由"高速增长"向"高质量发展"转变的主要障碍。基于这些判断，党中央提出了创新、协调、绿色、开放、共享的发展理念，指出新发展理念是一个整体，强调：创新是引领发展的第一动力，协调是持续健康发展的内在要求，绿色是永续发展的必要条件和人民对美好生活追求的重要体现，开放是国家繁荣发展的必由之路，共享是中国特色社会主义的本质要求。坚持创新发展、协调发展、绿色发展、开放发展、共享发展是关系我国发展全局的一场深刻变革，应以此作为实现中华民族伟大复兴的路径。其中，创新发展注重的是解决发展动力问题，协调发展注重的是解决发展不平衡问题，绿色发展注重的是解决人与自然和谐问题，开放发展注重的是解决发展内外联动问题，共享发展注重的是解决社会公平正义问题。这反映了党的十八大以来，中国开始以更加积极主动的姿态，引领全球开放型经济体系的建设和全球治理体系的改革。

开放发展理念是新发展理念的重要内容，是推进我国更高水平对外开放的重要原则。开放，是推动人类社会发展的基本动力，也是世界各国共同的社会基因。当今世界，各国经济相通则共进、相闭则各退，融入世界经济是我国经济发展的大方向。历史经验表明，任何一个国家，如果忽视乃至放弃和其他国家、其他文明的交流合作，很容易形成固化的发展路径、发展模式和管理体制，以致产出不能满足人们的需求。党的十九大将对外开放提升至新的高度，要求发展更高层次的开放型经济，推动形成全面开放新格局。

可以说，开放发展理念立足中国发展实际、放眼全球发展大势，融合全球开放元素，集聚了马克思主义的理论品质，揭示了世界经济发展的客观规律，指明了新时代我国扩大对外开放的方向。我们要坚持开放发展理念不动摇，主动顺应经济全球化潮流，持续扩大和其他国家的经贸、科技、人文等领域交流合作，以开放促改革、促发展、促创新，持续推进更高水平的对外开放，更好利用全球资源和世界市场，努力为我国经济发展提供积极因素，发展更高层次的开放型经济，使之为我国经济高质量发展注入新动力、增添新活力、拓展新空间。

（三）开放型经济与新发展格局

2020年，党的十九届五中全会提出，加快构建以国内大循环为主体、国内国际双循环相互促进的新发展格局；2021年，党的十九届六中全会审议通过的《中共中央关于党的百年奋斗重大成就和历史经验的决议》深刻指出，"开放带来进步，封闭必然落后；我国发展要赢得优势、赢得主动、赢得未来，必须顺应经济全球化，依托我国超大规模市场优势，实行更加积极主动的开放战略"；同年底召开的中央经济工作会议强调，要扩大高水平对外开放，推动制度型开放，以高水平开放促进深层次改革、推动高质量发展。构建新发展格局，是以习近平同志为核心的党中央做出的重大战略决策部署，是新时代全面深化对外开放的重大任务，因此实施高水平对外开放，是构建新发展格局的内在需要。构建新发展格局是事关我国经济长远发展全局的战略性、系统性的变革，也是我国立足当前、着眼未来的战略谋划。

从两个市场来看，国内循环和国际循环相互区别又紧密联系。国内大循环以国内市场的分工体系为载体，并以国际的分工体系为补充，其以满足国内人民群众日益增长的美好生活需要为根本出发点和落脚点，不断促进国内分工，深化畅通国民经济大循环，是国民经济发展进步的内源动力。国际循环以国际市场为基础，以全球产业链和价值链分工为依托，世界市场的各经济主体相互竞争、相互依存。国际循环必然和各国经济内部循环相互影响，每个国家都要充分用好两个市场和两种资源，只有这样才能实现本国经济更好的发展。

我国积极构建以国内大循环为主体、国内国际双循环相互促进的新发展格局，以国内大循环为主体，并不意味着放弃国际循环，而是在当前国际环境变化中面对美国对中国实行脱钩，要防范风险，以构建国内大市场为主，在双循环发展中，加强内循环基础，建设统一的国内大市场。我国约有14亿人口，中等收入人群有4亿多人，由此我国形成了世界独一无二的国内大市场。我们通过实施更大范围、更宽领域、更深层次对外开放，依托我国超大规模市场优势，可发挥内需潜力，使国内市场和国际市场更好联通，更有效地促进国际合作，从而实现更加强劲可持续的经济发展，在更大范围内实现互利共赢。

新发展格局以国内大循环为主体，要求以供给侧结构性改革为主线，有效打通经济运转的生产、分配、流通、消费各个环节。从生产看，通过对外开放，可以引入先进的生产要素和我国所短缺资源，从而为我国生产所需提供有益补充，推动技术进步和全要素生产率提升。从分配看，更高水平的对外开放，可以加速我国新型工业化和城镇化进程，促使劳动者就业机会和收入增加，进而吸引更多的国际资源进入中国，为经济发展创造更多增长机会，在做大蛋糕的同时还有利于分好蛋糕。从流通看，通过对外开放，可以提升资源流通效率，解决国内循环不畅的问题。从消费看，国内大循环释放的活力和高水平对外开放相得益彰。随着我国收入水平和消费率的提升以及全球规模最大的中等收入群体的壮大，消费正成为需求侧拉动我国经济和形成国内大循环的重要引擎。

更高水平的对外开放为外国商品更大规模、更低成本进入中国市场创造了有利条件，有助于在一些领域缓解人民日益增长的美好生活需要与不平衡不充分的发展之间的矛盾，可以增加优质供给和选择机会，有利于人民生活品质的提升。因此，如果没有更高水平的对外开放，国内大循环就是独轮车。只有进行更高水平的对外开放，才能提升国内大循环的效率和水平，促进深层次改革，打通"断头路"，疏通"大动脉"，畅通"微循环"，推动我国经济形成更高水平的动态平衡，从而推动经济高质量发展。

（四）开放型经济与国家竞争优势

在马克思看来，世界历史的形成和发展是以工业技术革命为代表的生产力自身运动和产业分工扩大的结果。《德意志意识形态》指出："由于机器和蒸汽的应用，分工的规模已使脱离了本国基地的大工业完全依赖于世界市场、国际交换和国际分工。"① 由此可见，技术进步与生产力的发展和分工密切相关，其中，分工的演化对技术进步起着基础性作用。每个国家都有自己产业的相对优势，借助这一相对优势，每个国家可以通过产业发展政策的安排以及分工和专业化生产，在世界市场中获得利润。西汉时期，司马迁在《史记·货殖列传》中提出"以所多易所鲜"，即用自己多的东西换少的东西，"货殖"在当下可理解为获益或增值；《淮南子·齐俗训》中也提出，"以所有易所无，以所工易所拙"，即用自己有的东西换没有的东西，用自己擅长制作的东西换不擅长制作的，实现交换，推动经济发展，这体现了中国古人对专业化分工的理解。

在西方经济学界，斯密定理认为，分工起源于交换，市场的大小限制了分工的程度，市场和分工互相决定。亚当·斯密在《国富论》中，用"得自贸易的收益"来解释专业化分工获得的收益，即：每个国家根据自己的优势进行生产和提供服务，这样就能使所有人的福利得到提高。在亚当·斯密看来，实现这种收益的基本依托是市场规模。只要有更多的市场主体进入市场，经过专业化分工和交换，利润增加就能够实现。

因此，经济发展和人们生活质量的提高就来自市场规模扩大所带来的分工深化。正是市场规模的扩大进一步加强了产业链分工的深化，因此分工越深化则意味着产业链的专业化程度越高，进而更有利于生产力发展和产业革命的出现，大国竞争优势的形成就在于大市场带来的精细化分工优势和规模经济。欧美等发达国家的"富国"道路有一个共同点，即都先后实现了分工精细化，在此基础之上完成产业结构的整合，继而通过对外开放占据了更大的市场，进一步促进了生产力的提高，并在此基础上储备了

---

① 马克思，恩格斯. 马克思恩格斯文集（第一卷）[M]. 中共中央马克思恩格斯列宁斯大林著作编译局，译. 北京，人民出版社，2009.

下一轮技术革命的能量。

随着分工的细化和市场的扩大,经济产业结构在朝着多样化、系统化和复杂化方向发展的同时也进一步提升了生产力水平,进而推动了经济发展。马克思指出:"任何新的生产力,只要它不是迄今已知的生产力单纯的量的扩大(例如,开垦土地),都会引起分工的进一步发展。"[1] 进一步优化经济产业结构是扩大对外开放的应有之义。现阶段随着分工的细化和市场的扩大,我国经济结构主要存在产业结构不协调、区域结构不合理两大问题。在世界市场上,我国产业整体"大而不强",处于全球产业链中低端位置,科技附加值较低,存在着不少在技术上被发达国家"卡脖子"的问题,对发达国家存在不平等的经济依附关系;在国内市场,我国正处于从劳动密集型产业向资本密集型产业升级阶段,存在着东西部、南北部发展不均衡的问题。

因此,要对我国经济结构做进一步调整,就要从产业结构和区域结构两大问题入手。一方面,我国要加快转变经济发展方式,通过建设全国统一大市场进一步发挥国内区域分工的协同效应,将我国各地区分割的市场有机整合,加速产业结构调整,加速建立配套的现代化经济体系;另一方面,加快构建新发展格局,以国内市场为主体,通过国内国际双循环吸收人类一切优秀文明成果,进一步扩大对外开放,坚持"走进来"和"走出去"相结合,发挥国外先进成果的竞争效应,重塑国内各区域市场的分工格局,从而释放我国超大规模市场的竞争优势,不断促进生产力的提高。

同时,发展更高层次的开放型经济,可以促进分工的专业化和保持我

---

[1] 马克思,恩格斯. 马克思恩格斯文集(第一卷)[M]. 中共中央马克思恩格斯列宁斯大林著作编译局,译. 北京:人民出版社,2009.

国全产业链在世界市场产业链中的竞争优势,从而进一步提高生产效率,促进经济增长。一个国家扩大对外开放的过程,就是其逐步减少与世界其他市场主体经济贸易往来障碍的过程,也是贸易便利化和要素流动日益自由化的过程。对一个国家来说,伴随市场扩大,融入世界经济所内生的设备利用率的提升、成本的降低、规模经济的获得等,都是"闭关锁国"的经济体所无法获得的。通过对外开放,本国经济主体可以引进更先进的技术和设备,推动本国科学技术进步,提高产品质量,使本国产品更有市场竞争力。因此,对外开放将大大激发企业的动力与活力,促使它们提高生产效率。从这个意义上讲,对外开放可以被看作我国通过扩大市场规模提升专业化分工水平、最大化自身竞争优势的成功实践。

改革开放 40 多年来,我国在大力促进生产要素流动、降低市场交易成本、创造国内统一市场的同时,积极参与国际分工和交换,获得了非常大的进步。1978—2018 年 40 年间,中国的货物进出口总额从 206 亿美元增长到超过 4 万亿美元,位居世界第一位。在当前一些国家实施单边主义、保护主义和贸易霸凌主义的背景下,中国不断扩大对外开放,就是要通过自由贸易来扩大市场规模,实现分工的深化,进而不断扩展对外贸易领域,保持产业竞争优势,促进世界经济平稳健康发展,实现世界各国的互利共赢,构建人类命运共同体。

(五) 开放型经济与发展新动力

从我国经济发展历程来看,中国奇迹的取得有两条基本经验,一是注重以政府为主导的有效市场构建以保持国家竞争优势,即在政府主导下持续推进全国统一大市场建设贯穿了改革开放的全过程,使建设超大规模的全国统一市场成为一个持续渐进的过程。二是深度参与国际分工,积极融入全球经济体系,在全球产业链中积极发挥我国产业的竞争优势,这是我国经济健康发展的动力来源。二者互为表里，共同推动了我国经济的稳定和快速发展。开放是当代中国的鲜明标识，习近平指出："国际经济联通和交往仍是世界经济发展的客观要求。我国经济持续快速发展的一个重要动力就是对外开放。"[①] 开放带来进步，封闭必然落后，开放是一个国家繁荣发展的必由之路。开放的自由贸易更有利于实现资源的充分利用和提高资源的配置效率。

以党的十一届三中全会为标志，我国开启了改革开放的历史进程。从中国实践来看，改革开放40多年来，我国从"引进来"到"走出去"，从加入世贸组织到发出"一带一路"倡议，坚持打开国门搞建设，成功实现从封闭半封闭到全方位开放的伟大转折，在不断扩大对外开放的条件下我国经济得到持续快速发展。特别是2012年党的十八大以来，我国坚持开放互利共赢，积极进行变革创新，推出了一系列扩大开放重大举措。我国实行高水平贸易和投资自由化便利化政策，赋予自由贸易试验区更大改革自主权，加大西部开放力度，实现全方位、多层次、宽领域对外开放，加快形成陆海内外联动、东西双向互济的开放新格局，为国民经济和社会发展取得历史性成就发挥了重要作用。

当今中国已经成为世界第二大经济体、制造业第一大国、第一大货物贸易国、第一大外汇储备国，连续多年对世界经济增长贡献率超过30%。2019年，我国人均GDP突破一万美元，货物贸易居世界第一，服务贸易居世界第二，制造业增加值连续十年第一，基础设施建设部分领域在世界上遥遥领先，高铁运营总里程、高速公路总里程、港口吞吐量居世界第一，220多种工业产品生产能力日渐增强。我国不断扩大对外开放，极大地解放了思想和生产力，成为世界经济增长的主要稳定器和动力源，同时

---

① 习近平. 正确认识和把握中长期经济社会发展重大问题[J]. 求是, 2021 (2).

也成为自身快速发展的动力源。

当前，世界百年未有之大变局与新冠疫情的叠加，使国际格局加速演变，世界政治和经济局势的不稳定不确定性增加，给全球化的未来带来了普遍性的疑问——全球化将向何处去。从长远看，经济全球化仍是世界经济发展的潮流，各国分工合作、互利共赢是长期趋势。面对更加不确定的外部环境，我们要坚定选择"站在历史正确的一边"，坚持以改革开放为动力推动高质量发展，更好利用国际国内两个市场、两种资源。

面对国际环境的变化，我国内需扩展潜力仍然巨大，拥有14亿多人口、庞大经济体量的中国市场是全球最大的市场之一，畅通供需循环、做强内需支撑、加快全国统一大市场建设刻不容缓；与此同时，我国要顺应世界政治经济发展大势，以更加积极主动的姿态参与全球治理，以人类普遍利益为关怀点建立全球治理的新机制，提出构建人类命运共同体的美好愿景，坚持共商共建共享，推进开放、包容、和平、和谐共生发展，持续推进"一带一路"、亚投行等配套建设，走出了一条参与全球治理的中国道路，这意味着我国对外开放必将范围更大、领域更宽、层次更深，更加强调开放创新、布局优化、质量提升。①

发展更高层次的开放型经济，将不仅为我国经济持续快速发展注入新动力，也将有利于强化国内"基本盘"支撑。只有建设更高层次的开放型经济体系，才能更加有效实现内外市场联通和要素资源共享，从而不断提高对外开放的质量和发展的内外联动性，打造国际合作和竞争新优势，推动我国经济行稳致远。当前，世界百年未有之大变局加速演变，我国在向第二个百年奋斗目标迈进的新征程上，也将面临越来越复杂的局势。我们

---

① 周文，李思思. 高质量发展的政治经济学阐释［J］. 政治经济学评论，2019（4）.

要依靠自身超大规模和统一市场的优势，积极参与重塑全球竞争格局，坚持稳中求进，保持战略定力，坚持高水平对外开放，同时全面稳固国内经济体系循环畅通，进一步培育和激发国内市场潜力，以自身最大确定性抵御外部不确定性挑战。发展更高层次的开放型经济也将为实现中华民族伟大复兴的中国梦注入强大动力。

四、在高水平对外开放中做强实体经济

在《世界是平的——21世纪简史》一书中，弗里德曼以其新闻工作者的视角，揭示了一个正在发生的深刻而又激动人心的融合趋势，认为资本主义生产方式下实体经济的发展洪流终会碾平世界，经济全球化将被裹挟于地球村的美好愿景之中。但是仅仅几年之后，经济全球化已然时过境迁，在缺乏政府有效协调的世界市场之中，弗里德曼所推崇的"公司全球化"并没有达成建设共同体的目标。不论是承接政治权力转移的各种国际性非政府机构，还是世界市场中自由决策的跨国公司，都难以实现全球治理的目标。即便经济全球化确实将世界各地都联系在了一起，但是各个国家政府仍然承担着内部治理和外部协调的重要职责，民主决定权也未曾从本国政府向国际机构真正让渡。

世界市场的制度深深嵌入到了人类的社会历史文化体系之中。如若缺失完善的政府国内治理、国际协调政策，以应对世界市场扩张造成的社会性侵蚀，就会导致经济全球化的综合社会机会成本远高于以净出口衡量的国内生产总值增长，新自由主义主张的由放任自流市场主宰的经济全球化，已然对世界经济造成不可估量的损失，这特别表现于后发国家的经济改革历程中，即自由化改革不仅使得这些国家在产业幼稚期就遭受国际经济波动的巨大冲击,而且又从未获得新自由主义经济学所声称的高经济增长回报。

总而言之,经济全球化的理论重构仍然处在进行时,已有理论和政策实践则提供了丰富可供借鉴的经验素材和教训例证。首先,要坚定经济全球化的正确发展方向,合理发挥国际价值规律在世界市场中的信息搜集、资源配置和高能激励作用;其次,各国政府立足国情形成有序的国家治理体系,积极发挥国家的财富创造职能;再次,以正和博弈与互利共赢为导向开展对外贸易,保持各国政治经济的竞争性平衡,特别要尊重后发国家的经济发展权;最后,在秉持国家主体性原则的基础上加强国际协商合作,完善全球治理体系,共同推动经济全球化和构建人类命运共同体。

(一) 顺应经济全球化的历史大势和时代潮流

马克思的世界市场理论坚持贯彻了其历史唯物主义的分析方法,在论及经济全球化问题时认为,自地理大发现以来的全球化进程是伴随社会生产力发展所必然出现的现象,不以人的意志为转移,具体表现为联系范围的扩大化、经济联系的密切化和世界历史的整体化。[①] 尽管当前全球化看似面临种种困境,但从更为深层的视角来看,全球价值链与供应链将各个国家愈发联结成为一个经济统一体。特别是近几十年来世界市场的迅猛发展,要素、商品与服务等均实现跨越国界互联互通,已然形成"辅车相依、唇亡齿寒"的经济发展格局。因而,超级全球化仍然是世界市场的最终归宿,基础设施逐步实现互联互通,发展红利更多为发展中国家所共

[①] 肖玉飞,周文. 逆全球化思潮的实质与人类命运共同体的政治经济学要义 [J]. 经济社会体制比较,2021 (3).

享,则是未来一段时间内经济全球化的基本导向。①

长期来看,经济全球化作为历史大势和时代潮流的经济规律依然闪耀着真理性的光辉。需要客观承认,如同波兰尼的批判,迄今为止的世界市场发展史,都始终与各种反对全球化的声音相伴,或是关于利益分配不均的愤懑,或是出于对田园诗式生活的怀念,抑或是对于后发国家实现赶超的嫉羡。然而,如若任由逆全球化思潮泛滥与以邻为壑政策盛行,它们所招致的恶果也并不鲜见。最具代表性的就是1929年起经济大萧条后,以国际性贸易保护主义为深层原因爆发的第二次世界大战。而历史也同样证明,隔绝的铁幕终将被打破,世界市场的发展亦会向着更为开放、更加稳定与更高维度逐步演进。反观现实,美国作为二战后经济全球化时代尤其是新自由主义时期的代表性国家,却成为目前"逆全球化"的主要推手,这与其偏误的经济发展导向和霸权性战略抉择密切相关。细致考察美国逆全球化行径的深层动因,就会发现,经济全球化仍然是不可逆转的时代潮流。

首先,资本扩张的急迫需要是美国推行逆全球化的根本原因,但高度开放且互联互通的世界市场正是资本主义生产方式发展演进的物质承担者。在当前的历史条件下,以追求剩余价值和资本增殖为核心的资本扩张过程,也是世界生产力不断发展的过程,具体则表现为生产效率的提高,资源的优化配置,要素和商品市场的扩展,等等。正如马克思在《共产党宣言》中的论断,世界市场的开拓与发展,同资本主义生产方式的时空演进,是相互促进的,即:一方面,"不断扩大产品销路的需要,驱使资产阶级奔走于全球各地。它必须到处落户,到处开发,到处建立联系",另

---

① 帕拉格·康纳. 超级版图:全球供应链、超级城市与新商业文明的崛起 [M]. 崔传刚,周大昕, 译. 北京: 中信出版社, 2016.

一方面,"由于开拓了世界市场,使一切国家的生产和消费都成为世界性的了"。美国从20世纪80年代开始,错误地采取了新自由主义经济政策,放任资本逐利性和市场盲目性发展,企图倚靠科技优势和金融霸权来长久维持其有利的贸易条件,结果导致出现了严重的产业空心化与过度金融化问题。

相反,以中国为代表的发展中国家则凭借更为稳健合理的经济政策,实现有为政府与有效市场的有机结合,适时合理地承接了发达国家的产业转移,进而实现了经济的迅猛发展。从这个角度而言,美国近年来的种种倒行逆施,核心诉求是引导制造业回流,并重塑全球产业链,但其未来导向仍是要嵌入全球性的产业链和价值链当中,为资本扩张与增殖创造更好的国际条件,其不可能画地为牢、独善其身。欧盟、日本与美国分庭抗礼,以中国为代表的发展中国家兴起,已然动摇了世界格局,美国终将意识到遏制中国注定是徒劳之举。近年来,新兴市场国家和发展中国家对于世界经济增长的贡献率达到80%,新兴市场国家显露出远超发达国家的经济活力和发展后劲,世界多极化趋势不可逆转,美国的逆全球化行径损人不利己,更违背时代潮流。

其次,总体上美国依然是全球化最大的受益者,不当的利益分配格局和经济调节机制才是其当前困境的根源。对比自由主义经济学以自律市场与私人产权为核心,加上有限政府构建起的简单设想,波兰尼的理论更显深邃:经济体制应当是深深嵌入社会体制之内、难以脱嵌出来自我运转的,经济发展往往是政府管制与市场扩张合力作用的结果,轻视政府作用的自律性市场前所未闻,也完全违背资本主义演进的历史规律。如今美国民粹主义的泛滥,实际上是新自由主义市场过度发展所招致的社会自我保护运动,而将问题简单归咎于经济全球化显然是因噎废食。

美国以"铁锈地带"产业工人为代表的底层民众,在二战后凯恩斯主义盛行的时期曾经历过经济发展的黄金时代，享受到了来自世界各地的物美价廉的商品与服务，也是经济全球化的重要受益群体。但在新自由主义时期，自由放任的资本主义生产方式，实际上形成了发达国家外流资本与发展中国家廉价劳动力的排他性联系，客观造成了发达国家内部弱势资本受损、部分劳工失业的经济后果。美国资本国际投资净收益规模的连年上涨，与本国劳工实际工资的长期停滞不涨，无疑形成了鲜明的对比。显而易见，仅仅依赖制造业回流，而不彻底变革国内资本带有偏向的利益分配格局和欠缺包容的经济调节机制，无法从根本上改变美国底层民众的生存境遇。

最后，霸权主义的大国美梦是美国推行逆全球化的直接诱因，但世界上从来就没有永恒的霸权，坚持多边主义是避免修昔底德陷阱的根本出路。二战之后，美国以最大化本国资产阶级利益为核心，凭借科技优势垄断和贸易规则制定等方面的霸权，特别是凭借美元作为世界货币的发行权与铸币税，支配了其他国家商品与服务的供给，尤以广大发展中国家为甚，即在国际贸易体系当中，以自由贸易之名行外围剥削之实。但是，在这种资本主义生产方式的全球扩张过程中，经济全球化客观上带动了世界生产力水平的提升，特别是广大发展中国家的劳动者依靠艰苦而辛勤的劳动，逐步对中心—外围的世界格局构成挑战，更动摇了苏联解体后美国作为全球唯一超级大国的霸权地位。日本、欧盟和中国在全球版图当中崛起，愈发成为促使世界走向多极化的重要力量。

改革开放以后，中国充分发挥制度优势，造就了经济持续快速发展和社会长期稳定的奇迹，并推动自身国际地位逐年提高，不断为完善全球治理注入新动能。这些都给美国的世界霸权地位带来了严重威胁。美国在2017年公布的《国家安全战略报告》中，甚至堂而皇之地将中国列为其主要的"战略对手"，其妄图干扰世界发展的居心和继续称霸世界的野心可见一斑。因而，美国近些年来的种种逆全球化行径，在很大程度上也是出于美国"去中国化"的战略图谋。而"美国优先"的外交政策并未在拜登政府上台后有所改变，其实质仍是维持美国霸权。

然而，正如弗格森对于西方文明盛衰的洞见，代议制政府、自由市场、法治规则和文明社会，曾是引领西欧与北美跃出马尔萨斯陷阱而迈入资本主义现代化进程的主要支柱，然而这些支柱不仅没有实现自我更新，更在资本逻辑的主导下逐步走向衰落。[①] 换言之，美国遏制中国注定是徒劳之举，着手收拾新自由主义政策导致的国内经济残局，积极顺应局势，深入参与世界多极化格局的构建，才是美国摆脱当下困境的长远出路。

时至今日，由资本主义国家主导的国际政治经济格局，在面临世界市场当中的不包容问题时始终显得左支右绌，而新自由主义的政策实践更是将国际经济引上了逆全球化的歧途。然而，这种逆全球化只可能是某种伴生的思潮或者暂时的现象，世界市场理论所指明的经济全球化历史规律没有也不会发生彻底逆转。

目前世界正处于百年未有之大变局。其一，以人工智能、数字经济和新能源等领域大发展为代表，种种迹象表明新一轮科技革命和产业变革正在孕育之中；其二，中华民族伟大复兴也是该变局的重要缩影；其三，逆全球化既给中国经济和世界经济的发展带来了风险与挑战，也为新型经济全球化体系的建构提供了契机与条件。事实上，作为当今在全球经济体量和贸易总额上位居前二位的国家，美中两国合则两利、斗则俱伤，是二者处理对外经贸关系时应有的基本常识。

我国在国际上努力争取建立起的新型经济秩序绝不是一个以邻为壑、区域脱钩与分而治之的世界市场体系，误判国际形势下的脱钩行为是在倒

---

① 尼尔·弗格森. 西方的衰落 [M]. 米拉, 译. 北京：中信出版社, 2013.

行逆施，绝不可能阻挡中国日益发展壮大的趋势，其拥趸终究要自尝搬石砸脚的苦果。因此，必须着手破解资本主义生产方式主导下经济全球化的矛盾与困境，彻底变革以中心—外围为核心特征的不对称、不公平和非包容的国际政治经济格局。在这样的现实背景下，人类命运共同体理念应运而生，它严格继承了马克思唯物史观，是自由人联合体构想的原则性赓续与创造性发展理念。

在党的十八大上，倡导人类命运共同体意识的价值理念，首次作为针对全球化的中国方案呈现给世人。人类命运共同体构想，立足于人类社会形态更替的长历史时段，辩证性考量了生产力与生产关系、经济基础与上层建筑的规律，从全人类的共同价值出发，既看到了资本主义生产方式主导的经济全球化存在消亡与变革的客观必然性，又承认这一演进客观上具备的渐变性和恒久性。

共建人类命运共同体的倡议，以兼顾本国利益和世界利益、眼前利益和长远利益为原则，以构建开放、包容、普惠、平衡、共赢的新型经济全球化体系为核心，以追求世界持久和平与繁荣发展为目标，是深刻蕴含中国智慧、中国经验和中国风格的世界市场发展方案，其开放、包容和进步的鲜明特色，正逐步得到越来越多国家及其人民的认可，进而上升为世界共识，被落实到实际行动中。由此可见，经济全球化依然是不可逆转的历史大势和时代潮流。

（二）全面提升引导经济发展的现代化治理水平

在经历了1929—1933年经济大萧条后受凯恩斯主义巨大影响，西方发达国家在理论上和现实经济实践中都不得不正视市场机制缺陷，并承认政府在促进经济增长和维护社会公平等方面的意义。但由于易引发人们对"攫取之手"影响的担忧，政府作用又备受质疑与诘问，经济政策往往在市场和政府之间摇摆不定。需要客观承认，市场经济条件下，政府经济职能的合理发挥往往面临诸多难题。例如，斯密通过"看不见的手"的隐喻，说明市场主体出于自身目的而进行生产性投资和创新。哈耶克凭借自发秩序原理指出，政府微观信息的搜集成本巨大，相关政策的实施难以适应性演化，政府对于整体经济活动的理性计算更是难以进行。熊彼特依据创造性破坏的观点，强调政府若想与市场良性互动并带来长期经济增长，必须保持创新进取的动态趋势和保护企业家精神，抑制形式主义和官僚主义在经济中的影响。而近年来的公共选择理论，重点研究了政府作为"理性人"进行收益成本分析所可能导致的政府失灵现象。以上种种，使得西方经济学的理论研究在政府作用和国家建构方面束手束脚，近年来新自由主义的兴盛也代表着政府经济职能的全面停滞和严重倒退。

需要承认，政府在发挥作用的过程中确实面临着"帮助之手"和"攫取之手"并存的困境。新制度经济学中的诺斯悖论，表明国家具有经常处于矛盾之中的两项经济职能：一方面，它作为社会资源配置的计划者，能够通过降低交易费用来最大化全社会总产出，并使社会产出和国家税收处于良性互动之中；另一方面，它作为社会权力控制者，又有动力去实现统治者租金的最大化。延续这种制度研究方法，阿西莫格鲁等进一步分析了不同的政治经济制度如何造成各个国家或地区在贫穷和富裕方面的分野。[①] 包容性制度带来的增长可以自我稳定，是国泰民安的缘由；汲取性制度带来的增长不可持续，是民生凋敝的动因。

当我们立足我国仍处于并将长期处于社会主义初级阶段的最大国情和最大实际，将中国改革开放40多年的经济成就放在世界视域内来观察时，

[①] 德隆·阿西莫格鲁，詹姆斯·A. 罗宾逊. 国家为什么会失败[M]. 李增刚, 译. 长沙：湖南科学技术出版社，2015.

可以看到,各种类型的市场化改革并不鲜见,但中国道路所取得的经济奇迹令世界瞩目。如果说西方经济学以分析市场机制见长,那么中国经济学走向世界的贡献更可能在于探讨政府效能的提升和国家体系的建构。具体而言,从中国经济建设的经验来看,不能把导向投资、熨平波动等重要职能完全交给自发性市场主体来解决。现代理性化国家区别于封建时期国家的明显特征之一是,政府应当也能够承担起奠定社会经济起飞基础、引导社会经济发展方向以及纠正社会经济潜在偏误等重大职责。

中国国家建构的成功经验也说明,设置合理的行政组织、高效的政府架构与完善的治理体系,确实能够形成取之于民、用之于民的新型财税体制。人民群众的财富生产活动是社会经济建立、维持与进步的基础,但这种创造活动必然为特定历史阶段的前提与条件所制约,因而国家与政府作为集体利益和长远利益的代表,体现人民群众整体利益与劳动者自主治理的结合。[①] 可以将广大人民群众创造的一些财富以税收的形式集中起来,以进行有目标的经济投资和逆周期的宏观调控,维护国家稳定和抵御国际游资冲击,健全社会救济与社会保障制度,这样有利于广大人民群众实际生活水平的提高,最大限度缓解经济全球化对国内劳动者的冲击,便于他们提高劳动效率或者寻求新的就业机会,从长期更好分享经济全球化的红利。

党的十九届五中全会则明确提出,面对错综复杂的国际形势,艰巨繁重的国内改革发展稳定任务,要全面深化改革,充分发挥市场在资源配置中的决定性作用,更好发挥政府作用,推动有效市场和有为政府有机结合;在此基础上,实现高水平、高质量和高层次对外开放,进而推动构建

---

① 荣兆梓. 公有制为主体的基本经济制度:基于中国特色社会主义实践的理论诠释 [J]. 人文杂志, 2019 (3).

新型国际关系和人类命运共同体。这也是中国为引领世界市场走出逆全球化泥潭,在国家层面完善全球治理所提供的可借鉴性方案。

(三) 制定谋求正和博弈的实体经济贸易政策

按照马克思关于对外贸易的理论设想,在资本主义生产方式主导的世界市场中,发达资本主义国家在制定对外贸易政策时,往往存在对后发国家的剥削,甚至可以不涉及生产过程而直接通过不平等交换汲取利益。由于是否考虑国家主体性因素是区分对外贸易领域和世界市场领域的重要标准,因而马克思关于对外贸易主要分析的就是工业国与农业国、先发国与后发国的经济交往,以及自由贸易政策与贸易保护政策的相互关系与时序转变。①

现有的国际规则和贸易政策通过外围分工和"低端锁定"等方式,加剧了国际竞争的不公平性,而其导致的诸多不平等与非包容问题正是当今逆全球化思潮泛滥的重要原因。在世界南北经济关系悄然发生重大改变的国际现实背景下,要真正扭转逆全球化,就需要世界各国抛弃零和博弈与赢者通吃思维,谋求正和博弈的对外贸易政策准则,尤其是发达资本主义国家必须正确处理国家间的竞争与合作的关系,合理统筹本国利益和他国利益。事实上,国际"正和博弈"的空间远大于"零和博弈"的余地,国家间多元政治体制的差异不会妨碍共同价值的汇聚与共同利益的形成,②而积极制定谋求正和博弈的对外贸易政策,既有必要性,又存在可能性。

---

① 刘明远. 马克思经济学著作"六册计划"的总体结构与内容探索 [J]. 政治经济学评论, 2016 (4).

② 袁志刚. 当前经济全球化的深层矛盾和基本走势——从零和博弈到正和博弈: 一个政治经济学的新视角 [J]. 探索与争鸣, 2020 (7).

1. 谋求正和博弈的实体经济贸易政策源自交流互鉴的文明对话

习近平在亚洲文明对话大会的开幕式上的演讲振聋发聩:"人类只有肤色语言之别,文明只有姹紫嫣红之别,但绝无高低优劣之分。认为自己的人种和文明高人一等,执意改造甚至取代其他文明,在认识上是愚蠢的,在做法上是灾难性的!"① 他一语道破了全球化所面临危机的根源。当今世界的主题是多元化的,对于有着不同人种、制度、文明等的多元化的国家和地区,我们应该采取更加包容的态度。这个世界没有一成不变的标准答案,我们应该拥抱变化,理解不同民族的不同文化背景,不同国情下的发展道路,相互尊重,减少偏见。与此同时,更要互通有无,相互借鉴与合作,实现真正的共赢。

多元化的发展是这个时代的主旋律,面对这个复杂的世界,我们不应该以肤色、种族、制度、文明、道路等为标签来定义事物。与自然界的生物多样性类似,每一种文明也并没有高低贵贱之分,同样有着不可替代的地位。每一种文明都是人类在历史的长河中,创造出的璀璨珍宝。无论是中华文明,抑或是现代的欧美西方文明,都是独一无二的,都有着不可替代的地位。不同文明之间应该沟通与对话,应该相互尊重,而不是敌视。中国的经验告诉世界,闭关锁国不是正确的道路,各国只有不断开放与交流,相互对话,才能更好地创造价值,繁荣才能真正得以延续。这个世界在地理上是有界限的,但在文化的交流上是没有界限的。我们不能因为地理上的界限,而设定文化上的界限,更不能因为政治上的界限,而限定经济的交流,这显然是荒谬的。经济交流同文明对话一样,都需要秉持和而不同的基本准则。

---

① 习近平. 深化文明交流互鉴 共建亚洲命运共同体——在亚洲文明对话大会开幕式上的主旨演讲[OL]. 中国政府网,2019 – 05 – 17.

人类文明的多样性也印证了社会经济发展道路的多样性。每一个民族、每一个国家或地区、每一种语言背后都反映着差异，都同样有着实现进步的潜能和权利。各个国家或地区的政府正是承载这种多样性的代表。我们应该坚持相信，在这个世界上，多元化发展是人类社会进步的核心；我们还应坚定不移地相信，这个世界不应谋求零和博弈，而应谋求合作共赢。世界上并不存在完美无缺的文明和文化，也同样不存在丝毫无可取之处的文化，每一种文化都有被存放进人类文明宝库的潜能。各国都应该根据国情探索选择适合自己的现代化经济发展途径，各种道路之间也并没有高低贵贱之分或正误对错之别。我们应该摒弃那些将人类的各种社会经济体制评判出个高低的错误认知，更应该对这种错误的政治经济理念给予最为严厉的批评和指正。

总之，正是由于人类社会的未来发展一定是多元化的发展，所以国际贸易交往不能是损人利己的零和博弈。各个国家或地区政府不仅有责任发扬光大本地的非物质文化遗产，还需要客观承认与发掘其他文明成就，与其他文明相互包容、取长补短。另外，世界在多元化发展的基础上，更是需要各个文明的相互交流与借鉴。故步自封不能带来任何安全与发展，我们应向世界传递平等与包容的理念。世界各国或地区只有尊重彼此经济文化与发展路径的多样性、共享全球化红利，才能真正实现多样的、高质量的发展。

2. 谋求正和博弈的实体经济贸易政策秉持互利共赢的经贸准则

经济全球化造就了近30年来的世界市场经济增长奇迹。根据世界银行数据库数据，全球货物贸易出口额在1990年为3.5万亿美元，到了2018年就达到19.5万亿美元；全球GDP总量从1990年的22.78万亿美元，增长到2018年的86.47万亿美元。全球化无疑给人类社会带来了巨大的发展和财富。但自21世纪初期以来，逆全球化的力量变得越来越强大。在理论方面，西方学界有关逆全球化代替全球化的种种声音不绝如缕。甚至有学者将"全球化"和"逆全球化"并列，似乎二者在世界市场发展进程中轮流更替。在现实方面，近年来，主张逆全球化的政治势力代表在美国、巴西、印度、土耳其和匈牙利等国家获得越来越多的选举支持。他们中的许多人开始采取保护主义政策，试图切断支撑经济全球化的供应链。这些人加强了对国内权力的控制，并在国外采取越来越强硬的政策。但是，我们仍应该坚持合作共赢共商共建的全球治理观，努力协商推动经济全球化，立场坚定地回应逆全球化的错误思潮。

逆全球化是极端错误的，世界经济只有在开放的前提下，才能得到更好的发展。这是生产力和生产关系的矛盾运动决定的，面对当前世界的供需结构，各国已经不再适合闭关自守，逆全球化只能带来经济的灾难。二战结束以后，自由国际经济秩序的奠基与全球化的兴起同时发生，自由贸易体制是国际经济秩序的载体，而这一秩序又促进了经济全球化，这一事实有目共睹。

世界市场发展不仅对于发展中国家来说是巨大的红利，对于西方发达国家来说更是如此，经济全球化使得人们的经济生活更加富足和多彩。一方面，商品和服务的自由贸易提高了世界市场的总体福利水平，国际性协调组织也在其中发挥了相当大的作用。另一方面，经济上的互通有无会使得各国保持互信互通，这种经济关联密切性的提升，使得发动战争的成本越来越高，世界市场的日益完善在发展全球经济的同时，为世界和平做出了巨大的贡献。

在经济全球化过程中，各国通过密切协商与友好合作，实现了劳动力的跨国迁徙和商品或服务的流通，无论是发达国家还是发展中国家都从中受益。也是在经济全球化的国际秩序下，中国作为后发国家顺应潮流，建立起了全世界最为完整的产业链，极大地推动了自身和全球经济的发展，这是发展经济学中史无前例的壮举。

然而，自新自由主义时代以来的全球政治经济环境却朝着相反的方向发展，简单以单一经济体某些经济指标为目标的"华盛顿共识"，客观上在世界市场中推动了零和博弈思维的蔓延。普通民众对自由派精英鼓吹的经济发展前景逐渐失去了信心，从而产生了重新分配全球经济发展红利的急切诉求。同时，逆全球化下国际自由贸易秩序遭受严重冲击，也给世界和平带来了极大不稳定性和不确定性。

无论是历史经验还是当今现实，都显示出经济全球化相对于逆全球化的长远优越性。逆全球化不仅会使得社会经济陷入严重的停滞与倒退，更会使得国际交流大幅下降，各国对彼此的信任度极大降低。这种经济关联弱化和以邻为壑政策，也容易招致其他领域冲突升级。因此，无论是为了世界市场的自由繁荣发展，还是为了减少不必要的政治军事冲突，我们都应该坚持合作共赢的发展模式，以增加各国人民的幸福感和满意度为目标，推动和践行全球治理体系的制度构建，让经济全球化红利更多地惠及普通民众，进而推动世界市场与国际社会更加稳健和可持续地发展。

3. 谋求正和博弈的对外贸易政策奠定全球治理的初步实践基础

谋求正和博弈的对外交往展现了国际经济合作的巨大优势。广泛与深入的实践性协作分工，是人类与动物相区别的根本标志，也是引领人类跃出马尔萨斯陷阱、步入现代化社会的根本动力。零和博弈和丛林法则，都是未超脱自然属性的错误观念，而只有建立起谋求正和博弈的对外交往准则，社会属性这一人的本质属性才能得以体现。

一国在与他国以正和博弈为导向进行经济交往时，通过逐步吸纳收集国内外人民诉求、聚焦发展的国际根本议题和应对世界市场的危机挑战，可以在现实中最大限度地为经济全球化注入动力，推动自身向着开放、包容、普惠、平衡、共赢的方向发展。而各国在保持主体性基本原则的前提下，只有坚定共商、共建、共享的理念，将共商政策、联通设施、畅通贸易、融通资金、沟通民心作为共同努力的目标，才能从对外贸易当中取得"一加一大于二"的效果，最大限度确保经济全球化沿正确方向稳定发展。

谋求正和博弈的对外交往提供了构建全球治理体系的实践平台。我们在和平、繁荣、开放、创新、文明的对外经贸合作中，顺应各国政府与人民的共同诉求，通过对接各国外贸政策和发展战略，便利项目合作与资金流通，必然会逐步建立或形成区域性合作平台。具体而言，由于从政府到人民，都把"共商"的立场、"共建"的信念、"共享"的诚意贯穿到对外贸易的各个层面，所以各国探索适合国情发展模式的积极性就能够得到充分发挥，产业合作得以深化，金融体系得以完善，绿色发展得以落实，民生项目得以保障，创新驱动得以实现。因此，各国都能够平等地参与到世界市场，为共同应对风险挑战寻求出路，为完善全球治理建言献策，为推动经济发展各显其能，最终，它们之间会形成世界市场新格局下相互交织的网络。这些都为破局全球四大赤字、塑造全球治理体系、构建人类命运共同体奠定了重要基石。

4. 构建完善全球治理体系基础之上的实体经济协同发展新格局

从新航路开辟后世界市场形成以来，特别是经济全球化从 1.0 时代到 3.0 时代的数百年中，"弱肉强食"的丛林法则，"赢者通吃"的霸权主义以及"零和博弈"的对抗思维，始终没有在发达资本主义国家主导的世界经济体系当中退场，它们激发出的国际矛盾甚至将整个人类文明拖入战争的深渊。同时，也正是这些"陈年痼疾"的日积月累，导致了世界市场当中愈发严峻的发展鸿沟、贫富差距和劳资冲突等一系列问题，也是招致当今逆全球化泛滥和经济发展动荡的罪魁祸首。世界各国必须正视世界市场当中客观存在的治理赤字、信任赤字、和平赤字、发展赤字问题，以进步开放的心态鉴往知来、洞悉症结、革除弊病、消弭隔阂，共同探寻向开放、包容、普惠、平衡、共赢的新型经济全球化转变的具体方式与路径。

新型经济全球化将越来越成为世界各国人民的一致意愿和共同呼声。固然,马克思、恩格斯在其著作中关于世界市场的构想表述较少且具有高度凝练性与原则性,然而其在《共产党宣言》中做出的论断仍然具有与时俱进的特征,即资本主义生产方式必将推动民族国家经济逐步走向全球化联合。寻求符合全世界人民长远利益的可持续发展模式也是马克思主义政治经济学的最根本原则。然而,由于现有的国际经济秩序是由西方发达国家主导确立的,特别是在新自由主义经济理论的影响下,资本逻辑支配和迷信自由市场不仅导致了国际经济贸易的不平等,也助推了逆全球化现象的产生,所以必须坚持以马克思的构想为指导,致力于构建世界市场新格局。

世界市场新格局的构建,必须系统总结新航路开辟以来经济全球化的历史经验与教训,坚定顺应和平与发展的时代主题和历史大势,正面应对近几年来以四大赤字为核心的逆全球化挑战:首先要解决和平赤字,消除各种形式的霸权主义和强权政治、零和博弈与丛林法则,在人类共同价值的引领下实现各国民主形式的多样化发展;其次要填充信任赤字,各国需要严格遵守自由贸易和多边主义的世界市场交往基本规则,政府引导人民加强文明互鉴、坚持义利兼顾、畅通协商渠道;再次要补足发展赤字,在和平稳定与开放合作的国际环境中,努力促进各个国家和地区的人民共享世界经济发展的红利;最后要破解治理赤字,高举联合国与世贸组织多边主义原则的旗帜,与时俱进地创新,建立和完善世界市场、各国政府和国际组织三方各居其位、各司其职的全球治理体系。其中,治理赤字处于根源性的核心地位[①]。换言之,如果没有规则有效、组织有为、执行有力、

---

① 张程. 治理赤字的思想根源及化解之道[J]. 红旗文稿, 2017 (17).

变革有序的全球治理体系，就很难从根本上改变霸权主义和丛林法则甚嚣尘上的国际政治经济局面。

面对当今世界大发展、大变革和大调整的时代大背景，党的十九大首次提出了"全球治理观"，其核心内容是共商、共建、共享。其一方面支持国际性组织在世界市场中发挥更多和更积极的作用，另一方面主张切实合理扩大发展中国家在相关规则制定中的普惠性和话语权，最终建立起推动经济全球化长远稳步发展的制度性保障。全球治理体系需要正确处理公平与效率的关系，在经济全球化过程中给予广大后发国家和劳动者更多的关注，搭建起权利平等、机会平等、规则平等的国际合作平台，这也回应了世界人民对于全球经济发展的直接诉求。同时，在民族国家主体性于世界市场客观存在的现实条件下，建立完善的全球治理体系也是现阶段统筹协调个别国家利益与世界共同利益的根本举措。虽然从根本上个别国家利益与世界共同利益具有一致性，但在短期内和特定情况下确实存在相互冲突的可能，对外贸易"囚徒困境"的博弈结果也可能存在，这些都会严重打击各国参与经济全球化的积极性。因而超越国家层级的世界共同利益也必然需要超主权层级的协调治理机制，这也造就了完善全球治理体系的客观必然性。只有架构各国共商的国际超主权协调治理机制，成立各国共建的国际公共产品供应组织，形成各国共享的实体经济层面的全球市场格局，构建各国人民共享经济发展成果的大同世界，才能让人类命运共同体的阳光普照全球。

中国道路丛书

学　　术
- 《解放生命》
- 《谁是农民》
- 《香港社会的民主与管治》
- 《香港社会的政制改革》
- 《香港人的政治心态》
- 《币缘论》
- 《如何认识当代中国》
- 《俄罗斯之路30年》
- 《大国新路》
- 《论企业形象》
- 《能源资本论》
- 《中国崛起的世界意义》
- 《美元病——悬崖边缘的美元本位制》
- 《财政预算治理》
- 《预见未来——2049中国综合国力研究》
- 《文明的互鉴——"一带一路"沿线伊斯兰智库、文化与媒体》
- **《强国经济学》**

译　　丛
- 《西方如何"营销"民主》
- 《走向繁荣的新长征》
- 《国家发展进程中的国企角色》
- 《美国社会经济五个基本问题》
- 《资本与共谋》
- 《国家发展动力》
- 《谁是世界的威胁——从历史的终结到帝国的终结》

智库报告	《新时代：中国道路的延伸与使命》
	《新开局：中国制度的变革与巩固》
	《新常态：全面深化改革的战略布局》
	《新模式：走向共享共治的多元治理》
	《新征程：迈向现代化的国家治理》
	《新动能：再造国家治理能力》
	《全面依法治国新战略》
	《大变局——从"中国之制"到"中国之治"》
企业史	《与改革开放同行》
	《黎明与宝钢之路》
	《海信史（2003—2019）》
企业经营	《寻路征途》
	《中信创造力》
专　访	《中国道路与中国学派》
	《21世纪的中国与非洲》
	《"一带一路"拉美十国行记》
人　物	《重读毛泽东，从1893到1949》
政　治	《创新中国集体领导体制》
战　略	《国家创新战略与企业家精神》
金　融	《新时代下的中国金融使命》
	《中国系统性金融风险预警与防范》
	《新时代中国资本市场：创新发展、治理与开放》
	《本原与初心——中国资本市场之问》
管　理	《中国与西方的管理学比较》